◎ 教育部人文社会科学基金项目（16YJC790052）成果

金融危机情境下股票市场非线性动力学特征演化研究

Research on the Evolution of Nonlinear Dynamics Characteristics of Stock Market under the Financial Crisis

◎李　燕 / 著

西安交通大学出版社
XI'AN JIAOTONG UNIVERSITY PRESS

图书在版编目（CIP）数据

金融危机情境下股票市场非线性动力学特征演化研究 / 李燕著 .—西安：西安交通大学出版社，2021.7

ISBN 978-7-5693-1875-3

Ⅰ . ①金… Ⅱ . ①李… Ⅲ . ①股票市场－非线性力学－市场研究 Ⅳ . ① F830.91

中国版本图书馆 CIP 数据核字（2020）第 231132 号

书　　名　金融危机情境下股票市场非线性动力学特征演化研究
著　　者　李　燕
责任编辑　于睿哲
责任校对　张瑞娟

出版发行　西安交通大学出版社
（西安市兴庆南路 1 号　邮政编码 710048）
网　　址　http://www.xjtupress.com
电　　话　（029）82668357　82667874（发行中心）
（029）82668315（总编办）
传　　真　（029）82668280
印　　刷　湖南省众鑫印务有限公司

开　　本　710mm×1000mm　1/16　印张　12.5　字数　177 千字
版次印次　2021 年 7 月第 1 版　2021 年 7 月第 1 次印刷
书　　号　ISBN 978-7-5693-1875-3
定　　价　94.00 元

李　燕　1983年4月出生，上海财经大学金融信息工程专业博士，任教于怀化学院。主要研究方向：复杂性金融，投资者情绪。出版学术专著两部。硕士研究生毕业论文入选四川省2011年度省级优秀研究生毕业论文。发表中（英）学术论文32篇，其中1篇发表在SCI期刊上，12篇被EI检索，8篇被ISTP检索，8篇发表在国外EI核心全文检索期刊上，9篇发表在国家级核心期刊上。申请发明专利两项。主持教育部人文社会科学基金青年项目、湖南省哲学社会科学基金项目、湖南省省情与决策咨询项目及湖南省教育科学“十二五”规划项目各一项，参研湖南省哲学社会科学基金项目、湖南省科技计划软科学重点项目、四川省软科学科研项目各一项。

前 言

股票市场是一个真实且持续演变的极其复杂的动力学系统，而且这个动力学系统还呈现出一定的突变特性。1987年的美国“黑色星期一”、20世纪80年代的拉丁美洲金融危机、1997年的亚洲金融危机及2008年的美国次贷危机等金融危机的爆发，对建立在线性范式基础上的经典金融理论提出了挑战。在此背景下，社会科学与自然科学相结合的交叉研究科目——金融系统复杂性研究逐渐产生和发展。金融系统复杂性研究主要就金融系统的复杂性问题展开研究，其研究范式由采用完全理性、线性及静态的方法向采用适应性、复杂性及动态演化的方法转变。本书使用重构相空间理论及递归图方法，把一维股票价格时间序列嵌入高维相空间中，进而在一个拓扑性质等价的高维相空间中通过分析状态向量轨迹的递归性来研究股票市场系统的动力学行为特征。本书主要就股票市场动力学特征的动态演化行为进行研究，尤其是从复杂性科学的视角对金融危机的形成、深化及扩散过程中股票市场动力学特征的演化进行系统性研究，解析金融危机传染的微观机制，深化对金融危机传染过程的认识，丰富金融危机传染问题的理论及实证方法，也为金融学研究范式的创新及转变提供借鉴。

本书主要研究内容及结论如下：

（1）从动态演化的视角来分析股票市场有效性的变化。使用递归图方法来归纳总结股票价格时间序列的动力学特征。笔者用递归图中斜对角线长度的分布函数构建递归熵，它能够度量一维时间序列嵌入高维相空间中状态矢量的聚集程度及系统的确定性或可预测性程度，可用于量化股票市场的有效性。本书对14个发达国家与地区和12个新兴国家与地区的股票市场的有效性进行研究，得出结论：股票市场的有效性呈现出复杂的“相对有效—相对无效—相对有效”的似周期性动态演化特征及时间尺度效应；社会环境的不稳定性及经济危机对市场有效性有负向效应；进一步使用经验模态分解法、最大熵谱分析法及 Fisher 检验研究发现，美国股票市场的有效性在不同频率上存在约为3~5年、11年及25年的周期，这些周期与基钦经济周期提出的3~4年周期、朱格拉经济周期提出的10年左右的经济周期及库兹涅茨经济周期提出的15~25年经济周期基本吻合。

（2）如今，股票价格的急剧涨跌现象越发频繁，而股票市场崩盘则给金融市场的稳定带来极大挑战。本书使用递归图方法及非线性时间序列突变检测的启发式分割算法对股票市场崩盘前市场动力学特征突变时点的检测问题进行研究。笔者通过对12个发达国家与地区和10个新兴国家与地区的金融市场的崩盘事件进行分析，研究发现：股票市场崩盘前市场层流性特征值 LAM 会发生显著性大幅下降；对金融危机发生期间美国股票市场的 LAM 序列进行递归分析，发现 LAM 序列呈现出类分形自相似性结构，且在递归图中均有空白带存在，说明股票市场崩盘前 LAM 序列存在相变；使用非线性时间序列突变检测的启发式分割算法分析发现，在市场崩盘前，市场的动力学特征会连续出现异常突变，且异常突变时点早于市场崩盘2~8个月时间。

（3）基于递归图方法的非线性时间序列分析方法越来越受到各领域研究者的重视，被成功运用到多个领域。但传统递归图使用 Heaviside 阶跃函数来判断相空间中状态点的递归行为，存在两个问题：一是 Heaviside 阶跃函数会产生刚性边界问题，造成信息丢失；二是临界距离 ε 的选取非常关键，假若选取不恰当会导致递归分析结果的不准确，而目前对该参数的选取并没有一个统一的方法。针对上述问题，本书的创新之处是：一是判断状态相点递归性时使用高斯函数代替 Heaviside 阶跃函数，解决 Heaviside 阶跃函数所造成的递归分析结果具有刚性和二元值的问题；二是使用局部二值（Local Binary Pattern，LBP）模型和纹理相似性度量（Earth Mover’s Distance，EMD）模型，就复杂系统动力学特征分析提出了对递归图进行纹理分析的新思路，并在此基础上构建了度量复杂系统动力学特征相似度的方法体系。

（4）适应性市场假说（Adaptive Market Hypothesis，AMH）认为金融市场是动态演化的，市场泡沫及崩盘等状态显示出复杂的动态变化。适应性市场假说把金融市场看成是一个复杂的自适应性系统，在不同的外界背景下，市场特征表现出动态演化的趋势。目前，研究适应性市场假说存在的一个难点问题是市场的演化行为如何量化。本书通过构建度量复杂系统动力学特征的相似度方法，从股票市场动力学特征演化视角就适应性市场假说进行实证研究。笔者对14个发达国家与地区及11个新兴市场国家与地区的股票市场进行研究，研究结果包括：其一，股票市场的动力学特征呈现出动态演化趋势且各市场的演化行为具有异质性；其二，大多数市场的 EMD 距离表现出逐级下降趋势，市场上出现适应性进化现象；其三，在2008年金融危机发生前后4年内，9个新兴国家和地区金融市场的动力学特征发生了突变；其四，在国家出台具有较大影响力的政策或市场环境发生重大变化时，中国沪深 A 股市场的动力学特征都会发生非常明显的异常突变，如在2008年金融危机及2015年“股灾”发生期间，其市场动力学特征出现异常突变。

（5）金融危机传染逐渐成为金融领域的一个焦点和难点。目前，对此问题的研究大多遵循线性研究范式，未能解析出金融危机传染的复杂非线性特征及金融危机传染的内在微观机制。本书尝试从复杂性科学视角对金融危机传染问题展开研究，研究的基本思想是将各国金融市场看成具有不同动力学特征的动力学系统，对金融危机发生前、次贷危机及欧债危机发生过程中各金融市场动力学特征的动态演化及金融市场间动力学特征联动模式复杂网络进行研究。笔者运用符号时间序列分析思想，将股票市场联动情况进行符号化处理，再粗粒化为由5个符号所组成的联动模式，基于联动模式之间的转化关系构建股票市场动力学特征联动模式有向加权复杂网络，探究金融危机传染的内在微观机制。研究结论为：其一，各国股票市场动力学特征在2007—2008年间都发生了较为明显的异常突变，2009—2011年间各国股票市场动力学特征发生持续性突变，与次贷危机相比较，欧债危机发生期间的全球金融市场变得更为脆弱；其二，金融危机在全球股票市场中的传染表现出一种典型的“事件驱动”性特征，危机发生期间，全球股票市场动力学特征联动模式复杂网络的结构及重要节点组成均发生了明显变化。

（6）由于市场环境、投资者情绪及金融机构的决策都处于不断变化之中，股市系统网络的拓扑结构通常也处于动态演化之中。静态复杂网络能够提供给我们的关于股市系统复杂网络的信息是有限的，甚至容易“诱使”我们对股市系统复杂网络产生错误认知。本书从动态演化的研究视角，使用滑动时间窗口方法，构建全球73个股票市场动力学特征之间的动态演化关系网络。研究结论为：其一，股票市场动力学特征复杂网络表现出典型的小世界网络特征，表明股票市场网络具有极强的信息传递能力，这就解释了发生在个别国家或地区的金融危机为何能够迅速扩展到其他国家或地区；其二，随着金融危机的深入，网络的平均度值及平均聚类系数有增大趋势，网络直径及平均路径长度有下降趋势，股票市场动力学特征复杂网络的小世界网络特性进一步加强，股票市场动力学特征复杂网络表现出更强的同步能力，信息在股票市场之间的传播范围明显扩大，网络的信息传输效率提升，市场之间的共振及联动进一步增强。

李　燕

2020年5月

目 录

第一章 绪 论

第一节 研究背景

“经济金融化”始于20世纪70年代中后期，在20世纪80年代得到进一步发展，在20世纪90年代发展步伐加快。经济金融化使得经济活动日渐以金融活动为中心、以金融关系为纽带、以金融政策为协调工具，金融则作为一种重要的经济资源推动着社会经济发展的进程。“金融全球化”使得全球各国及各地区之间在金融业务、金融政策等方面的相互交往和协调、相互渗透和扩张、相互竞争和制约发展到较高水平，进而使全球金融市场逐渐形成为联系紧密、不可分割的整体。随着经济金融化及金融全球化的快速发展，全球金融市场已发展成一个全球性的复杂动态系统。尤其是20世纪90年代以后，随着金融产品的创新及金融交易信息技术的迅猛发展，世界各国及各地区的金融市场及各子金融市场之间的关联程度进一步提高，联动关系变得更为复杂。国际短期资金的跨国流动、一个国家或地区金融经济措施的失误等都极可能导致其他国家或地区的金融市场遭受连锁传染，从而造成一个国家或地区的金融危机会“瞬时”传导到其他国家或地区，甚至会影响到全球金融市场的稳定，产生全球性的金融市场动荡，引发全球金融危机。因此，鉴于金融市场为经济平稳运行的核心，如何有效预判、防范及管理金融市场风险成为当前金融理论研究者及各国金融管理部门关注的一个热点和难点。尤其是2008年全球金融危机之后，理论研究者和各国金融管理部门都更加注重寻求对这个问题的有效解决办法，但他们仍然在有效市场或理性人假设的框架之内通过对标准金融理论的修正拓展来解决这类问题，所得结果并不能令人满意。究其原因或许在于，市场之间联动关系的复杂性，市场影响因素的多样性及作用关系的多重反馈性，市场投资者所固有的投机本性等因素，均导致金融市场是一个极其复杂的动态演化系统，而经典金融理论建立在线性研究范式的基础上，假定金融市场波动遵从线性随机过程，忽略了金融市场各类参与者的异质性及参与者社会属性的多样性、互动关系的复杂性。

近年来，随着非线性复杂科学、非均衡系统理论及信息处理技术的迅猛发展，行为金融学、演化经济学、混沌经济学和金融物理学等众多新兴经济学、金融学交叉分支学科逐渐形成，许多新的研究思想和分析方法被运用于对经济、金融系统的动态演化研究。尤其是复杂性科学打破了线性、理性人、同质性、均衡性、简单还原论的传统研究范式，致力于非线性、适应性、异质性、非均衡和复杂系统的新研究范式的探索。复杂性科学给经济学及金融学研究提供的不仅是研究思想视角上的革新，也是一套极富探索性和建设性的分析工具。目前，运用复杂性科学的理论与方法来研究金融市场复杂系统主要集中在对金融市场复杂性证据的探寻及金融市场异象的解释上，缺乏对金融市场复杂性特征量化提取方法及演化规律的研究，对金融危机与股票市场动力学特征演化之间的内在机理也鲜有文献进行研究。另外，从研究方法上来看，最近20年内，复杂性科学应用于金融市场研究的工具并无实质性创新，导致金融系统复杂性研究有停滞不前的迹象。本书使用重构相空间理论及递归图方法，把一维股票价格时间序列嵌入高维相空间中，进而可以在一个拓扑性质等价的高维相空间中通过分析状态向量轨迹的递归性来研究股票市场系统的动力学行为特征。本书主要就股票市场动力学特征的动态演化行为进行研究，尤其是从复杂性科学的视角对金融危机的形成、深化及扩散过程中股票市场动力学特征的演化进行系统性研究，解析金融危机传染的微观机制，深化对金融危机传染过程的认识，丰富金融危机传染问题的理论及实证方法，也为金融学研究范式的创新及转变提供借鉴。

第二节 研究的理论意义及应用价值

一、研究的理论意义

金融系统是人类社会所创造的最为复杂，但又与人类日常经济生活息息相关的系统之一，且随着经济金融化的推进，金融市场在经济系统中的地位日渐重要起来。由于金融市场的参与者众多且具有异质性和互动性，造成金融系统比其他复杂系统具有更加明显的涌现、混沌、路径依赖等复杂性特征，具有突变性、似周期性、分形性与自相似性等非线性特性。近年来，频频发生的各种金融危机事件及市场价格异常波动现象均表明，随着经济金融化、金融全球化、金融产品创新及交易技术电子化的快速发展，以及金融市场体量增大、虚拟资产过度膨胀、巨额游资在全球范围内频繁而迅速地流动，金融系统的复杂性正在加剧。全球金融市场的稳定性呈现下降趋势，各国（地区）金融市场之间的联动性增强，给金融市场稳定及金融市场资源配置作用的发挥带来较大的挑战及风险。对金融问题的研究通常是对综合各因素之后所形成的一维价格（价格指数）时间序列数据进行分析，而金融市场是一个复杂系统，这些一维的时间序列数据体现了金融市场的非线性复杂行为特征，传统的线性分析方法不能有效解析这些非线性特征，复杂性科学为对这些非线性金融时序数据的研究提供了一个新视野和思路。虽然国内外众多学者在金融市场复杂性研究领域进行了大量的探索与讨论，并取得了丰富的研究成果，但目前运用复杂性科学的理论及方法研究金融系统问题主要还是集中在对金融复杂性证据的探寻和金融市场异象的解释上，包括对金融市场的非线性、重尾性（非正态）、簇族性（异方差）、长记忆性、分形及混沌等方面的讨论，而对金融市场系统动力学特征的量化提取方法，金融市场系统动力学特征演化的动态过程与机制，金融市场泡沫形成、金融危机发生和金融市场崩溃过程中动力学特征的异常突变行为的监测及金融危机传染的动力学过程分析得不够。近些年，递归图方法作为分析动态复杂系统的新工具，获得了快速发展和广泛应用。该方法能够可视化及提取复杂系统的动力学特征，进而能够分析复杂系统的动态演化行为，解析非线性时间序列数据波动中所蕴含的复杂性特征，因此递归图方法是研究金融市场价格波动的一个行之有效的方法。本书使用递归图方法对股票市场复杂系统的动力学特征演化行为进行系统性研究，解决目前对股票市场动力学特征量化分析方法，金融危机的形成、深化和扩散过程中股票市场动力学特征的演化行为，以及金融危机发生期间各国（地区）股票市场之间动力学特征联动模式的变化等问题的研究不够深刻和缺乏有效分析工具的问题。对这些问题的研究有助于我们对金融危机传染及股票市场崩盘有一个更加清晰的认识，为金融市场风险管理及全球资产配置的投资管理实践提供借鉴和参考。总的来说，对金融危机发生期间股票市场复杂性特征动态演化及异常突变行为的研究，有助于揭示股票市场的运行规律，为投资策略的制定、投资对象的选择及股票市场的风险管理提供参考和借鉴。

二、研究的应用价值

对股票市场复杂系统动力学特征的动态演化及异常突变问题的研究有助于我们对股票市场价格异常波动甚至市场崩盘等极端事件所带来的市场风险进行管理，因此本书研究的应用价值在于：

（1）2008年全球金融危机给金融理论研究及投资管理实践带来极大的反

思和挑战。传统金融理论未能在危机发生前对危机进行预警，危机发生后又未能对危机影响的广度和深度进行有效判断。当极端市场风险在全球范围内扩散时，试图采用全球资产配置的多样化投资策略来降低投资风险的效果被严重减弱。我们逐渐认识到仅从微观的视角对金融市场进行割裂式研究所获得的研究结果并不能为解决这些问题提供有效参考，甚至会产生误导，这就需要我们从更加宏观的视角来分析国家与国家之间，市场与市场之间危机传染的动力学机制。这是一个极具挑战但又极具现实意义的研究问题。本书从复杂性科学的研究视角来分析股票市场复杂系统的动力学特征演化行为，有助于我们更深层次地理解股票市场的内在运行规律，进而为市场风险管理及全球资产配置的投资管理实践提供借鉴和参考。

（2）近年来，股票价格的急剧涨跌现象频繁，而股票市场崩盘则给金融市场的稳定带来极大的挑战。股票市场崩盘摧毁了人们对金融市场的信心，使投资者和社会产生极大恐慌，进而使证券市场整体资源配置效率降低。对投资者而言，股票市场崩盘风险已经成为一种普遍存在且具有极大危害性的市场系统性风险。因此股票崩盘风险是市场参与者进行投资决策时重点关注的风险之一，对股票市场崩盘极端市场风险进行管理是学界及各国金融管理部门一直着力解决的问题。本书基于递归图方法，使用局部二值模型和纹理相似性度量 Earth Mover’s Distance 模型分析复杂系统的动力学特征，提出了对递归图进行纹理分析的新思路，并在此基础上构建了度量股票市场复杂系统动力学特征相似度的方法体系，然后使用统计过程控制方法对股票市场演化过程进行分析，构建了监测股票市场崩盘前市场动力学特征异常突变的方法。另外，本书对金融危机传染过程中股票市场动力学特征的动态演化进行研究，构建各股票市场动力学特征的联动变化模式复杂网络，解析出金融危机传染及市场崩盘的微观机制，从而解决目前对金融市场运行过程中异常突变的监测和金融危机传染的内在微观机制缺乏有效分析方法的问题，为风险管理提供新的方法和工具。

第三节　创新点

股票市场是一个复杂的系统，影响因素众多且相互作用关系极其复杂，目前我们还无法构建出股票市场演化的动力学微分方程体系，甚至很难完整地界定出影响股票市场系统的状态变量集。本书引入递归图方法，采用数据驱动建模的研究思路，对股票市场演化行为具体进行了如下几个方面的创新研究：

创新点一：从动态演化的视角来分析股票市场有效性的变化。使用递归图方法分析总结出股票价格时间序列的动力学特征。在递归图中，与主对角线平行的线段长度的分布信息度量了产生时间序列的原动力系统的动力学信息量或随机性的程度。根据这些线段长度的分布信息构建的递归熵，能够度量一维时间序列嵌入高维相空间中状态矢量的聚集程度及系统的确定性或可预测性程度。递归图能够分析时间序列的全局状态关联关系，而仅基于收益率分布的经典熵统计模型只能刻画系统中的“短程关联”，因此基于递归图方法构建的递归熵更能量化系统的无序性程度，进而可以度量股票市场的有效性程度，解决目前对市场有效性只能进行定性检验，不能对处于同一有效性水平的不同股票市场的有效性进行量化比较的问题。本书对全球主要股票市场的有效性进行量化比较，使用经验模态分解法、最大熵谱分析法及 Fisher 检验研究美国股票市场的有效性的周期性演化行为，研究发现，美国股票市场的有效性在不同频率上存在约为3~5年、11年及25年的周期，这些周期与基钦经济周期提出的3~4年周期、朱格拉经济周期提出的10年左右的经济周期及库兹涅茨经济周期提出的15~25年经济周期基本吻合。

创新点二：目前股票崩盘从个股层面研究得多，从市场层面研究得很少，但实际上，股票市场整体崩盘比个股崩盘的危害更大、影响更加深远。本书使用递归图理论及非线性时间序列突变检测的启发式分割算法对股票市场整体崩盘前市场动力学特征突变时点的检测问题进行研究。通过对12个发达国家和地区的金融市场与10个新兴国家和地区金融市场的崩盘事件进行分析，发现：

（1）股票市场崩盘前市场层流性特征值 LAM 会发生显著性大幅下降。

（2）对金融危机发生期间美国股票市场的 LAM 序列进行递归分析，发现 LAM 序列呈现出类分形自相似性结构，且在递归图中均有空白带存在，说明股票市场崩盘前 LAM 序列存在相变。

（3）使用非线性时间序列突变检测的启发式分割算法分析发现，在市场崩盘前，市场的动力学特征会连续出现异常突变，且异常突变时点早于市场崩盘2~8个月时间。

创新点三：构建了股票市场复杂系统动力学特征相似性度量方法，并在此基础上对适应性市场假说进行了实证研究。研究的基本思想是将股票市场复杂系统的动力学特征可视化为具有不同纹理特征的灰度图，提出了对递归图进行纹理分析的新思路。具体包括如下几点创新：

（1）判断状态相点递归性时用高斯函数代替 Heaviside 阶跃函数，解决 Heaviside 阶跃函数造成的递归分析结果具有刚性和二元值的问题。

（2）使用局部二值模型和纹理相似性度量 Earth Mover's Distance 模型构建度量股票市场复杂系统动力学特征相似度的方法体系。在此基础上，本书从股票市场动力学特征动态演化的视角对适应性市场假说进行实证研究，具体对14个发达国家和地区及11个新兴市场国家和地区的股票市场进行研究，研究发现，股票市场动力学特征表现出时变演化行为，且呈现出市场效率由低到高的适应性进化趋势。

创新点四：本书尝试从复杂性科学视角对金融危机传染问题展开研究，研究的基本思想是将各国股票市场看成具有不同动力学特征的动力学系统，就金融危机发生前、次贷危机及欧债危机发生过程中各金融市场动力学特征的动态演化及金融市场间动力学特征联动模式的复杂网络进行研究，弥补目前对此问题的研究大多遵循线性研究范式，未能解析出金融危机传染的复杂非线性特性及金融危机传染的内在微观机制的缺陷。笔者使用符号时间序列分析方法，将股票市场联动情况进行符号化处理，再粗粒化为由5个符号所组成的联动模式，基于联动模式之间的转化关系构建联动模式有向加权复杂网络，探究金融危机传染的内在微观机制。研究结论如下：

（1）各国股票市场动力学特征在2007—2008年间都发生了较为明显的异常突变，2009—2011年间各国股票市场动力学特征发生持续性突变；与次贷危机相比，欧债危机发生期间全球金融市场变得更为脆弱。

（2）金融危机在全球股票市场中的传染表现出一种典型的“事件驱动”性特征，危机发生期间，股票市场联动模式复杂网络的结构及重要节点组成均发生明显变化。

笔者进一步从动态演化的研究视角，使用滑动时间窗口方法，构建全球73个股票市场动力学特征之间的动态演化关系网络。研究结论如下：

（1）股票市场动力学特征复杂网络表现出典型的小世界网络特征，表明股票市场网络具有极强的信息传递能力，这就解释了为何发生在局部国家或地区的金融危机能够迅速扩展到其他国家或地区。

（2）随着金融危机的深入，网络的平均度值及平均聚类系数有增大趋势，网络直径及平均路径长度有下降趋势，股票市场动力学特征复杂网络的小世界网络特性会进一步加强，股票市场动力学特征的复杂网络会表现出更强的同步能力，信息在股票市场之间的传播范围会明显扩大，网络的信息传输效率会提升，市场之间的共振及联动会进一步增强。

第四节　研究方法和技术路线

一、研究方法

本书在理论和实证分析过程中采用的研究方法和相关技术主要有：文献研究、相空间重构、递归图方法、统计过程控制、复杂网络、优化理论、物理统计、对比分析及演化分析方法等。此处仅介绍其中几种较复杂的方法和技术。

相空间重构：笔者使用相空间重构的方法把一维股票价格时间序列嵌入高维相空间中，进而得以在一个拓扑性质等价的高维相空间中通过分析状态向量的轨迹来研究股票市场的动力学行为。利用递归图可以在二维图形中直观地分析高维相空间中状态向量的递归性行为，进而可以研究原动力学系统的动力学特征。

递归定量分析（Recurrence Quantification Analysis，RQA）：在递归图中主要包括孤立点、对角斜线、垂直直线及水平直线这几种几何结构。通过对递归图中的这些几何结构的特征进行量化，Eckmann et al.（1987）构建了递归量化分析方法。其中，某条斜对角线的长度表示某一状态重现的持续时间长度，即产生时间序列的原动力系统的确定性程度或可预测性程度。运用这些斜对角线长度的分布函数，可以构建递归熵。递归熵值表示递归图的 Shannon 信息，表征系统的复杂性程度，系统越复杂，其递归熵值就越小。另外，LAM 是递归图中垂直结构的线上的递归图点总和占递归图中点的比率（Marwan et al.，2007），运用 LAM 值能够有效监测动力学系统的相变行为。本书通过监测 LAM 值的异常突变来监测股票市场的崩盘行为。

复杂网络：使用符号时间序列分析方法，将股票市场联动情况进行符号化处理，再粗粒化为由5个符号所组成的联动模式，基于联动模式之间的转化关系构建联动模式有向加权复杂网络，探究金融危机传染的内在微观机制。

统计过程控制：运用数理统计分析技术，对生产流程中的各阶段进行监控，科学地辨别出生产过程中的异常状态。本书引入统计过程控制方法对危机发生期间股票市场动力学特征的异常突变进行分析。

演化分析方法：以演化证券学理论为基础，对股票市场之间的关联关系进行动态研究。

二、研究路线

本书的研究路线如图1.1所示。

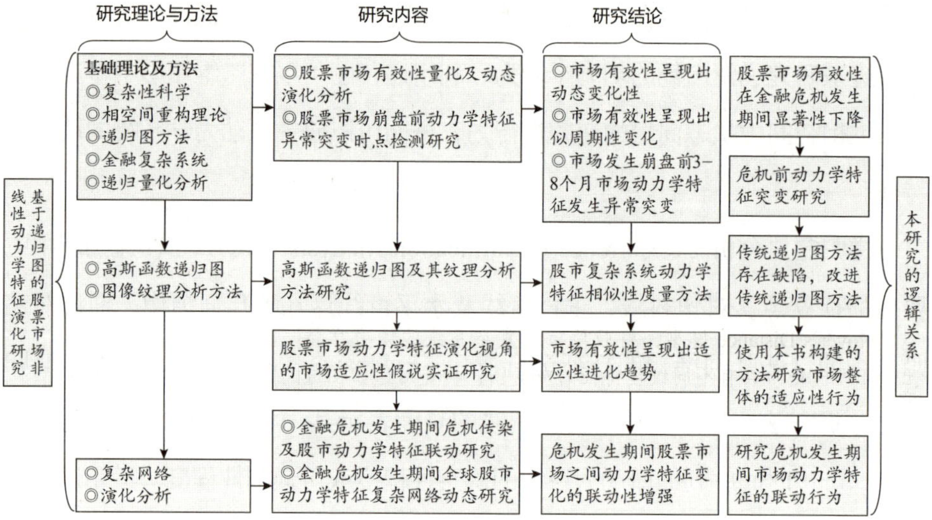

图1.1　研究路线图

第五节 主要研究内容及结构安排

章节	研究内容	研究方法	数据来源
第三章	从动态演化的视角来分析股票市场有效性的变化，对14个发达国家和地区以及12个新兴市场国家和地区的股票市场的有效性动态演化及量化比较进行研究	相空间重构、递归量化分析、演化分析、经验模态分解方法	国泰安金融数据
第四章	近年来，股票价格的急剧涨跌现象越发频繁，尤其是股票市场崩盘给金融市场的稳定带来极大挑战。目前，股票崩盘从个股层面研究得多，对市场层面研究得很少，但实际上，股票市场整体崩盘比个股崩盘危害性更大、影响更加深远。本书使用递归图理论及非线性时间序列突变检测的启发式分割算法对股票市场整体崩盘前市场动力学特征突变时点的检测问题进行研究，对12个发达国家和地区的金融市场以及10个新兴市场国家和地区金融市场的崩盘事件进行分析	相空间重构、递归量化分析	国泰安金融数据
第五章	针对传统递归图方法所存在的缺陷，构建高斯函数递归图，再使用局部二值模型和纹理相似性度量 Earth Mover’s Distance 模型，将股票市场复杂系统的动力学特征可视化为具有不同纹理特征的灰度图，构建对递归图进行纹理分析的方法体系，在此基础上构建度量股市复杂系统动力学特征相似度的方法体系。本书之后章节的研究都在此方法的基础之上展开	图像纹理分析、纹理相似性度量模型	
第六章	适应性市场假说认为股票市场是动态演化的，市场泡沫及崩盘等状态显示出复杂的动态变化。本书从股票市场动力学特征动态演化的视角对适应性市场假说进行实证研究，具体对14个发达国家和地区及11个新兴市场国家和地区的股票市场进行研究	统计过程控制、演化分析	Wind 金融数据库
第七章	金融危机传染逐渐成为金融领域的一个焦点和难点。目前，对此问题的研究大多遵循线性研究范式，未能解析出金融危机传染的复杂非线性特征及金融危机传染的内在微观机制。本书尝试从复杂性科学视角对金融危机传染问题展开研究，研究的基本思想是	复杂网络演化分析	Wind 金融数据库

续表

章节	研究内容	研究方法	数据来源
第七章	将各国股票市场看成是具有不同动力学特征的复杂动力学系统，研究金融危机发生前、次贷危机及欧债危机发生过程中各金融市场动力学特征的动态演化。使用符号时间序列分析思想，将股票市场联动情况进行符号化处理，再粗粒化为由5个符号所组成的联动模式，基于联动模式之间的转化关系构建股票市场动力学特征联动模式的有向加权复杂网络，探究金融危机传染的内在微观机制 股票市场系统网络与自然科学中所研究的复杂网络有一个显著差异，就是股票市场系统网络具有更强的动态演化性。使用静态复杂网络去研究股票市场系统网络容易产生的一个问题是把某一时间段的网络拓扑结构视为股票市场复杂网络的整体结构。由于市场环境、投资者情绪及金融机构的决策都处于不断变化之中，股票市场系统网络的拓扑结构也常常处于动态变化之中，静态复杂网络能够提供给我们的关于股票市场系统网络的信息是有限的，甚至容易“诱发”我们对股票市场系统网络产生错误认知。本书从动态演化的研究视角，使用滑动时间窗口方法，构建全球73个股票市场动力学特征之间的动态演化关系网络	复杂网络演化分析	Wind金融数据库

第二章　国内外研究现状及发展趋势

第一节　复杂性科学与金融理论发展

金融市场系统内部结构层次多，参与者具有异质性，市场影响因素众多且相互作用关系复杂，以及系统结构具有突变性等特性决定了金融市场通常是以非线性的方式对外界信息做出反应。张群 等（2017）认为金融市场具有非线性适应性特征，证明了金融市场复杂性特征与演化机理间的表征关系。杨子晖等（2020）构建了非线性关联网络来研究金融危机的传染扩散途径。金融市场中出现的“蝴蝶”效应、“诺亚”效应、资产价格的“胖尾”现象、资产价格时间序列的高度自相关及长程记忆性等，都清楚地表明了金融市场具有非线性动力学特征。由于金融市场的参与者具有异质性和互动性，金融系统与自然界中的其他复杂系统相比，表现出更为显著的涌现、混沌、自组织及分形等复杂性特性。总的来说，金融市场是一个开放的复杂巨系统（Markose，2005），具有动态非均衡性；不稳定状态是金融市场的常态。因此，从非线性复杂性科学研究视角出发进行研究，才可能更加深刻地理解金融市场的内在运作机制、信息扩散过程、投资者的互动及市场的价格形成过程，进而洞察到金融市场价格波动的底层规律。

长期以来，传统金融经济理论将金融市场价格的波动归因于外部随机扰动因素，忽视了投资者追求自身利益最大化与投资者具有有限理性的矛盾，忽略了金融市场作为复杂系统的非线性相互作用以及由此所产生的内部不稳定性。基础理论假设不符合市场实际情况及研究方法上的局限性造成了金融政策通常缺乏有效性及前瞻性。Bouchaud（2008）发表在《自然》杂志上的论文明确指出，传统金融理论在预测金融危机上是失效的，金融理论需要变革和创新。Farmer et al.（2009）发表在《自然》杂志上的论文也认为经典金融理论所依据的理论假设不符合市场实际情况，不能为金融危机之后经济政策的制定提供科学的建议。Battiston et al.（2016）在《科学》杂志上发表论文，指出依据复杂性理论为金融监管提供参考的必要性。另外，金融危机都具有“突发性”的特征，是市场对外生性影响因素剧烈变化到一定程度所作出的非线性反应，但经典金融理论并未考虑到这种“非线性及非连续性”特征，传统的线性研究方法无法有效解决这类问题，需要在研究思想及方法上有所突破。随着计算机技术的发展，金融交易数据被完整及低成本地保留下来，我们可以较为方便地获得大量交易过程中的数据，这些海量交易数据为引入对金融市场系统的一些问题进行研究的复杂性科学中的理论及方法提供了基础。同时，传统金融学研究方法在处理海量数据方面稍显乏力，且经典金融理论在解释金融市场异象时具有局限性，促使复杂性科学中的理论方法及分析工具被引入对金融问题的研究中来。复杂性科学研究领域中的最新理论成果及分析工具在金融市场研究中的运用，不断深化我们对金融市场的认知并产生了新的理论研究成果，从而促进了金融理论的发展及金融产业的创新。

复杂性科学不仅为金融市场研究提供了新的分析工具，对金融市场理论的基本假设也进行了突破，形成了如下金融市场假设：分形市场假说（Fractal Market Hypothesis，FMH；Peters，1994，2001）、使用生物进化论的思想提出的适应性市场假说（Luo，1995，1998，2001）。最近几年，一些学者对适应性市场假说进行了实证研究。周孝华 等（2017）研究发现，适应性市场假说比有效性市场假说能够更好地解释我国股票市场。杨璇 等（2019）使用信息熵来量化比特币市场的有效性程度，研究发现，比特币市场的有效性存在适应性演化行为。杨胜刚 等（2019）使用 time-varying AR 模型构建了度量贵金属市场有效性程度的指标，研究发现，贵金属市场的有效性随外部经济环境的变化呈现出动态演化趋势。AMH 认为金融市场是动态演化的，具有常见的周期性、恐慌、市场泡沫及崩溃等现象，这些市场现象显示出复杂的动态演化趋势。进化造就了金融市场的动态变化特征，EMH 仅仅是市场演化中的一种特殊形式，对金融市场的分析应该采用演化方法去研究整个系统随时间变化的特征。Soufian et al.（2014）指出，AMH 为新的金融研究范式提供了理论基础，AMH 认为金融市场的秩序是动态演变的。相对于有效性市场假说，适应性市场假说可以更好地解释金融危机等市场异常现象。

目前，运用复杂性科学的理论与方法来研究金融复杂系统主要集中在对金融市场复杂性证据的探寻及金融市场异象的解释上，缺乏对金融市场复杂性特征量化提取方法及演化规律的研究，对金融危机与股票市场动力学特征演化之间的内在机理也鲜有文献进行研究。另外，从研究方法上来看，最近20年，复杂性科学应用于金融市场研究的工具方法并无实质性创新，导致金融系统复杂性研究有停滞不前的迹象。递归图方法是最近10年新发展起来的非线性时间序列分析工具，该方法以相空间重构理论为基础，能够在二维递归图中可视化复杂系统的递归性特征，进而可直观地研究复杂动力系统的相空间流形，有效探析一维时间序列所暗含的动力学特征，获得复杂系统相似性及预测性的先验知识。股票市场是一个复杂系统，影响因素众多且相互作用关系极其复杂，目前我们还无法构建出股票市场演化的动力学微分方程体系，甚至很难完整地界定出影响股票市场系统的状态变量集。本书引入递归图方法对股票市场演化行为采用数据驱动的研究思路。通常获得的金融时间序列都是一维时间序列，而一维时间序列本身不能呈现原动力系统的多维空间特性，使用重构相空间理论及递归图方法，把一维股票价格时间序列嵌入高维相空间中，可以在一个拓扑性质等价的高维相空间中通过分析状态向量轨迹的递归性来研究股票市场系统的动力学特征。

第二节　递归图方法

一、递归图方法的理论基础

混沌时间序列是一个伪随机性过程，是介于随机与规律之间的序列。某一时点的状态接近于之前某个时点的状态是有可能的，这种状态重现的行为称为递归。混沌时间序列非线性分析的基础是相空间重构理论，该理论于20世纪80年代初由 Packard et al.（1980）及 Farmer et al.（1987）建立。其数学基础为时间延迟嵌入理论，该理论认为在处理一维时间序列时，可以采用延迟时间的方法重构获得一个拓扑性质等价于原系统的相空间，使原系统中的吸引子与所构建的延迟相空间中的吸引子对应。根据时间延迟嵌入理论，一维混沌时间序列所隐含的产生序列的原复杂系统的各状态可以转化成相空间中的状态向量点，通过重构一个 m 维相空间，混沌时间序列所暗含的动力系统相空间得以重建。对混沌时间序列进行相空间重构，本质思想就是通过重构相空间构建一个等价于原动力系统的状态空间，还原出一维时间序列的高维运动状态，进而把一维序列重构成高维相空间中点的运动轨迹，可以进一步分析原动力系统演化的动力学规律及特征。传统对时间序列的分析通常是在频域或时域中进行的，而混沌时间序列具有非线性特征，较难用传统的方法进行建模及计算，因此对混沌时间序列的分析通常是在相空间中进行的。对混沌时间序列的分析，首先需要解决的问题是一维时间序列不能完整反映系统的信息，因为通常测得的时间序列都是一维时间序列，而一维时间序列不能呈现出动力系统的多维特性，故必须重构出这个多维结构，构建一个辅助的相空间，才能研究原复杂系统的动力学特征。Packard et al.（1980）用导数来进行相空间重构，但通常我们对混沌时间序列的先验知识较为缺失，导致该方法并未得到很好的应用。后来人们采用时间延迟的方法来进行相空间重构，即通过时间延迟的方式用一维时间序列来重构一个高维相空间。

递归图方法产生的一个最本质的思想是：重现是动态复杂系统最基本的性质之一，一些类似的行为具有相似的发展方式，这种状态重现的现象称为递归行为。Monk et al.（1989）研究了宇宙射线的递归行为，这是较早探讨递归性的研究文献。递归行为不局限于周期性行为，包含了不规则的周期性行为（Zbilut et al.，1998；Thomasson et al.，2001；高思莉 等，2003）。虽然自然界的递归性行为较早就被人们所关注，但受当时计算技术的制约，人们对高维复杂系统缺乏有效的处理方法及计算技术。直到 Eckmann et al.（1987）构建了递归图方法，才算是为复杂动力学系统相空间重构及分析提供了一个操作性很强的方法。通过选取恰当的延迟时间及嵌入维数，可以把一维混沌时间序列重构到一个高维的相空间中，在这个高维相空间中研究混沌时间序列的复杂性特征。传统时间序列的分析方法通常对数据序列的长度及平稳性设定了一定的前提假设条件，而递归图方法对时间序列的长度及平稳性没有严格的限制，所以递归图方法已发展为对短时非平稳时间序列进行分析的有效工具。李钢虎 等（2006）认为递归图方法是研究非平稳时间序列周期性及混沌性的重要方法，该方法可探析一维时间序列所暗含的动力学特征，获得系统相似性及预测性的先验知识。Marwan et al.（2002）和闫润强 等（2007）认为递归图方法是研究复杂系统动力学递归性行为的非线性分析方法，该方法可直观地研究复杂动力系统的相空间流形。吕勇 等（2006）认为递归图方法是一种以相空间重构理论为基础的非线性时间序列分析方法，能够反映出原系统的混沌吸引子所具有的规律。

二、递归量化分析

递归图是一种图形可视化分析工具。为了能够定量研究递归图中所包含的原系统动力学特征信息，而不局限于对系统递归特性的宏观观测，对递归图小范围的结构特征进行定量测度的方法逐渐发展起来。Zbilut et al.（1992）构建了递归量化分析方法，通过对递归图中递归点的分布状态进行统计分析，量化分析递归图的一些特征信息。递归图法可以从整体上定性地分析系统的递归特性，而递归量化分析则是在递归图的基础上定量地对系统的递归特性进行测度。Marwan et al.（2007）对递归量化分析方法进行了进一步细化及拓展。Acharya et al.（2016）使用递归定量分析构建了一个自动预测心源性猝死（Sudden Cardian Death，SCD）的方法。Wallot et al.（2016）引入多维递归定量分析（Multidimensional Recurrence Quantification Analysis，MDQA）作为工具来分析多维时间序列数据，捕获高维信号的动态变化及评估两个或多个变量之间的耦合。Chaou et al.（2016）使用递归定量分析来研究递归图（Recurrence Plot，RP）结构，并运用量化污染过程的 LC 动力学，提出了8个 RQA 指标来研究不同污染情况下电导率的 LC 波形。Ogunjo et al.（2017）利用递归图和递归定量分析对热带太阳辐射数据的非线性进行了检验。Adeniji et al.（2018）应用递归图和递归量化分析来研究尼日利亚逐时风速数据的非线性确定性动态过程和非平稳性。

三、递归图方法中的重要参数确定

使用递归图方法时，嵌入维数、时间延迟及临界距离的选取非常关键，也是一项非常困难的工作，选取不当会导致分析结果不可靠。目前对这些参数的选取并没有一个统一的方法，需要根据实际情况选取合适的方法来确定参数。若临界距离值选择过小，可能造成递归图中不存在递归点，导致无法观测到系统的递归结构；但假若临界距离值选择过大，可能造成几乎每一个点都相邻于其他的点，从而使递归图中出现厚长的对角线。一般临界距离值的选择不应超过时间序列期望值的10%（March et al.，2005）。目前，关于临界距离值的选择与所要研究的具体问题密切相关，具有一定的经验性。许多学者在对一些具体问题的研究中，就临界距离值的选择方法展开了大量研究，实践中较为普遍的处理方法是把临界距离值设定为待分析时间序列数据的方差或标准差的一定比例。钟季康 等（2002）使用递归图方法研究肌电信号（Electrohysterogram，EHG）时，将临界距离选定为 EHG 序列的标准差的0.5~1倍。陈晓鸣 等（2008）在研究心率变异信号（Heart Rate Variability，HRV）时，将临界距离选定为原始序列数据的标准差的12%。Yang et al.（2009）进行蛋白质结构预测研究时，确定临界距离的规则是观测递归率（所有矩阵元素中递归点所占的比例）的变化，递归率首次出现突变时所对应的临界距离值即为所求。总之，临界距离值的选择需要具体问题具体分析，基本原则是应选取与所研究系统的具体情况相匹配的临界距离值。

Takens（1981）在相空间重构理论中指出，嵌入维数 m 必须至少为原始动力系统的吸引子维数的2倍，在此条件下就能保证运用延迟坐标所构造的相空间与原始系统空间完全等价。然而尽管在理论上获得了较好的结果，但该结论并不适合在实践中确定嵌入维数。实际应用中，运用更多的是 Kantz et al.（1997）构建的最邻近误差法（false nearest neighbors method）及 Cao 算法（Kennel et al.，1992；Li et al.，2010；Mesin et al.，2014）。对时间延迟 τ 的确定通常使用自相关分析法（Bramon et al.，2011；张著 等，2011；Van Schooten et al.，2013）。但有部分学者认为嵌入维数与延迟时间这两个参数具有相关性，应联合求解。Kim et al.（1999）首次尝试综合考虑嵌入维数与时间延迟的联合确定方法。Tao et al.（2011）进一步构建了使用关联积分来确定参数的 C-C 分析法。

四、递归图方法的应用

递归图这一非线性时间序列分析方法已经越来越受到各领域研究者的重视，并被成功运用到多个领域，如地质学、生态及生物学、神经系统科学、经济动力学、工业生产、机械危害及监控、医学领域、图像处理及音视频分析等。Takakura et al.（2017）使用递归量化方法研究心脏移植后神经系统的恢复情况。Houshyarifar et al.（2017）基于心率变异性信号，使用递归图方法构建了一种心源性猝死的预测方法。Kecik et al.（2017）利用递归图和递归量化方法研究了基于切削力实验时间序列的碳纤维增强塑料铣削过程的动力学特性。Nakanishi et al.（2017）使用交叉递归图来度量时间序列的相似性。Penatti et al.（2017）提出了一种基于递归图的人类活动识别方法。Haneef et al.（2017）使用交叉递归分析（Cross Recurrence Plots Analysis，CRPA）来精确测定温度所引起的布里渊位移。Mohamad et al.（2108）探讨了递归图和递归量化分析在齿轮系统各种故障诊断中的应用，研究发现，该方法在诊断齿轮系统的健康状态和表征动态系统行为方面非常有效。Figueiredo et al.（2018）使用线性（如时域和频域分析方法）和非线性（如递推图）方法获得甲型肝炎（Hepatitis C virus，HAC）参数，发现只有一些 RP 参数（递归率及最长线的长度递归熵）在P5中明显更大，递归量化分析更适合于检测运动诱发的甲型肝炎急性变化。Cannas et al.（2019）使用递归图研究了世界上最大的磁约束等离子体物理实验 JET 托卡马克的 I 型边缘局域模（Edge Localized Mode，ELM）时间序列的动力学特性，递归图能够有效捕捉 I 型 ELM 的似周期性行为。Lu et al.（2019）使用递归图来研究人类活动识别问题，研究结果表明，他们构建的识别方法比其他最新方法有更高的精度和效率；对比实验证明了该方法对噪声具有较强的鲁棒性。

最近10年，国内有部分研究者将递归图方法应用到自己的研究领域。凌继平 等（2011）提出使用递归图方法来提取水下目标的特征。李新杰 等（2013）

提出采用递归图和近似熵获取径流时间序列动力学特征的方法。杨俊 等（2013）使用递归定量方法对往复式天然气压缩机处于故障状态下的振动信号进行分析，将所提取的递归图特征量成功应用于压缩机的故障诊断。刘标 等（2015）提出了一种基于递归图的网络时间隐蔽信道的检测算法。蒲晓川 等（2015）构建了一种基于经验模态分解降噪的递归图方法来解决从齿轮振动信号中提取故障信息特征量的问题。王惠新 等（2015）提出基于递归图平均灰度来定位输油管道泄漏的方法。邵亚会 等（2016）提出运用递归定量分析方法对飓风信号的非平稳特征进行可视化及量化分析。李晋 等（2016）利用递归图的方法研究大地电磁时间序列的非稳态动态变化。余建 等（2017）使用相空间重构将一维时间序列扩展到高维相空间，获取时间序列在高维相空间中邻近点的分布规律和运动特点。成洁 等（2017）针对轴承振动信号的非平稳特征，构建了一种基于递归图的轴承故障诊断方法。李静（2017）使用递归图方法提取舰船辐射噪声的动力学特征。杨果 等（2018）使用递归图及递归量化方法对沉降时间序列的可预测性进行分析。总的来说，递归图方法在分析短时非平稳时间序列数据方面具有优势，故在复杂系统研究领域获得了广泛应用。

五、递归图方法的最新发展

Sipers et al.（2017）构建了多级递归图的概念，指出只有几个离散化水平的多级递归图通常比传统的递归图能更准确地捕获信号的动力学特征。Tamura et al.（2017）构建了基于 MACD 直方图的递归图，用于对时间序列进行分类。Riedl et al.（2017）分析了广义递归图的特点及应用领域。Wendi et al.（2018）为了减少构建递归图时参数难以确定的问题，避免因参数选择不当导致潜在伪迹，提出了一种求参数集伪迹安全域的方法。Pham（2020）分别用最小 T- 范数和乘积 T- 范数引入模糊交叉递归图和模糊联合递归图，揭示动力系统状态的交叉和联合递归特征。

第三节　递归图方法在经济领域中的应用

重构相空间理论与递归图方法现已被广泛地应用于生物医学、大气科学、水利科学、物理信号分析、网络流量分析等众多研究领域。在经济学领域中，应用最多、最广、最活跃的当属金融学领域。越来越多的研究人员利用递归图方法研究股票市场、外汇市场、期货市场、黄金及国际原油市场等价格时间序列的混沌特征，分析这些金融市场暗含的非线性结构、波动规律及预测问题。在国外，Scheinkman et al.（1989）应用重构相空间理论研究计算了 S & P 500指数、MSCI 英国股票指数、MSCI 德国股票市场指数的分数维。Brock et al.（1991）使用相空间理论与递归图方法研究了美国股票市场指数收益率数据的非线性特征。Fabretti et al.（2005）利用递归图方法和递归定量分析方法分析股票市场动力系统特征的演变，检测财务指标中的临界状态（类似于相变），由此估计泡沫产生的初始时间，通过对1998年1月至2003年11月纳斯达克指数的每日收盘价进行分析，推导出纳斯达克泡沫形成的初始时间预计在1999年10月19日。Antoniou et al.（2000）研究认为，递归图至少可以被看作一个非常精确的弱形式效率的分析工具。Orlando et al.（2018）运用递归定量分析方法研究贸易周期和经济发展的特征，检测宏观经济变量之间的差异，并挖掘经济动态的隐藏特征。Guhathakurta et al.（2010）使用递归图和递归定量分析方法来检测股票市场临近崩溃前的临界状态，并对 NIFTY、中国香港特别行政区 AOI 和道琼斯工业平均指数进行了分析。Bastos et al.（2010）使用递归图方法对78个具有较强经济依赖关系国家的股票市场进行了分析，发现这些国家股票市场的递归定量分析指标非常相似。Bigdeli et al.（2011）运用递归图方法对伊朗 KoDro 公司、波斯银行和 Niro Mohareke Iran 公司等的股票价格时间序列进行非线性分析，研究结果表明，在这些时间序列中除了不稳定的周期轨道，甚至混沌行为外，还存在确定性的、不稳定的和季节性的行为，这意味着股票价格存在短期可预测性。Bastos（2013）对一组国际股票指数和美国国债的零息票收益率金融数据进行了递归量化分析。Addo et al.（2013）利用递归图方法来研究股票市场隐藏模式，并用递归图来检测和表征金融周期。Niu et al.（2016）应用递归图和递归定量分析方法对马来西亚股票市场的吉隆坡综合指数（Kuala Lumpur Composite Index，KLSE）的日收盘数据进行了研究，研究发现，股票市场的动力学特征具有较强的动态演化性。Yin et al.（2016）提出了多尺度递归图和多尺度递归量化分析（Multiscale Recurrence Quantification Analysis，MRQA），并将这些方法应用于对证券市场中隐藏的非线性特性的多尺度的分析。国内对递归图在金融领域的研究还比较少。吴礼斌 等（2012）研究发现，递归图及递归定量分析方法能较好地提取我国股票市场的非线性动力学特征。张青韵（2013）基于相空间重构技术研究了若干国际货币兑换人民币汇率的递归结构。郭兆纲（2016）基于递归图研究了金融数据中的类分形自相似结构。

第四节　当前研究的不足

（1）递归图是一种直观化的研究方法。递归定量分析可以提取出递归图的部分几何特征，实现递归图的量化分析功能，但对复杂系统动力学特征的提取还不充分。另外，临界距离 ε 的选取对传统递归图方法的使用非常关键，也是一项非常困难的工作，目前对该参数的选取并没有一个统一的方法。本书构建了高斯函数递归图，在判断状态相点递归性时用高斯函数代替 Heaviside 阶跃函数，若状态相点间距离从零增加到无穷大，相点间的递归程度值由1逐渐向0变化，解决了使用 Heaviside 阶跃函数造成递归分析结果具有刚性和二元值性，进而在递归分析时使非线性时间序列所蕴含的原复杂系统动力学行为信息丢失的问题。本书进一步提出了递归图纹理分析思想，使用局部二值模型和纹理相似性度量模型构建了股票市场复杂系统动力学特征相似性的度量方法。

（2）目前，对股票市场复杂系统动力学特征的分析大多是从静态视角进行研究，缺乏对金融市场复杂性特征量化提取方法及演化规律的研究，对金融危机与股票市场动力学特征演化之间的内在机理也鲜有文献进行研究。另外，对股票市场动力学特征的分析往往集中在对个别市场进行研究，缺少对各市场之间动力学特征的联动关系分析。

第三章　全球股市有效性的动态演化及量化比较研究

第一节　引　言

市场有效性假说是现代金融理论的基础。自20世纪70年代末以来，股票市场出现了诸多与经典金融理论相悖的市场异象，而经典金融理论又无法解释这些市场异象，使经典金融理论遇到极大的挑战，故学者们开始质疑市场有效性基本假设的合理性。各国研究者对市场有效性问题进行了大量研究，但获得的研究结论并不一致，甚至获得了截然相反的结论，金融市场的有效性问题逐渐成为金融学研究领域争论的一个焦点。目前，国内外对股票市场有效性问题的研究，主要存在如下三个问题：其一，对股票市场有效性的研究缺乏从时间动态演化的视角对市场有效性的动态变化的研究；其二，只能对股票市场是否有效进行定性检验（判断是弱式有效、半强式有效还是强式有效），对处于同一有效性阶段的市场无法进行量化区分；其三，对市场有效性的实证检验一般都建立在线性模型基础上，而股票市场价格时间序列是混沌时间序列，是由内外部因素的非线性作用所决定的伪随机过程，所以线性研究范式可能就不再适用。市场有效性不应是绝对和静止的，而应该是相对的且随着时间推移呈现出动态变化趋势。Campbell et al.（1997）基于此思想构建了市场相对有效性的概念。借用生态系统进化的思想，Lo（2004，2005）进一步提出了适应性市场假说，认为市场的有效性会随着市场所处外部环境的变化而呈现出动态演化性。郑伟（2001）认为，必须重新审视目前大部分市场有效性的检验方法，尤其是随机游走模型，应从价格行为的非线性角度来思考证券市场的有效性问题。

近几年，非线性时间序列分析方法被引入对市场有效性的测度研究中，胡宗义 等（2001）、Cajuciro et al.（2004）、叶航 等（2005）、周好文 等（2010）及徐国祥 等（2012）使用 Hurst 指数来测度市场的相对有效性程度。但计算 Hurst 指数一般对时间序列的长度有要求，不然计算结果不可靠。Giglio et al.（2008）提出算法复杂度理论，通过测度序列偏离随机游走序列的程度来度量市场有效性。对市场有效性程度的测度，实际上是对序列无序性程度的度量，因此熵方法逐渐被引入对市场有效性的测度研究中。熵可以用来量化时间序列的随机性程度，因此熵可以用来量化市场有效性的程度，故吉利奥（Giglio）等人进一步使用熵分别研究了黑色星期一和亚洲货币危机发生期间美国市场和亚洲市场的市场有效性程度。Mensi（2012）使用修正的香农熵方法对原油市场弱形式效率的时变程度进行分析，所得研究结果表明，WTI 市场和欧洲布伦特原油市场这两个石油市场的弱形式市场效率随时间推移而变化，WTI 市场的效率低于欧洲布伦特原油市场的效率。Alvarez-Ramirez et al.（2012）建议运用信息熵的观点来研究股票市场的有效性，认为市场有效性是随着时间的推移而变化的，且具有时间尺度效应。Mensi（2012）采用修正的香农熵对市场有效性进行研究，实证结果表明，股票市场有效性随着时间的推移而变化，并且在不同的市场和不同的地理区域具有不同的变化特征。Niu et al.（2018）使用多尺度加权排列熵和递归量化分析方法对汇率波动进行研究，实证结果表明，日元 / 美元有着更高的复杂性，日本外汇市场的效率相对更高，而韩国、中国香港特别行政区和中国大陆等经济体外汇市场的效率较低。

有效性市场假说认为股票的收益率服从正态分布，价格序列是一个随机游走序列，并且股票市场的有效性程度越高，则股票价格序列越接近随机游走序列。在弱式有效市场中，股票价格的历史信息对未来股价没有预测力，技术分析方法无效；在半强式有效市场中，股价历史信息、公司财务数据及市场数据对未来股价没有预测力；在强式有效市场中，内幕消息对股票收益没有影响，股票价格是随机游走的，技术分析、基本面分析及内幕交易均无效。故当市场有效性程度较低时，过往的价格形态会在未来重演，当公司财务数据、市场数据发生相似变化或者存在内幕消息时，股价会表现出类似的价格形态走势；也就是说，股票价格变动会呈现出一种状态递归性行为。随着股票市场有效性的增强，市场所能提供的预测未来价格变化的信息越来越少，失去的信息就越来越多，而信息熵正是对复杂系统无序性程度及信息丢失程度的最佳度量。信息熵的获得，则意味着系统信息的丢失。信息和熵是互补的，信息表示系统的有序程度，熵表示的则是系统的无序状态。复杂系统的有序性通常以类周期性行为表现出来，一些类似的行为具有相似的发展方式，相似的背景下会发生类似的行为，这种状态重现的现象被称为递归行为。Eckmann et al.（1987）构建的递归图方法，就是依据相空间重构理论把一维时间序列重构到高维相空间，进而可以在相空间中研究产生时间序列的原动力系统的动力学行为，且在二维递归图上直观可视化复杂系统的动力学特征。该理论为非线性时间序列的分析提供了一个操作性很强的方法。本书从动态演化的视角来研究股票市场有效性，使用重构相空间的方法把一维股票价格时间序列嵌入高维相空间中，进而可以在一个拓扑性质等价的高维相空间中通过分析状态向量轨迹的递归性行为来研究股票市场的动力学行为。书中对14个发达国家和地区（澳大利亚、奥地利、比利时、瑞士、新西兰、法国、德国、中国香港特别行政区、日本、荷兰、新加坡、西班牙、英国和美国）以及12个新兴市场国家和地区（阿根廷、巴西、中国大陆、埃及、印度、印度尼西亚、以色列、韩国、马来西亚、墨西哥、俄罗斯、中国台湾地区）的股票市场的有效性的动态演化及量化比较展开了研究。

第二节 递归图方法及递归熵

Eckmann et al.（1987）构建的递归图方法，通过选定恰当的延迟时间及嵌入维数，把一维混沌时间序列重构到一个高维相空间中，可以在高维相空间中分析状态轨迹的递归性行为，进而研究混沌时间序列的非线性动力学特征。传统的时间序列分析方法通常对时间序列的长度及平稳性有一定的前提假设，但递归图方法对时间序列的长度及平稳性没有严格的假设，因此该方法逐渐成为对短时非平稳时间序列进行分析的有效工具。递归图方法在复杂系统研究领域获得了广泛的研究和应用，已被成功应用于经济学、生物医学、大气科学、水利科学、物理信号分析、网络流量分析等众多研究领域。近几年，越来越多的研究人员利用递归图方法来研究股票市场、外汇市场、期货市场、黄金及国际原油市场等的价格时间序列的混沌特征，分析这些金融市场所暗含的非线性结构、规律及预测问题（Guhathakurta et al.，2010；Bastos et al.，2010；Bigdeli et al.，2011；Niu et al.，2016；Addo et al.，2013；Bastos，2013）。

递归图方法的理论基础是 Takens（1981）提出的时间延迟嵌入理论。该理论认为，只要嵌入维数不小于产生序列的原复杂系统的吸引子维数的2倍，就能使重构所得到的相空间和原复杂系统的相空间具有拓扑结构等价性。通过相空间重构可以把一维时间序列嵌入一个拓扑等价的高维相空间中，这样就可以得到动力系统状态向量在数学相位空间中的一条运行轨迹。因此根据时间延迟嵌入定理，对一维时间序列 $\{x_i|i=1, 2, \cdots, n\}$，可以使用相空间重构方法，通过选取恰当的相空间维度 m 和延迟时间 τ，就可以把一维时间序列重构到一个 m 维的相空间，进而可以获得一个状态向量集 $R^m=\{\overrightarrow{X_1}\}$，其中 $\{\overrightarrow{X_1}\}=$

$(x_i, x_{(i+\tau)}, \cdots, x_{(i+(m-1)\tau)}), i=1, 2, \cdots, n^*, n^*=n-(m-1)\tau$。向量集 $\{\overrightarrow{X_1}|i=1, 2, \cdots, n^*\}$ 可以用来表示一维时间序列 $\{x_i|i=1, 2, \cdots, n\}$ 在高维相空间中的状态轨迹。但在进行重构相空间的操作中，嵌入维数和时间延迟是两个非常关键的参数，目前并没有一个统一的方法来确定这两个参数。本书在研究中使用 Kim et al.（1999）构建的 C-C 方法来确定时间延迟，该方法基于嵌入窗口法的思想，运用关联积分来估计延迟时间。对于嵌入维数，本节使用 Abarbanel et al.（1993）构建的虚假邻近点法（False Nearest Neighbors）来确定。

相空间重构完成之后，要判断相空间中两个状态是否递归，临界距离 ε 是一个非常关键的参数，但对于它的选定目前还没有一个通用的方法，通常设定为时间序列标准差的5%~10% 或者限定递归率为10%~30%。当两个状态向量在相空间中的距离小于临界距离 ε 时，则认为这两个状态表现出状态递归的行为。$R_{ij}=\Theta\left(\varepsilon-\|\overrightarrow{X_i}-\overrightarrow{X_j}\|\right), \overrightarrow{X_i}, \overrightarrow{X_j}\in R^m, i, j\in\left(1, 2, \cdots, n^*\right), \Theta(\bullet)$ 是赫维塞德函数：

$$\Theta\left(x\right)=\begin{cases}1, & x\geqslant 0\\0, & x<0\end{cases}$$

R_{ij} 的值表示状态向量 $\overrightarrow{X_i}$ 和 $\overrightarrow{X_j}$ 在相空间中的递归关系。所有的 R_{ij} 会形成一个由0和1所组成的矩阵 $\boldsymbol{R}$，该矩阵被称为递归矩阵。递归矩阵可以用二维图形来表示，数值“1”用黑色点表示，表示系统在 i 时刻的状态在 j 时刻重现；数值“0”用白色点表示，表示系统在 i 时刻的状态在 j 时刻未重现，这样由系统在各时刻状态向量之间的重现关系就可以得到递归图。进一步利用递归图可以在二维图形中直观地分析高维相空间中系统状态之间的递归性行为，进而可以研究原动力学系统的动力学特征。在递归图中主要包括以下几种几何结构：孤立点、对角线、垂直线及水平直线。Eckmann et al.（1987）通过对递归图中的这些几何结构的数量特征进行量化，构建了递归量化分析方法。其中，某条对角线的长度表示某一状态重现的持续时间长度，表示产生时间序列的原动力系统的确定性程度或可预测性程度。基于这些对角线长度的分布函数，可以构建

递归熵 $ENTR=-\sum_{l_{\min}}^{n} p(l)\times \ln p(l)$ ，其中 $p(l)$ 表示递归图中长度为 l 的对角线的分布概率，$l_{\min}$ 是定义的最短对角线长度，递归熵值表示递归图中对角线长度分布的熵信息。递归熵值越小，说明系统的确定性结构越简单，原时间序列就越接近随机时间序列，反之则说明系统的确定性结构越复杂，原时间序列就越有序。

下面使用递归图及递归熵来分析正弦信号 $\sin(6\times\pi\times t)$，采样频率为1 000 Hz，采集2 000个数据；洛伦兹信号取 $\delta=10$，$b=8/3$，$r=28$，采样频率为50 Hz 的情况下 $x(t)$ 分量所产生的时间序列，见图3.1和图3.2。

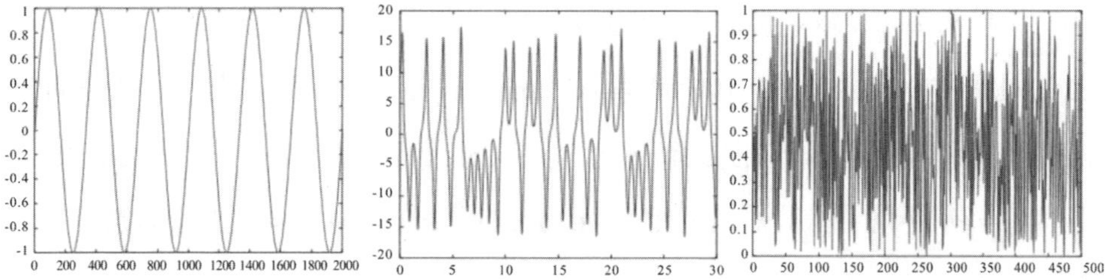

（A）正弦信号序列　　（B）洛伦兹信号序列　　（C）随机数序列

图3.1　正弦信号、洛伦兹信号及随机数序列

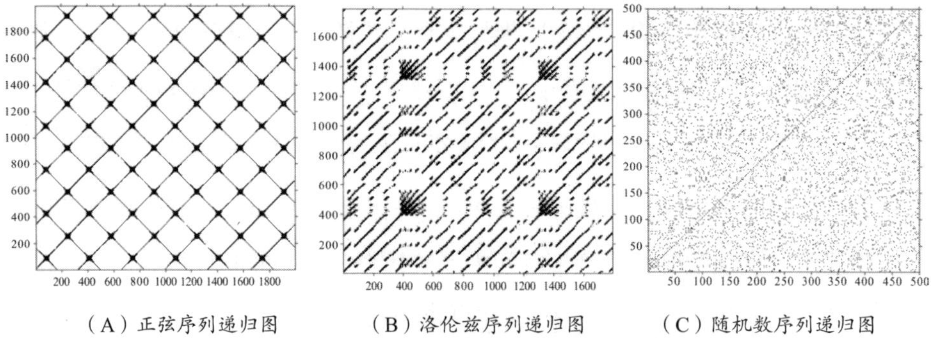

（A）正弦序列递归图　　（B）洛伦兹序列递归图　　（C）随机数序列递归图

图3.2　正弦序列、洛伦兹序列及随机数序列递归图

从图3.1可以看出，正弦时间序列呈现出周期性的波动，数据序列非常有序；洛伦兹信号序列呈现出类周期性波动，数据序列比较无序，是混沌时间序列；随机数序列是随机波动的，数据序列完全无序。在图3.2中，从3个时间序

列数据的递归图可以看出正弦序列的递归图非常规则，有完整的与主对角线平行的直线，说明系统具有完全的确定性；与主对角线平行的直线之间有均匀的空白带，说明数据具有规则的周期性。从洛伦兹序列的递归图可以看出，递归图具有一定的规则性，有一些不完整的与主对角线平行的线段，说明系统具有一定的确定性；与主对角线平行的直线之间有不均匀的空白带，说明数据序列具有不完全的周期性。从随机数序列的递归图可以看出，递归图毫无规则，没有与主对角线平行的线段，说明系统不具有确定性结构。由此可以看出，递归图可以明显区分周期性数据、混沌时间序列数据及随机时间序列数据的动力学特征。正弦时间序列数据的递归熵为3.334 9，洛伦兹时间序列数据的递归熵为2.03，随机时间序列数据的递归熵为0.383 5。由递归熵的计算结果可以看出正弦序列的递归熵大于洛伦兹序列的递归熵，洛伦兹序列的递归熵大于随机数序列的递归熵。这符合正弦序列的有序性大于洛伦兹序列的规则性，洛伦兹序列的有序性大于随机数序列的规则性。因此递归图方法及递归熵可以用来分析股票价格时间序列数据的无序性程度及市场有效性程度。

第三节　全球主要股票市场的有效性量化比较研究

在自然科学研究中，要对一个系统的演化行为进行研究，首先需要根据先验知识确定该系统可能受到哪些因素的影响，以及因素之间的相互作用关系，再依据研究对象、研究目的及研究可行性的需要且遵循一定的原则，从全部影响因素中选出最本质、最重要的因素作为研究系统的状态变量，然后根据相应理论构建出控制这些状态变量演化的动力学微分方程体系。假设一个系统可以由 m 个状态变量决定，各状态变量是时间 t 的函数，即 $y_i = y_i(\mathrm{t})$，则可以构建如下微分方程组来描述系统的演化行为。

$$\begin{cases}\dfrac{\mathrm{d}y_1}{\mathrm{d}t}=f_1(\lambda,y_1,y_2,\cdots,y_m)\\ \dfrac{\mathrm{d}y_2}{\mathrm{d}t}=f_2(\lambda,y_1,y_2,\cdots,y_m)\\ \qquad\vdots\\ \dfrac{\mathrm{d}y_m}{\mathrm{d}t}=f_m(\lambda,y_1,y_2,\cdots,y_m)\end{cases}$$

随着时间的演化，可以得到一系列的系统状态向量 $Y_i=(y_1, y_2, \cdots, y_m)$，$i=1, 2, \cdots, n$，这些状态向量点就会在 m 维相空间中形成系统的状态运行轨迹，状态轨迹的变化反映了系统演化的动力学行为。但股票市场不同于我们自然科学中的研究对象，我们很难完整地界定出影响股票市场系统的状态变量集，因此就不能够构建出股票市场系统演化的微分方程体系。对股票市场系统的研究，通常仅仅能够获得股票价格的一维时间序列，而这个序列是 m 维相空间中的点向一维空间的投影所得。一方面，这样的一维时间序列数据能够直接给我们提供的关于股票市场动力学特征的信息十分有限；另一方面，关于股票市场动力学特征的所有信息却都隐含在该一维时间序列中。因此研究股市系统时，我们可以使用物理学中重构相空间的方法把一维时间价格序列嵌入高维相空间中，这样股票市场演化的动力学行为特征，可以在一个拓扑性质不变的高维相空间中，通过状态向量在相空间中的运行轨迹变化得到体现，进而就可以研究股票市场演化的动力学行为特征。相空间重构的方法对那些无法构建出系统动力学方程的复杂系统的研究是非常有效的。递归图方法通过对一维时间序列进行相空间重构，在二维递归图上直观分析高维相空间中状态向量的递归性行为，进而可研究复杂系统动力学的行为特征。本书对股票市场有效性的研究采用这种数据驱动的研究方法，此方法不需要对股票价格时间序列数据做任何前提假设，而目前对股票市场有效性检验的方法都需要对股票价格时间序列数据设定一定的前提假设，而这些假设通常并不符合实际情况。

下面使用递归图方法及递归熵对14个发达国家和地区（澳大利亚、奥地利、比利时、瑞士、新西兰、法国、德国、中国香港特别行政区、日本、荷兰、新加坡、西班牙、英国和美国）以及12个新兴市场国家和地区（阿根廷、巴西、中国大陆、埃及、印度、印度尼西亚、以色列、韩国、马来西亚、墨西哥、俄罗斯、中国台湾地区）的股票市场的有效性进行量化比较研究。由于各国及各地区股票市场指数的基数不一样，所以在接下来的分析中，使用各国及各地区股票市场主要指数的日收益率进行分析。首先使用递归图方法来分析一下美国道琼斯工业平均指数每日收益率序列（2012年1月3日至2018年9月26日），使用C-C 算法可得时间延迟为7，使用虚假邻近点法可以确定嵌入维数为6（图3.3中左图），进而得到该时间段内美国道琼斯工业平均指数每日收益率序列的递归图（图3.4中左图）。对上证综合指数每日收益率序列（2012年1月4日至2018年9月21日），使用 C-C 算法可得时间延迟为3，使用虚假邻近点法可以确定嵌入维数为7（图3.3中右图），进而得到上证综合指数每日收益率序列的递归图（图3.4中右图）。

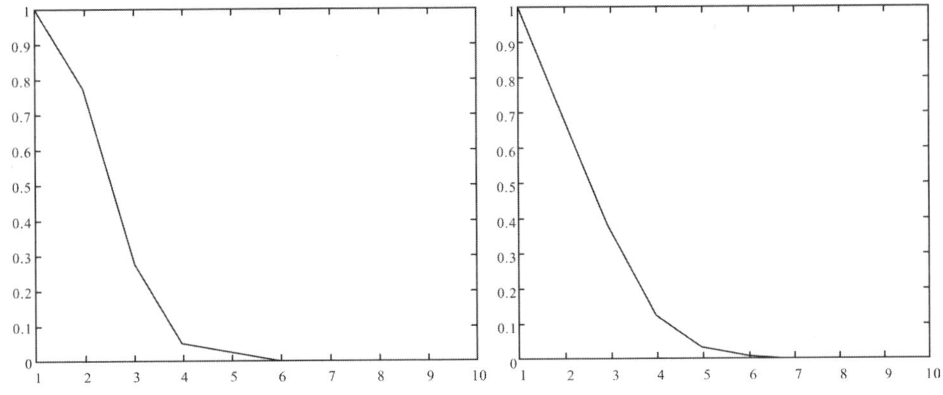

（A）道琼斯工业指数最邻近误差率随嵌入维数变化　（B）上证综合指数最邻近误差率随嵌入维数变化

图3.3　用虚假邻近点法确定嵌入维数（横轴表示嵌入维数，纵轴表示邻近误差率）

从美国道琼斯工业平均指数日收益率及上证综合指数日收益率的递归图可以看出：两者的递归图都呈现出一定的规则性，同随机数序列所产生的递归图具有明显的差异，而且两者的递归图具有类分形自相似性结构，因此两个市场指数的日收益率序列不是随机游走序列，两个市场均不是强式有效的。美国道琼斯工业平均指数日收益率序列的递归熵为0.426 2，上证综合指数的日收益率序列的递归熵为0.475 3，表明美国道琼斯工业平均指数日收益率序列的有序性要弱于上证综合指数日收益率序列，表明在此时间段内美国股票市场的有效性要强于中国大陆的股票市场，这与大多数研究文献获得的研究结果一致，说明递归熵可以有效衡量股票市场的有效性程度。接下来进一步研究全球其他股票市场指数日收益率序列的递归熵，并对各市场的有效性进行量化比较研究。

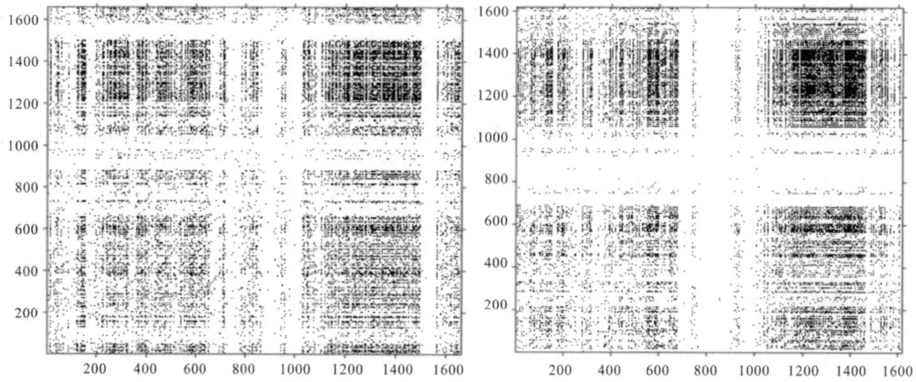

（A）道琼斯工业指数日收益率递归图　　（B）上证综合指数日收益率递归图

图3.4　道琼斯工业指数及上证综合指数日收益率递归图

使用递归图及递归熵分析荷兰 AEX 指数（AEX）、澳洲普通股 AS30指数（AS30）、奥地利 ATX 指数（ATX）、比利时 BEL20指数（BEL20）、道琼斯工业平均指数（DJI）、法国 CAC40指数（FCHI）、英国富时100指数（FTSE）、德国 DAX 指数（GDAXI）、埃及 HERMES 指数（HERMES）、中国上证综合指数、中国深成指数、中国香港特别行政区恒生指数（HSI）、巴西 BOVESPA 指数（IBOV）、纳斯达克指数（IXIC）、印尼雅加达综合指数（JKSE）、马来西亚吉隆坡综合指数（KLSE）、韩国 KOSPI 指数（KS11）、马德里 General 指数（MADX）、俄罗斯 Micex 指数（MCIX）、阿根廷 Merval 指数（MERVAL）、墨西哥 IPC 指数（MEXBOL）、日经225指数（N225）、印度 CNX Nifty 指数

（NIFTY）、纽约证交所综合指数（NYA）、新西兰50指数（NZSE50FG）、印度孟买30指数（SENSEX）、瑞士市场指数（SMI）、富时新加坡海峡时报指数（STI）、以色列 TA-100指数（TA100）、中国台湾地区加权指数（TWII），如表3.1所示。本书收集了从1918年1月3日至2018年9月26日的全球主要股票市场指数数据，共约20万个交易数据。由于每一个股票市场成立时间不同，并且有些股票市场在成立时间上相差上百年时间，所以进行同时间段对比不合适，因为市场发展阶段不一样。本书把1 000个交易日划分为一个阶段，这种对比更为合适，且这样划分可以分析股票市场的有效性在不同发展阶段的演化情况。

表3.1　全球主要股票市场指数收益率序列递归熵

市场指数	1 000 个交易日为一个阶段，各阶段递归熵
澳洲 AS30 指数（AS30）	0.574 3，0.748 1，0.409 2，0.767 3，0.515 9，3.109 1，0.990 3，0.585 9，0.558 6
奥地利 ATX 指数（ATX）	2.460 1，0.608 6，0.811 7，1.033 3，0.950 2，0.770 9，0.820 3
比利时 BEL20 指数（BEL20）	2.864 2，1.167 3，1.461 3，0.784 3，1.021 2，1.005 3，1.051 2
瑞士市场指数（SMI）	0.877 3，0.582 4，0.954 1，0.919 4，1.021 6，0.507 1，1.087 0
新西兰 50 指数（NZSE50FG）	2.538 3，0.893 3，2.681 6，2.603 9
法国 CAC40 指数（FCHI）	0.924 2，2.344 9，1.005 5，0.963 0，0.774 2，0.534 2，0.895 8，2.755 3
德国 DAX 指数（GDAXI）	2.514 5，1.149 5，0.923 2，0.865 3，1.012 2，1.108 3，0.838 6，0.931 2，0.976 4，0.971 2
中国香港特别行政区恒生指数(HSI)	2.979 4，2.609 0，1.011 2，0.900 5，0.717 4，1.386 1，0.728 4，2.971 3
日本日经 225（N225）	0.819 6，1.037 9，0.893 3，1.094 4，0.608 6，3.009 7，0.775 9，0.551 6，0.585 4，0.808 1，1.312 0
荷兰 AEX 指数（AEX）	2.439 4，1.006 5，1.081 1，1.019 6，1.014 9，2.847 3，0.782 1
富时新加坡海峡时报指数（STI）	2.883 0，0.851 9，1.335 4，2.600 3，3.025 8，1.376 3，0.514 8，2.538 4
英国富时 100 指数（FTSE）	2.602 1，0.684 2，0.739 8，1.170 8，1.028 4，2.527 1，0.895 7，0.552 9，2.840 1

续表

市场指数	1 000 个交易日为一个阶段，各阶段递归熵
西班牙马德里 General 指数（MADX）	0.739 0，0.503 9，2.773 4
美国道琼斯工业指数（DJI）	0.539 3，0.666 3，2.671 0，1.005 5，0.528 2，1.041 0，0.513 8，0.677 2，2.877 2，0.986 4，0.755 9，1.089 9，0.508 3，0.553 6，2.841 3，0.407 2，0.408 6，2.900 7，0.488 5，0.820 7，0.518 2，1.176 0，1.355 3，0.601 8，1.083 3
美国纳斯达克指数（IXIC）	3.135 9，0.640 8，0.629 5，0.586 2，0.872 9，0.741 1，0.858 7，0.567 0，0.562 6，1.019 5，0.662 1，1.073 1
美国纽约证交所综合指数（NYA）	0.728 8，2.880 9，2.930 6，0.437 1，0.448 0，0.765 9，0.519 2，0.495 7，0.459 0，1.163 2，1.330 7，0.630 2，1.062 3
阿根廷 Merval 指数（MERVAL）	2.816 6，0.601 6，0.887 8，0.968 4，0.965 1，1.118 9
巴西 BOVESPA 指数（IBOV）	0.631 5，1.070 9，2.473 5，1.045 5，0.782 0，0.841 5
中国上证综合指数	3.572 7，1.012 0，2.849 6，0.518 3，1.055 5，0.414 7，0.567 9
中国深成指数	0.859 5，1.230 9，3.001 6，0.528 2，0.567 2，0.759 9，1.173 0
埃及 HERMES 指数（HERMES）	0.885 5，1.176 1，0.580 5，2.258 0
印度 CNX Nifty 指数（NIFTY）	0.455 4，1.237 6，0.918 7，0.486 9
印度孟买 30 指数（SENSEX）	0.779 4，0.879 4，1.265 2，0.956 3，0.805 5
印尼雅加达综合指数（JKSE）	1.257 8，0.476 7，2.887 2，2.727 6，0.499 2
以色列 TA-100 指数（TA100）	0.881 9，0.531 9，0.999 4，0.960 4，0.530 5
韩国 KOSPI 指数（KS11）	0.621 0，1.040 8，0.532 3，2.796 6，0.873 7，0.673 4，0.868 6，0.436 9，0.760 0
马来西亚吉隆坡综合指数（KLSE）	1.141 0，1.141 3，0.510 7，1.332 7，0.916 5，0.665 7
墨西哥 IPC 指数（MEXBOL）	0.962 8，2.879 2，1.073 3，0.517 0，1.340 5，2.453 3，2.580 0
俄罗斯 Micex 指数（MCIX）	1.014 8，0.788 8，0.546 9
中国台湾地区加权指数（TWII）	0.874 0，1.130 9，1.101 4，0.906 1，0.810 8

对全球主要股票市场指数日收益率序列的递归熵值及对同一股票市场指数日收益率序列的递归熵值在各时间段进行对比分析，可以得到如下结论：

（1）对多数股票市场而言，股票市场在成立之初的3年时间里有效性程度较低，但在随后的6年时间里，随着市场法律规章制度的不断完善，各国和各地区股票市场的有效性程度将稳定地在彼此互异的某一区间内波动。新兴市场国家和地区由于在股市组建之初就能借鉴成熟资本市场的市场管理经验，所以在成立之初，市场的有效性程度一般要高于发达国家和地区股票市场在成立之初的有效性程度。比如在发达国家和地区的市场中，在成立之初的3年时间里，比利时、奥地利、中国香港特别行政区、德国、荷兰、英国、新加坡、新西兰股票市场指数的递归熵均大于2，而新兴市场国家和地区如墨西哥、韩国、以色列、中国台湾地区、印度、埃及的股票市场指数的递归熵均小于1。

（2）一个国家或地区发生社会动荡会影响到该国或该地区股票市场的有效性。比如，法国社会在2017—2018年出现动荡，该国股票市场的有效性程度急剧下降，发生社会动荡之前法国股票市场的有效性程度较高，但最近3年该国股票市场指数收益率序列的递归熵达到2.755 3，市场有效性急剧下降；近10年，由于社会安全局势不断恶化催生政治变局，墨西哥股票市场指数收益率序列的递归熵由未发生社会动荡前的0.517 0逐渐增加到2.580 0，股票市场有效性急剧下降。同时期社会局势较为稳定的国家和地区，股票市场有效性表现较为平稳，未出现较大波动。

（3）经过大约10年时间的完善发展之后，每个国家和地区的股票市场的有效性通常会稳定地在彼此互异的某一水平上波动。有文献研究了2000—2014年间撒哈拉以南的非洲11个国家股市的有效性，认为法律制度的有效性并不能促进撒哈拉以南的非洲国家股市的发展，这和本书研究所得结果一致。

（4）通常我们认为股票市场的有效性只会由弱到强地单向发展，但从时间动态演化的视角对各国和各地区股票市场在各阶段的有效性进行量化分析可知，股票市场的有效性呈现出较为复杂的动态演化特征，在相对有效和相对无效中反复波动。如从美国道琼斯工业指数可以看出美国股票市场的有效性呈现出一种类周期性动态演化现象，在下文中会对这个问题进一步展开研究。

（5）2008年爆发了全球金融危机，各国和各地区股票市场的有效性均出现异常波动，全球股票市场的有效性普遍下降，这说明金融危机对市场有效性具负向效应，在下文中将对此做进一步分析。

下面进一步研究在7日、15日、30日、60日及90日不同时间尺度下全球主要股票市场的有效性，计算结果如表3.2所示。

表3.2　7日、15日、30日、60日及90日不同时间尺度下股票市场指数收益率序列递归熵

市场指数	7日	15日	30日	60日	90日
澳洲 AS30 指数（AS30）	0.474 7	0.843 3	0.879 2	2.160 7	2.089 2
奥地利 ATX 指数（ATX）	0.548 1	0.353 8	0.333 0	1.830 7	0.499 4
比利时 BEL20 指数（BEL20）	0.914 7	0.819 7	0.681 4	1.818 7	0.429 3
瑞士市场指数（SMI）	0.895 9	0.907 5	0.615 3	1.823 7	0.708 0
新西兰 50 指数（NZSE50FG）	2.541 1	2.655 5	0.985 4	0.525 3	0.566 1
法国 CAC40 指数（FCHI）	2.973 1	2.726 4	2.585 7	0.496 1	1.462 9
德国 DAX 指数（GDAXI）	0.970 3	0.534 6	0.712 5	0.406 0	0.490 2
中国香港特别行政区恒生指数（HSI）	0.957 4	2.389 9	0.681 1	0.508 1	0.342 2
日本日经指数 225（N225）	0.759 2	0.623 3	0.635 7	0.819 2	0.854 7
荷兰 AEX 指数（AEX）	1.137 0	0.858 0	0.932 7	1.788 1	0.644 2
富时新加坡海峡时报指数（STI）	0.982 3	0.539 7	0.382 9	0.704 3	1.145 9
英国富时 100 指数（FTSE）	0.853 5	2.665 6	0.813 5	0.703 0	2.021 4
西班牙马德里 General 指数（MADX）	0.900 9	2.540 9	0.502 4	1.841 4	0.348 8
美国道琼斯工业指数（DJI）	2.805 9	0.537 2	0.521 1	0.506 1	0.475 6
美国纳斯达克指数（IXIC）	1.103 4	2.700 6	0.574 0	0.669 6	0.879 8
美国纽约证交所综合指数（NYA）	2.777 6	0.630 8	0.636 7	0.476 9	2.215 2
阿根廷 Merval 指数（MERVAL）	0.535 6	0.664 4	0.489 0	1.656 4	0.370 5
巴西 BOVESPA 指数（IBOV）	2.842 0	0.857 7	0.699 1	0.390 4	0.693 1

续表

市场指数	7日	15日	30日	60日	90日
中国上证综合指数（SH）	0.987 3	1.029 8	1.336 9	2.131 3	0.529 3
中国深成指数（SZSE）	2.834 9	0.619 9	0.633 7	0.904 8	2.021 8
埃及 HERMES 指数（HERMES）	2.452 4	2.180 8	1.967 4	0.536 7	0.540 2
印度 CNX Nifty 指数（NIFTY）	0.805 6	2.191 2	2.129 4	0.223 7	0.867 6
印度孟买 30 指数（SENSEX）	0.659 3	2.497 4	0.844 1	2.098 5	0.646 1
印尼雅加达综合指数（JKSE）	1.005 1	2.776 4	0.770 0	0.601 7	0.298 8
以色列 TA-100 指数（TA100）	2.754 5	0.583 1	0.787 8	0.457 3	1.082 2
韩国 KOSPI 指数（KS11）	1.122 2	1.011 7	0.961 7	0.637 5	0.578 2
马来西亚吉隆坡综合指数（KLSE）	1.019 3	0.866 2	0.813 3	1.228 5	1.389 2
墨西哥 IPC 指数（MEXBOL）	1.171 6	0.667 5	1.405 4	2.729 6	0.971 3
俄罗斯 Micex 指数（MCIX）	3.241 7	0.954 0	0.818 0	0.766 3	0.600 2
中国台湾地区加权指数（TWII）	0.700 1	0.716 7	1.028 9	1.934 5	1.681 5

从表3.2可知：

（1）股票市场的有效性呈现出时间尺度效应，不同时间尺度下的市场有效性不同。

（2）一般情况下，随着时间尺度的增大，市场有效性增强，如新西兰股票市场、韩国股票市场及美国股票市场等，但部分股票市场的有效性随着时间尺度的增大而变弱，如澳大利亚股票市场、中国台湾地区股票市场。

（3）使用层次聚类方法来综合分析各时间尺度下股票市场有效性的分类，如图3.5所示。比利时、瑞士、荷兰、奥地利、阿根廷股票市场和中国沪市的有效性较为接近；日本、新加坡、德国、韩国及马来西亚股票市场的有效性较为接近；中国香港特别行政区、印度尼西亚、西班牙、印度股票市场的有效性较为接近；美国、巴西及以色列股票市场的有效性较为接近；新西兰、埃及和法国股票市场的有效性较为接近。墨西哥、澳洲、英国股票市场及中国深市的有效性呈现出不同于其他国家和地区股票市场的有效性，表现出不同时间尺度下股票市场的有效性差异较大。

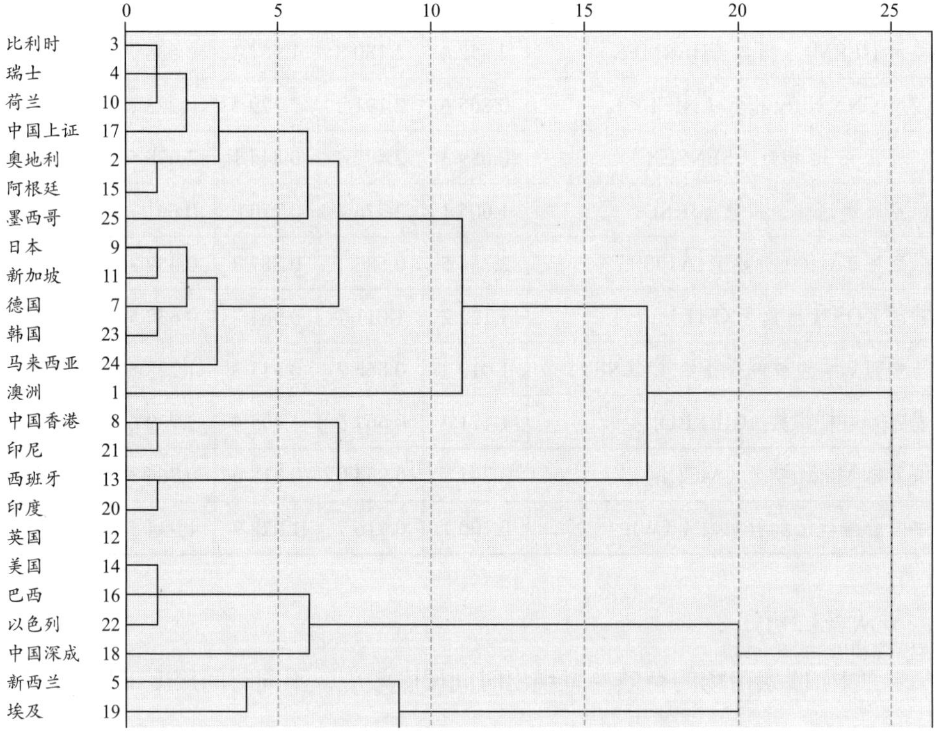

图3.5　各国股票市场的有效性分层聚类分析

第四节　金融危机发生期间股票市场有效性研究

进一步分析在2007年至2008年全球金融危机发生期间各国和各地区股票市场有效性的变化情况，截取2005年1月3日至2008年12月31日市场指数日收益率数据，采用移动窗口分析方法，窗口长度设为250天，窗口移动时间为2天。2008年金融危机大约在2007年6月发生，我们把2005年1月3日至2007年6月30日作为危机发生前，把2007年7月1日至2008年12月31日作为危机发生阶段，比较危机发生前和危机发生阶段各国和各地区股票市场有效性的变化。从图3.6可以看出，金融危机发生期间各国和各地区金融市场主要市场指数的日收益率序列的递归熵都有一个明显的上升过程，说明在金融危机发生期间，各国和各地区股票市场的有效性都存在一个下降的阶段。如在2008年，美国三大市场指数日收益率的递归熵都有一个非常明显的急剧上升过程，市场有效性急剧下降。这个研究结果与实际股票市场的交易状态相一致，随着股票市场崩盘事件的持续发生，市场交易者逐渐处于非理性交易状态，导致市场有效性急剧下降。进一步从表3.3可以看出：

（1）除奥地利、比利时、新西兰、印度及墨西哥股市外，其他股市在金融危机发生期间，市场指数的递归熵的均值相比危机发生前均有所上升。从图3.6可以看出，2008年奥地利及墨西哥股票市场的递归熵在危机发生期间出现过急剧拉升的过程，市场有效性出现过急剧下降的过程；比利时股票市场在2007年也出现过递归熵急剧拉升的过程。这3个股票市场的递归熵均值在危机发生期间没有上升。出现这种不同于其他股票市场的现象，原因或许在于每个国家和地区金融危机发生的时点不同。新西兰股票市场在金融危机发生期间的有效性变化异于其他国家和地区的股票市场。原因在于本书选取的是新西兰50指数，该指数由新西兰股票市场中市值最大的50只股票组成，在金融危机发生期间，新西兰股票市场在2008年就实现了最终反弹。在其他股票市场都处于持续崩盘中，市场交易的非理性程度较高，市场有效性持续下降的同时，新西兰股票市场已经企稳，市场有效性已经处于逐渐恢复阶段。

（2）危机发生阶段市场指数的递归熵的最低值及最高值相比危机发生前基本都出现了上升，尤其是递归熵的最高值都有了大幅上升，说明危机发生期间各市场均出现过有效性大幅下降的过程。

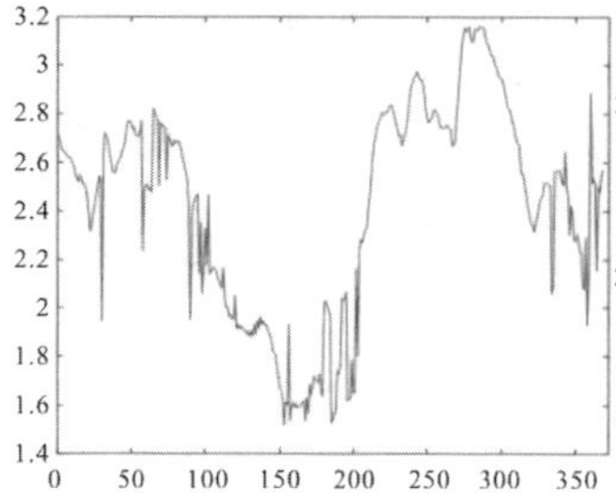

（1）澳洲 AS30指数

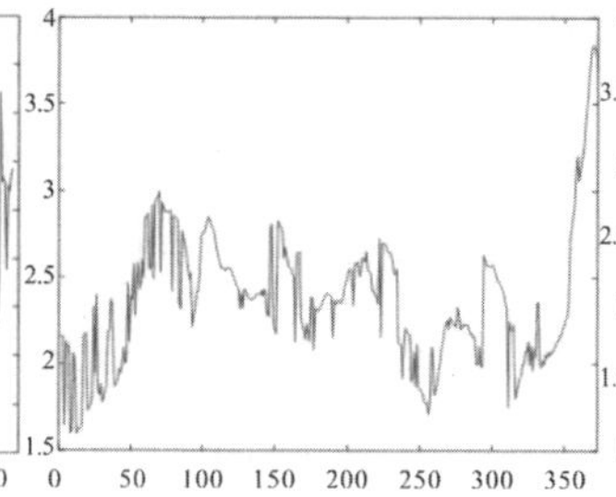

（2）奥地利 ATX 指数

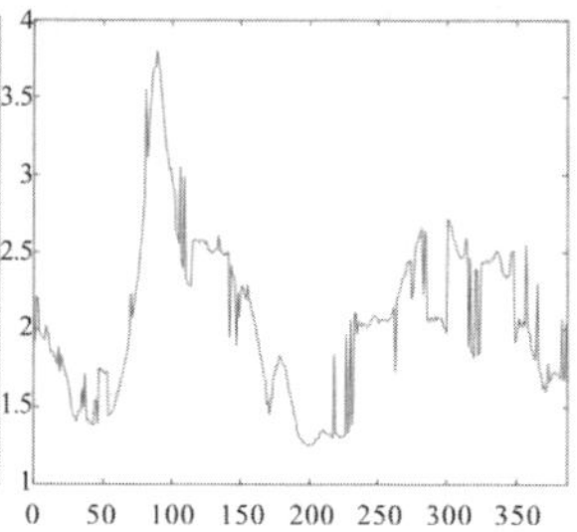

（3）比利时 BEL20指数

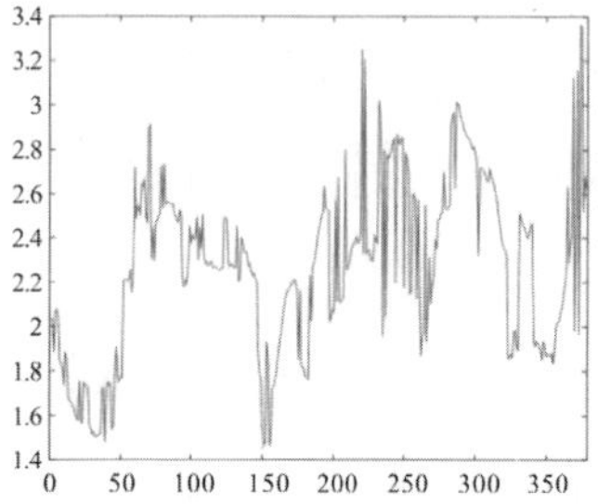

（4）瑞士市场 SMI 指数

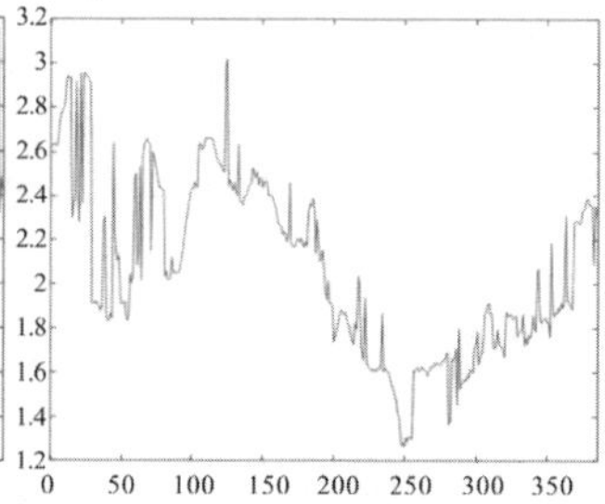

（5）新西兰50指数

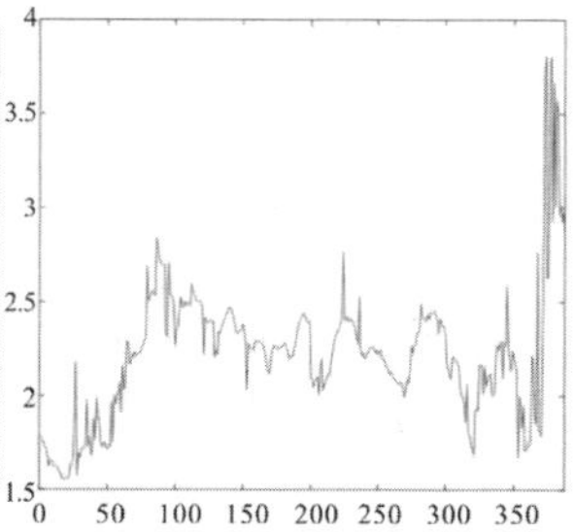

（6）法国 CAC40指数

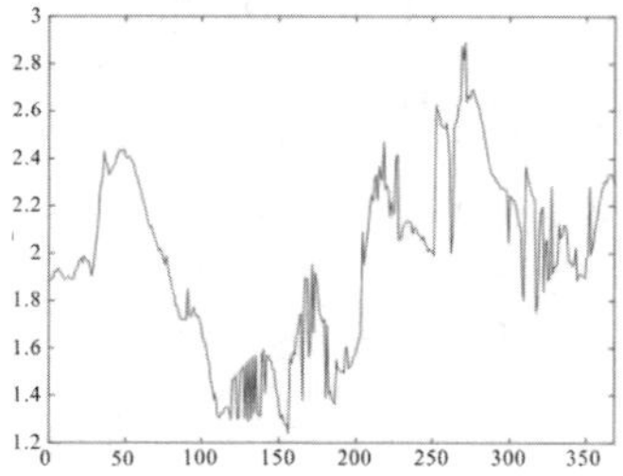

（7）日本日经225指数

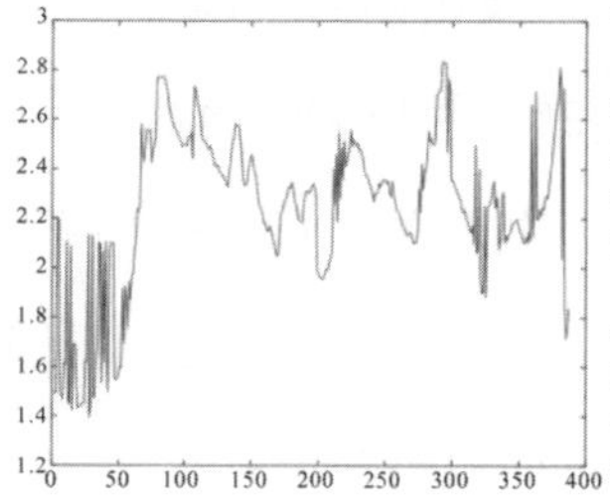

（8）荷兰 AEX 指数

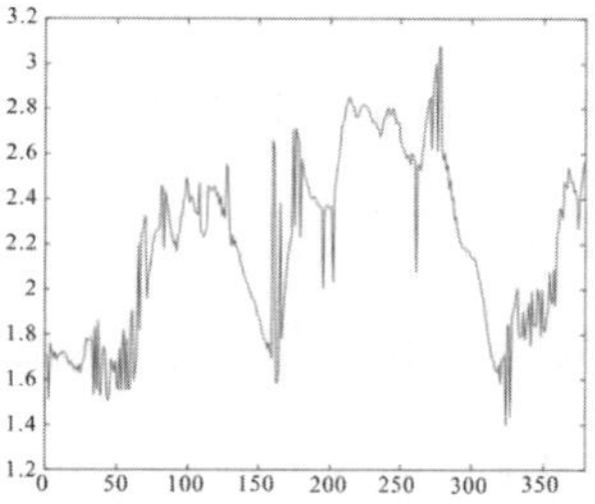

（9）富时新加坡海峡时报指数

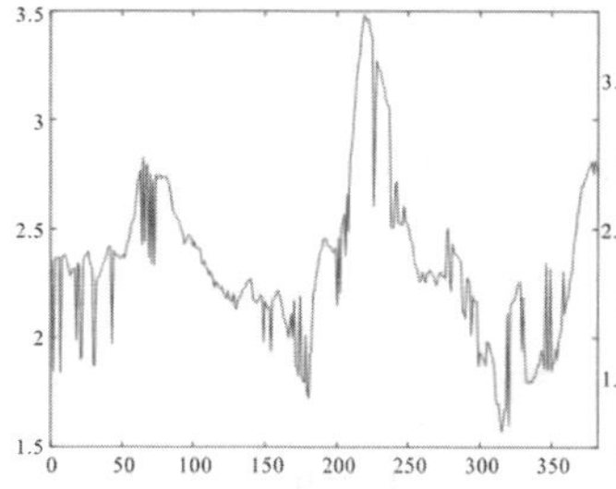

（10）英国富时100指数

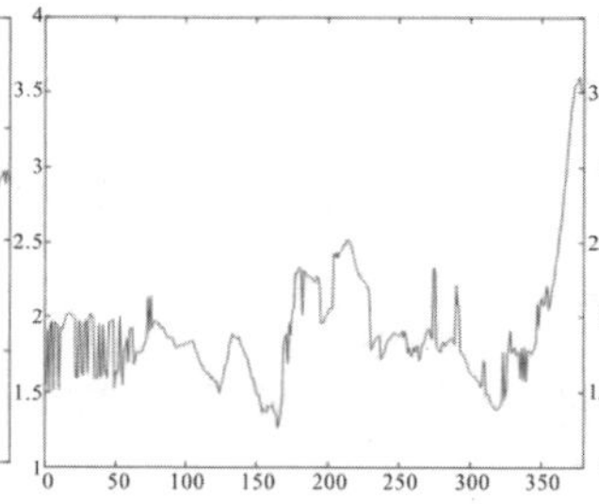

（11）美国道琼斯工业指数

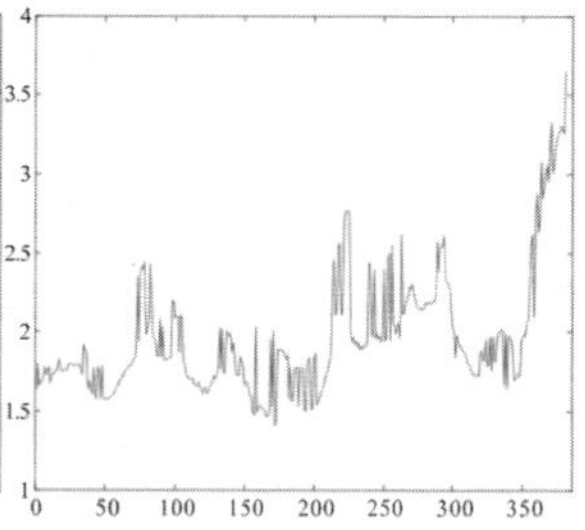

（12）美国纳斯达克指数

图3.6　2007—2008年金融危机发生期间股票市场有效性变化

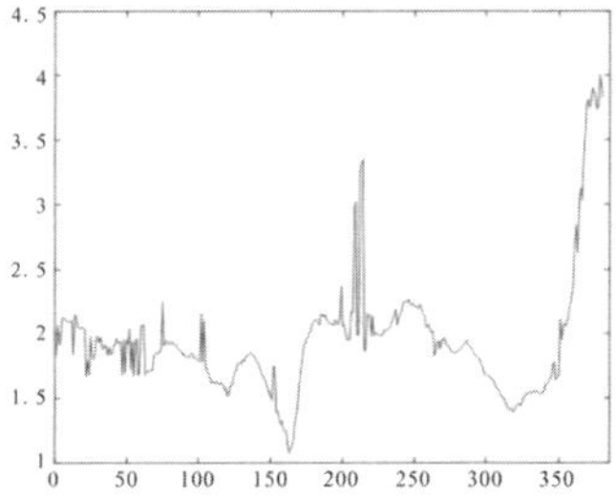

（13）美国纽约证交所综合指数

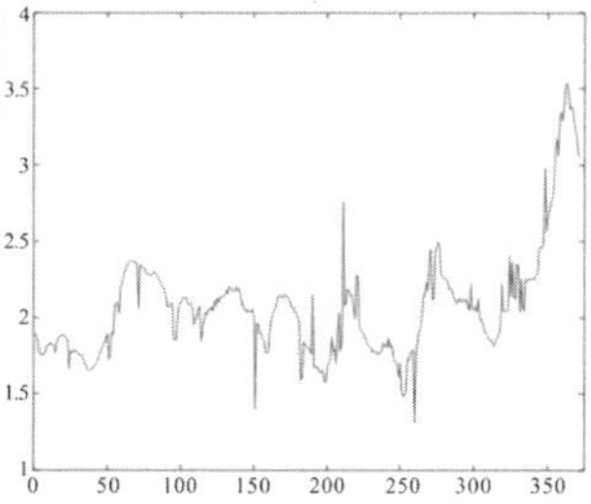

（14）阿根廷 Merval 指数

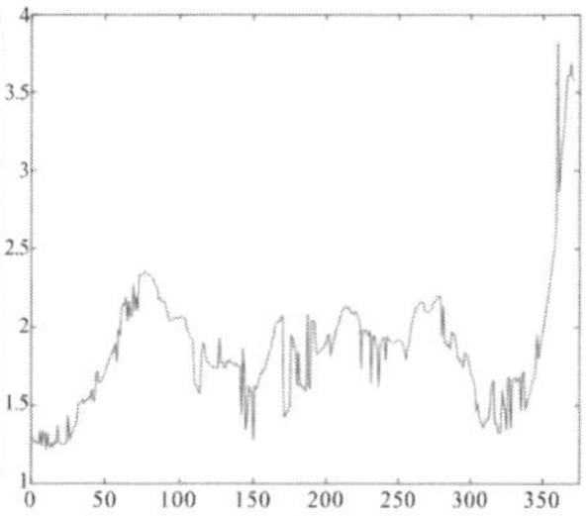

（15）巴西 BOVESPA 指数

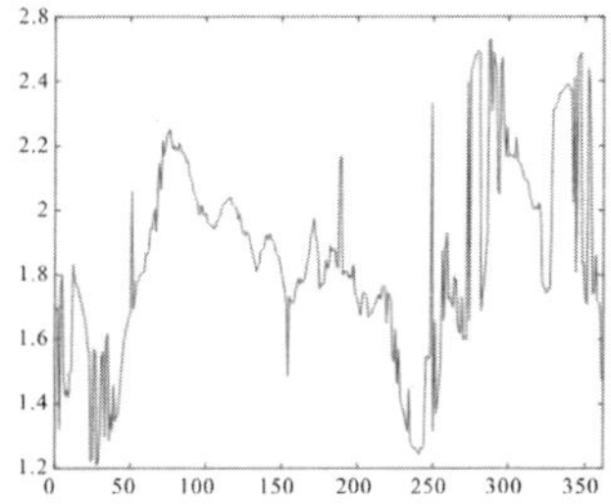

（16）中国上证综合指数

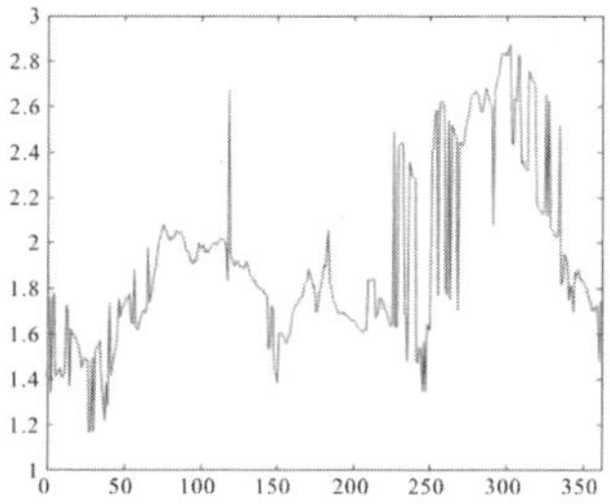

（17）中国深成指数

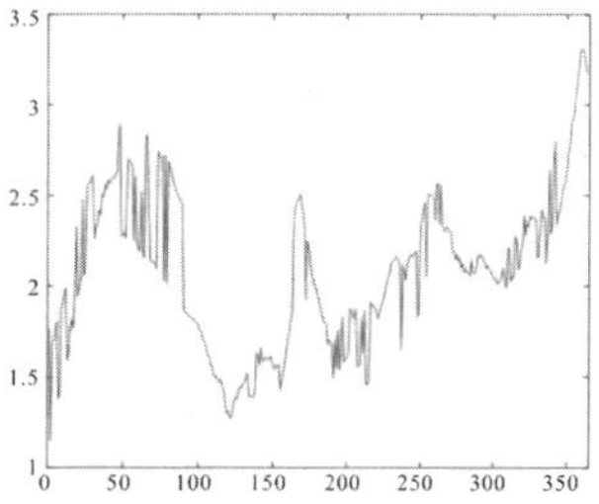

（18）埃及 HERMES 指数

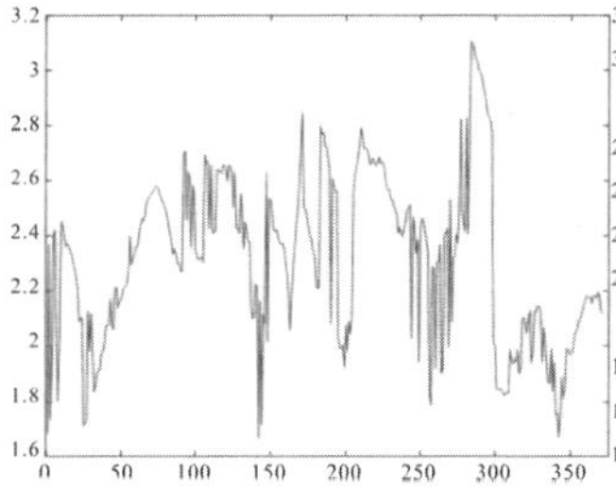

（19）印度孟买30指数

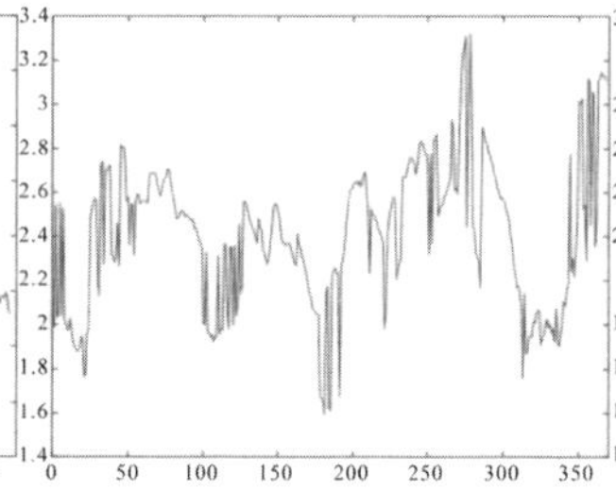

（20）印尼雅加达综合指数

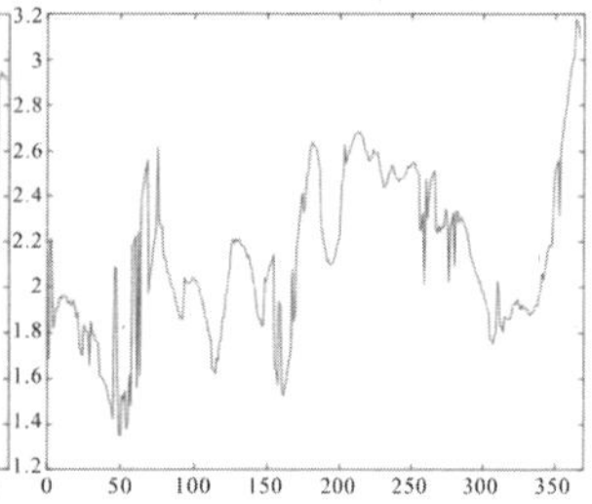

（21）以色列 TA-100指数

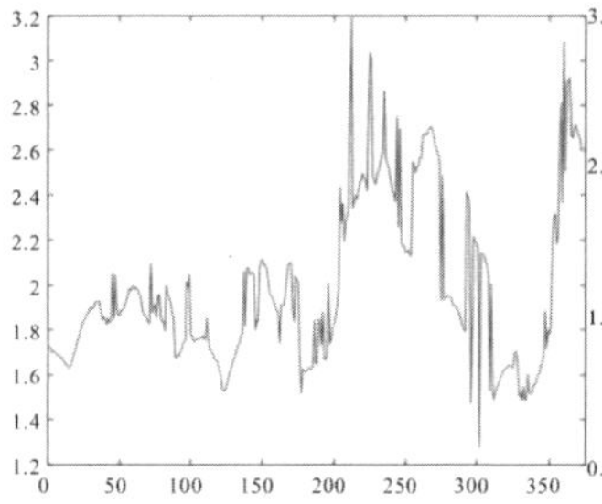

（22）韩国 KOSPI 指数

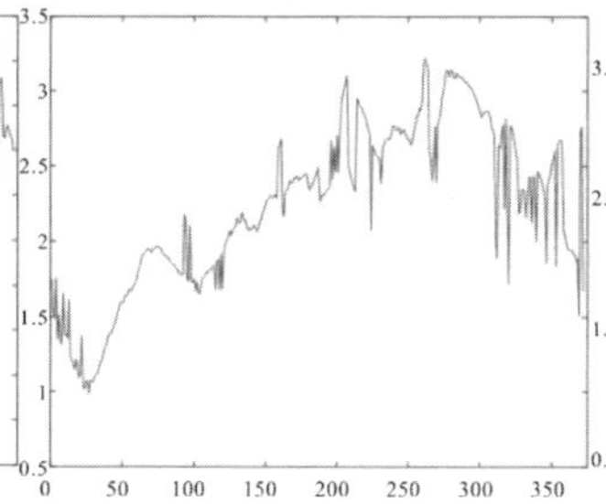

（23）马来西亚吉隆坡综合指数

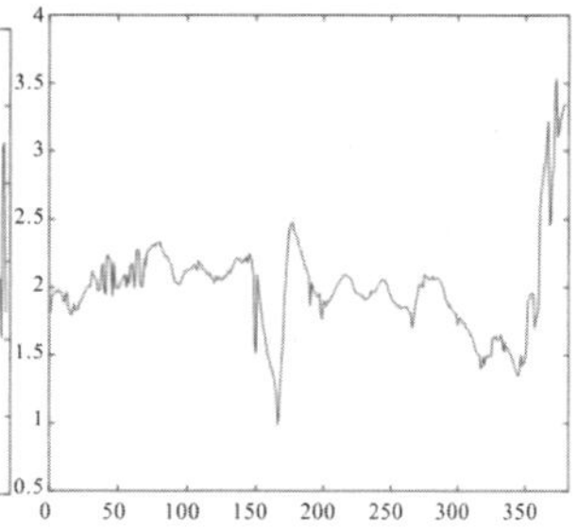

（24）墨西哥 IPC 指数

图3.6　2007—2008年金融危机发生期间股票市场有效性变化（续）

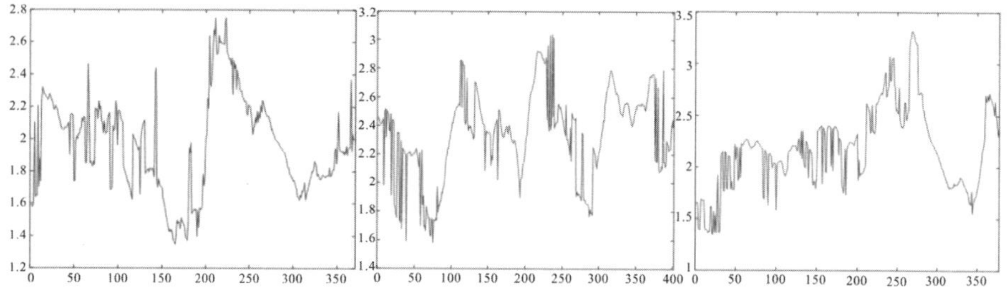

（25）中国台湾地区加权指数　（26）德国 DAX 指数　（27）中国香港特别行政区恒生指数

图3.6　2007—2008年金融危机发生期间股票市场有效性变化（续）

（3）在发生金融危机前，美国股票市场的有效性比其他大多数国家和地区高，但在金融危机发生期间，美国股市三大市场指数的递归熵都出现了一个明显的急剧上升过程。总的来说，2008年全球金融危机发生期间，各股票市场的有效性均出现异常波动，全球股票市场的有效性普遍下降，金融危机对市场的有效性具负向效应。

下面进一步分析最近100年间，影响全球的金融经济危机对股票市场有效性的影响。由于道琼斯工业平均指数历史悠久，其他股票市场在部分金融危机发生时并未成立，没有数据可供研究，所以此部分选取美国道琼斯工业平均指数作为研究对象，分析金融危机发生时美国股票市场有效性的变化。下面对1929—1933年经济大萧条、1973—1975年由石油危机引发的经济危机、1987—1988年“黑色星期一”金融危机及1999—2001年间的互联网投机泡沫这4次影响全球的重大金融经济危机事件进行分析。收集1927年1月3日至1933年12月29日、1971年1月4日至1975年12月31日、1985年1月2日至1988年12月30日、1995年1月4日至2001年12月31日这4个时间段的道琼斯工业平均指数日收益率数据，采用移动窗口分析方法，窗口长度设为250天，窗口移动时间为2天。由图3.7可以看出，在经济危机发生初期，股票市场有效性急剧下降，在金融危机发生中后期逐渐趋于稳定。因此简单地把市场认定为有效或无效都是错误的，市场有效性在相对无效和相对有效间反复波动，当市场环境急剧变化时，市场有效性也会发生变化。

表3.3　2007—2008年全球金融危机发生期间各国股票市场递归熵

市场指数	危机发生前				危机发生过程中				危机发生前和危机发生过程对比增长比率		
	标准方差	最低值	最高值	均值	标准方差	最低值	最高值	均值	最低值	最高值	均值
澳洲 AS30 指数	0.410 6	1.519 3	2.822 6	2.221 8	0.353 8	1.619 2	3.164 4	2.627 0	6.56%	12.12%	18.24%
奥地利 ATX 指数	0.341 5	1.598 4	2.996 8	2.386 1	0.430 3	1.712 1	3.835 6	2.357 1	7.11%	28.00%	−1.22%
比利时 BEL20 指数	0.599 9	1.296 6	3.794 9	2.217 3	0.420 9	1.247 2	2.715 3	2.002 9	−3.81%	−28.45%	−9.67%
瑞士市场指数	0.350 5	1.467 2	2.912 5	2.109 9	0.358 2	1.831 3	3.362 8	2.431 9	24.82%	15.46%	15.26%
新西兰 50 指数	0.290 0	1.832 8	3.022 3	2.3628	0.242 7	1.267 7	2.387 9	1.700 9	−30.83%	−20.99%	−28.01%
法国 CAC40 指数	0.323 9	1.552 7	2.837 2	2.1740	0.371 7	1.673 6	3.806 5	2.264 6	7.79%	34.16%	4.17%
德国 DAX 指数	0.284 9	1.579 0	2.858 5	2.2410	0.291 8	1.764 4	3.037 5	2.433 2	11.74%	6.26%	8.58%
中国香港特别行政区恒生指数	0.293 6	1.347 4	2.407 4	2.0085	0.424 5	1.548 7	3.317 9	2.332 6	14.94%	37.82%	16.14%
日本日经 225 指数	0.341 8	1.240 1	2.439 2	1.801 5	0.316 1	1.363 2	2.891 0	2.147 5	9.93%	18.52%	19.21%
荷兰 AEX 指数	0.385 8	1.396 0	2.774 3	2.196 5	0.216 9	1.716 1	2.837 2	2.294 1	22.93%	2.27%	4.44%
富时新加坡海峡时报指数	0.319 0	1.508 0	2.706 8	2.006 2	0.379 2	1.399 5	3.075 2	2.361 9	−7.19%	13.61%	17.73%
英国富时 100 指数	0.231 5	1.726 0	2.829 8	2.307 9	0.449 2	1.571 7	3.381 8	2.379 5	−8.94%	19.51%	3.10%
美国道琼斯工业指数	0.228 9	1.265 2	2.334 1	1.799 7	0.486 8	1.386 0	3.603 6	2.041 2	9.55%	54.39%	13.42%
美国纳斯达克指数	0.192 9	1.411 9	2.448 6	1.776 2	0.438 9	1.520 8	3.645 0	2.152 7	7.71%	48.86%	21.20%

续表

市场指数	危机发生前				危机发生过程中				危机发生前和危机发生过程对比增长比率		
	标准方差	最低值	最高值	均值	标准方差	最低值	最高值	均值	最低值	最高值	均值
美国纽约证交所综合指数	0.231 6	1.076 2	2.243 8	1.803 6	0.600 2	1.389 7	4.0003	2.0878	29.13%	78.28%	15.76%
阿根廷 Merval 指数	0.202 9	1.397 2	2.376 8	2.003 2	0.469 1	1.313 8	3.5378	2.1484	−5.97%	48.85%	7.25%
巴西 BOVESPA 指数	0.315 0	1.222 0	2.363 4	1.761 6	0.459 6	1.327 9	3.818 6	1.962 6	8.67%	61.57%	11.41%
中国上证综合指数	0.242 1	1.208 2	2.252 3	1.827 2	0.344 7	1.242 1	2.531 1	1.880 7	2.81%	12.38%	2.93%
中国深成指数	0.230 4	1.162 3	2.675 1	1.752 3	0.431 4	1.344 7	2.872 9	2.094 1	15.69%	7.39%	19.51%
埃及 HERMES 指数	0.459 4	1.146 9	2.893 0	1.994 0	0.373 5	1.457 8	3.307 0	2.166 7	27.11%	14.31%	8.66%
印度孟买 30 指数	0.242 4	1.666 8	2.843 7	2.333 6	0.350 8	1.668 7	3.105 0	2.302 0	0.114%	9.189%	−1.35%
印尼雅加达综合指数	0.271 3	1.596 4	2.817 3	2.332 6	0.363 1	1.612 3	3.319 2	2.487 1	1.00%	17.81%	6.62%
以色列 TA−100 指数	0.278 9	1.352 3	2.636 0	1.949 1	0.317 7	1.751 5	3.177 1	2.311 6	29.52%	20.53%	18.60%
韩国 KOSPI 指数	0.148 5	1.518 2	2.117 1	1.830 5	0.436 5	1.275 6	3.191 7	2.150 3	−15.98%	50.76%	17.47%
马来西亚吉隆坡综合指数	0.387 6	0.986 0	2.683 1	1.797 7	0.345 4	1.515 6	3.221 9	2.602 5	53.71%	20.08%	44.77%
墨西哥 IPC 指数	0.247 9	0.985 2	2.475 6	2.039 4	0.431 1	1.345 3	3.534 9	1.957 3	36.55%	42.79%	−4.02%
中国台湾地区加权指数	0.277 7	1.348 9	2.463 5	1.906 4	0.312 0	1.394 0	2.752 6	2.018 9	3.34%	11.74%	5.90%

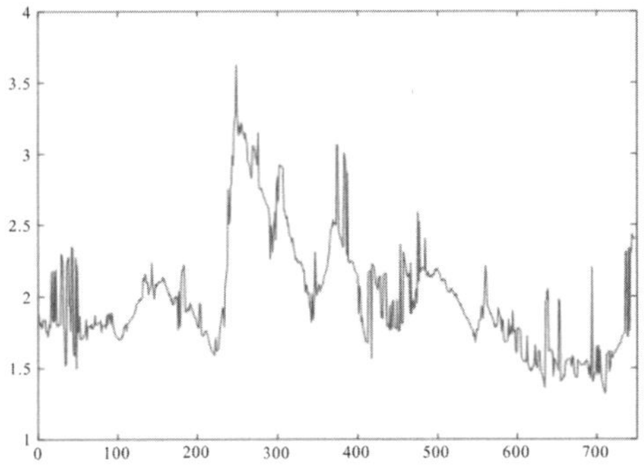

（A）1929年至1933年经济大萧条

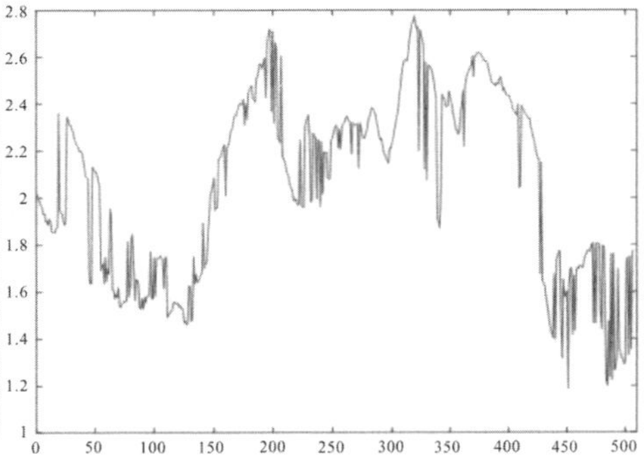

（B）1973年至1975年石油危机

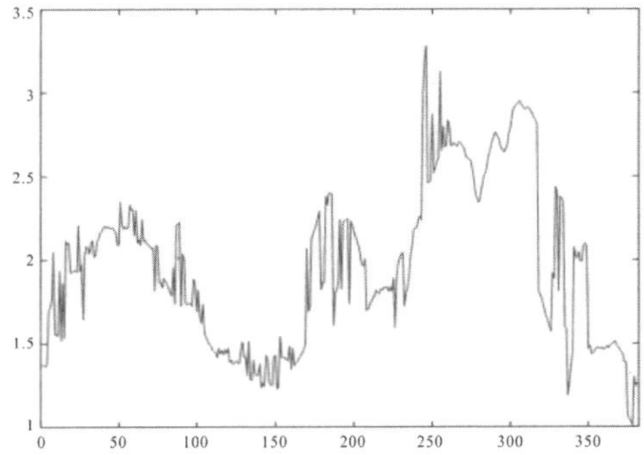

（C）1987年至1988年“黑色星期一”

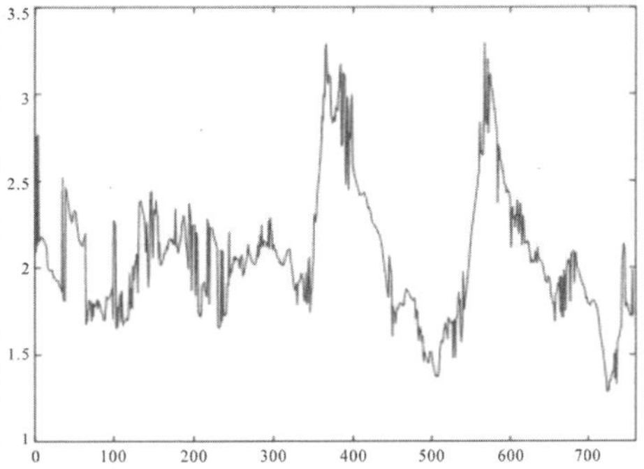

（D）2000年互联网泡沫危机

图3.7　经济危机发生期间美国股票市场递归熵值变化

第五节　股票市场有效性的周期性动态演化分析

在上文中以1 000个交易日为时间段的全球股票市场有效性分析中，美国道琼斯工业平均指数日收益率序列的递归熵呈现出类周期性演化，在此做进一步分析。美国道琼斯工业平均指数已经有100多年的历史（本书收集了1918年1月3日至2018年9月26日间该指数的日收益率数据），该指数相比其他股票市场指数有更为丰富的历史交易数据来对市场有效性及市场有效性的动态演化问题进行研究。在接下来的研究中，把时间尺度细化，以250个交易日（一年大约有250天进行股票交易）为时间段对美国道琼斯工业平均指数日收益率进行研究。该指数日收益率序列在各时间阶段的递归熵，如表3.4所示。

表3.4　美国道琼斯工业平均指数各阶段递归熵

指数	各阶段递归熵值
美国道琼斯工业平均指数	1.569 1、2.331 4、1.948 6、1.833 7、2.560 9、1.776 5、1.800 8、1.618 6、2.361 3、1.997 9、2.080 9、2.844 9、2.433 2、2.127 4、1.529 6、1.554 4、1.906 0、1.577 7、1.751 9、2.690 7、1.753 3、1.638 0、2.667 3、1.753 0、1.460 2、1.592 7、1.825 0、1.807 7、2.078 0、1.906 9、1.943 9、1.569 2、3.606 4、2.012 4、1.527 9、1.644 4、2.387 3、2.070 4、1.814 9、1.837 8、2.222 9、1.832 9、2.302 0、1.932 7、2.468 0、2.214 2、2.193 3、2.294 2、2.029 5、1.750 3、2.279 2、2.347 4、1.932 4、2.104 6、1.582 5、2.383 8、2.668 3、1.385 4、1.792 3、2.127 1、2.511 8、2.109 2、1.926 9、1.550 1、2.590 6、1.749 9、1.737 7、1.395 2、1.541 0、1.904 1、1.559 1、1.475 5、1.842 9、1.826 9、1.942 6、1.957 5、2.721 6、1.477 7、1.815 1、2.419 9、1.779 4、1.586 1、1.763 1、1.685 8、2.416 2、1.666 9、1.845 3、1.795 7、2.001 6、2.548 6、1.844 8、1.712 6、2.160 0、2.003 9、0.983 4、1.642 6、2.040 2、1.999 7、1.825 7、1.627 2、1.749 5

由表3.4及图3.8可知，美国股票市场的有效性呈现出波动性，并不是我们通常所认为的股票市场有效性仅从弱到强单方向发展。美国股票市场的有效性呈现出“相对有效”与“相对无效”的反复波动。由图3.8可以看出美国股票市场的有效性呈现出状态重现现象，并且出现间距不同的与对角线平行的空白带，说明递归熵序列存在不同长度的周期性行为。

下面使用 Huang et al.（1998）构建的经验模态分解方法来分析美国股票市场有效性的周期性行为。经验模态分解方法是一种自适应信号时频处理方法，非常适用于对非线性、非平稳信号的分析处理。EMD 方法的优点是可以直观地提取信号的趋势，同时可突出信号的局部波动，提供不同周期的模态。对道琼斯工业平均指数收益率序列的递归熵序列进行 EMD 滤波操作，到第五阶时固有模态函数（Intrinsic Mode Function，IMF）停止分解，最后的残余项为递归熵序列的宏观趋势，如图3.9所示。5个不是严格周期循环序列所隐藏的平均周期随着频率的减小而增大，说明了美国股票市场的有效性在不同频率上存在周期性行为。下面进一步对每个 IMF 分量，采用最大熵谱估计方法对它们进行周期分析。

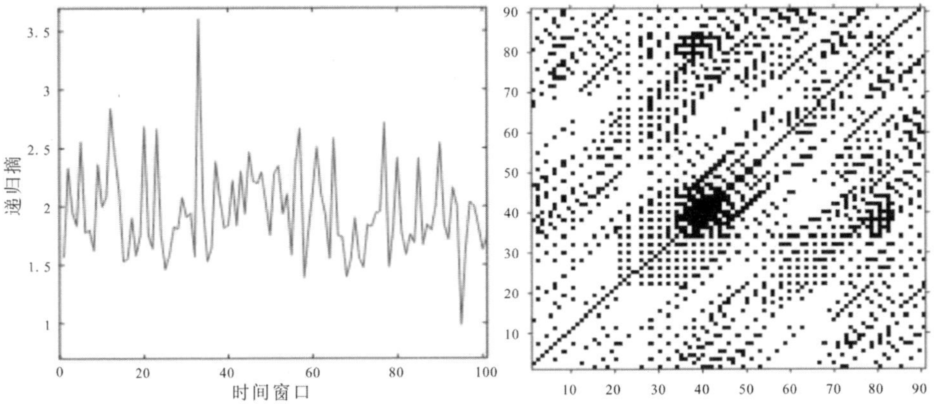

（A）道琼斯工业平均指数递归熵序列　　（B）道琼斯工业平均指数递归熵序列的递归图

图3.8　递归熵序列及递归熵序列的递归图

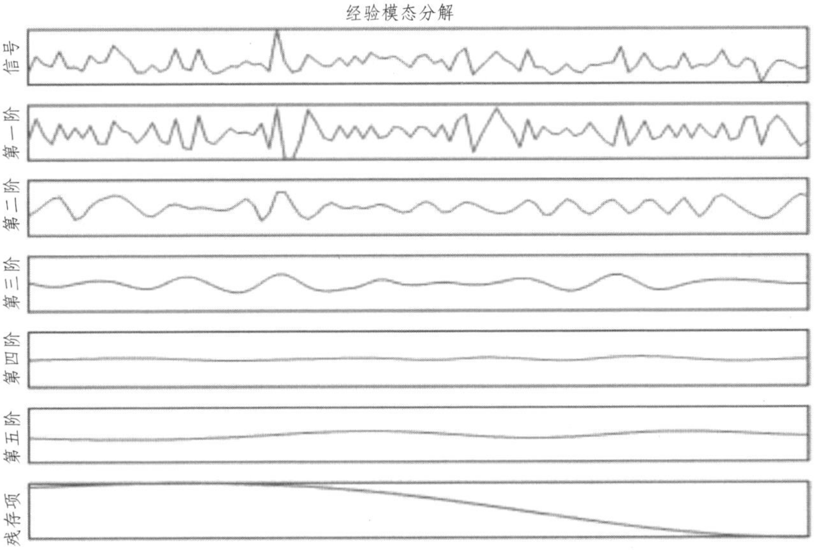

图3.9　各阶 IMF 分量序列

对于时间序列周期性的提取，Burg（1967）构建了最大熵谱估计方法，该方法是以自回归模型（Autoregressive Model，AR）为基础的一种参数谱估计方法。最大熵谱估计法具有很高的分辨率，且非常适合于短时序列分析。此方法有效解决了经典谱估计方法需要主观假定实测数据以外数据的缺陷，从而使序列周期性提取的主观性程度降低，主观偏见变小。实践中，最大熵谱估计方法获得的主要周期比较精确。该方法已经被广泛应用于化学、信号处理、经济学等研究领域。在应用最大熵谱估计方法时，确定自回归最佳阶数比较关键，本书采用最终预测误差（Find Prediction Error，FPE）准则来确定自回归的最佳阶数 r，最大试验阶数为30，选取 $FPE(r)$ 的最小值所对应的阶数为自回归最佳阶数。各阶 IMF 分量的 $FPE(r)$ 值，如图3.10所示。

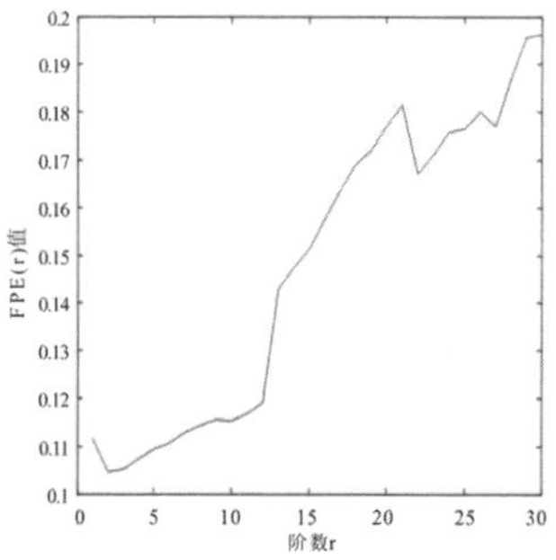

（A）IMF1分量的 $FPE(r)$

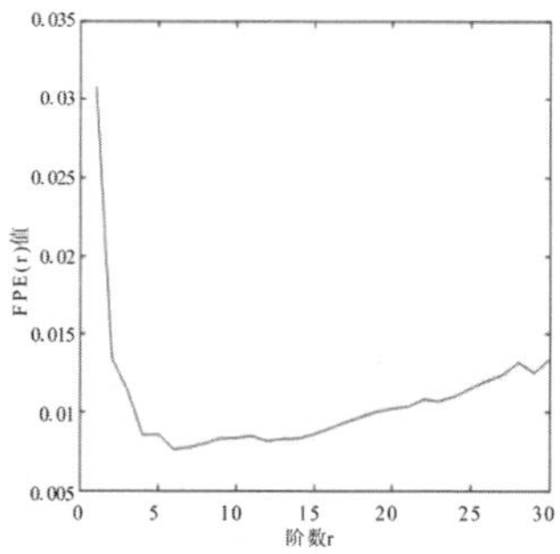

（B）IMF2分量的 $FPE(r)$

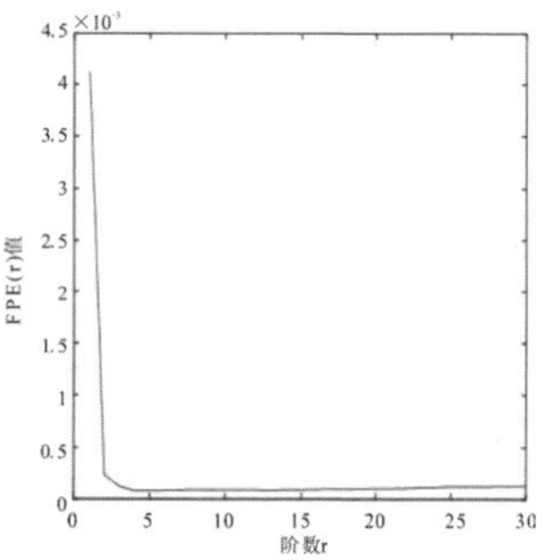

（C）IMF3分量的 $FPE(r)$

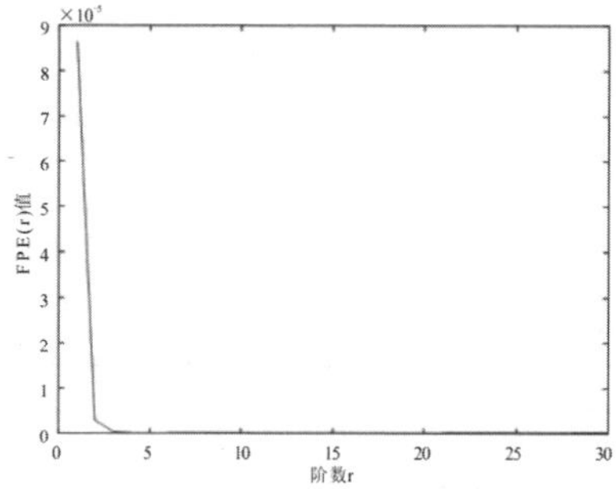

（D）IMF4分量的 $FPE(r)$

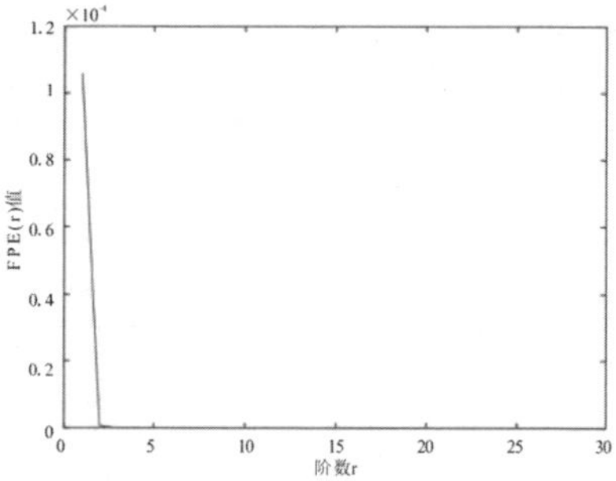

（E）IMF5分量的 $FPE(r)$

图3.10 IMF 分量的 *FPE* 值的变化图

从图3.11（A）可以看出，在高频率上，美国股票市场的有效性存在长度约为1.7年的周期。从图3.11（B）可以看出，在第二高频率上，美国股票市场的有效性存在两个不同长度的周期（约为4年及3年）。在第三频率上，美国股票市场的有效性存在约为6年的周期。在最后两个低频率上，美国股票市场的有效性分别存在约为11年及25年的周期。在第三、第四及第五频率上，熵谱图都具有十分锐利的单峰，说明周期性比较显著。下面进一步使用 Fisher 检验方法对这些周期性的显著性进行检验。在第三频率上，美国股票市场的有效性存在约为6年的周期。在第二频率上，美国股票市场的有效性存在约为3~4年的周期。英国著名经济学家 Kitchin（1923）通过研究1890—1922年间英国及美国的物价、生产、就业、银行结算、利率等指标，得出经济周期实际上有主要周期与次要周期两种，次要周期一般为3~4年的短周期。美国股票市场的有效性在第二频率和第三频率上的3~6年的波动周期与基钦短周期经济理论中的3~6年经济周期相吻合。在第四频率上，美国股票市场的有效性存在约为11年的周期，这与1860年法国经济学家朱格拉提出的经济周期为10年左右的经济周期理论相吻合。在第五频率上，美国股票市场的有效性存在约为25年的周期，这与1930年美国经济学家库兹涅茨提出的一种为期5~15年的经济周期接近。这就产生了一个值得深入研究的问题，即股票市场的有效性或许与经济周期之间存在

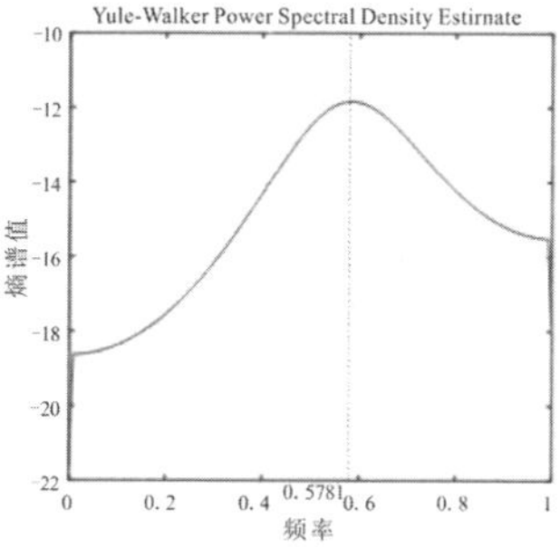

（A）IMF1分量的熵谱

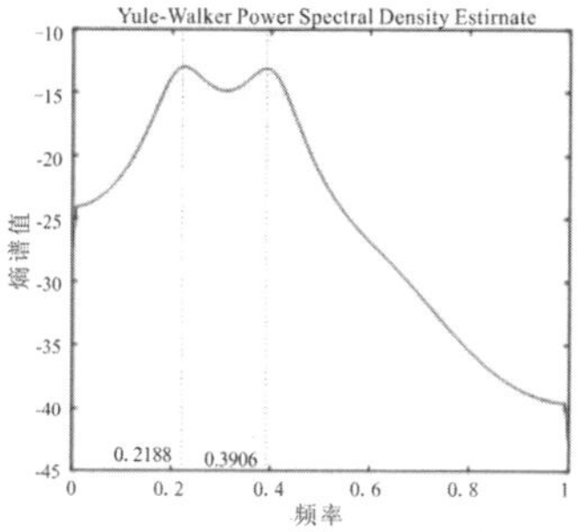

（B）IMF2分量的熵谱

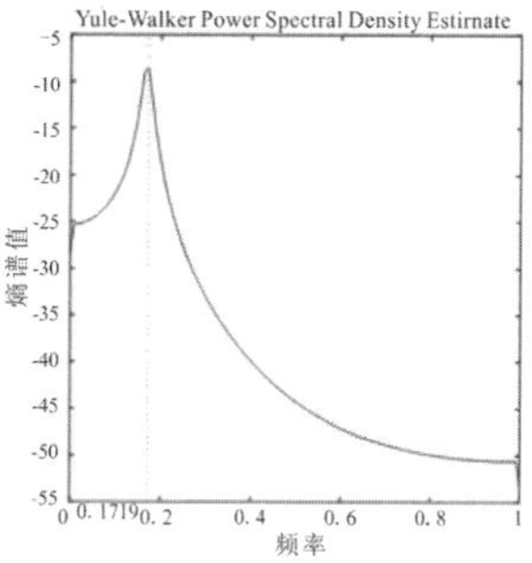

（C）IMF3分量的熵谱

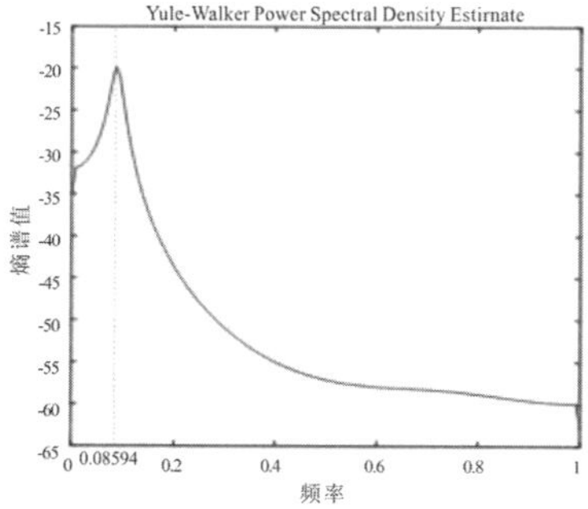

（D）IMF4分量的熵谱

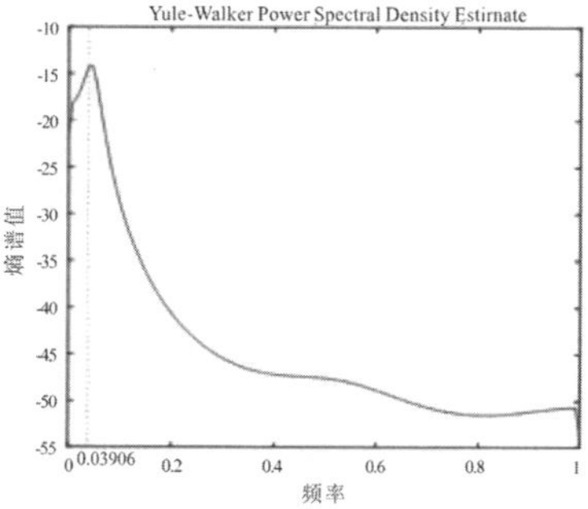

（E）IMF5分量的熵谱

图3.11　各阶 IMF 分量的熵谱图

某种关系。对这个问题的研究有助于我们获得对股票市场有效性更加深刻的认识，这是未来值得做进一步研究的问题。

使用经验模态分解及最大熵谱估计方法提取出美国股票市场有效性的周期后，需要对这些周期的显著性进行检验。这是因为股票指数收益率序列的白噪声可能会导致出现虚假的熵谱峰值。对这些周期的显著性检验，本书使用周期图方法中经常使用的 Fisher 检验来检验出现的熵谱峰值是否比白噪声序列的情形要显著。查阅周期性显著性检验的 Fisher 检验表，获得0.05显著性水平下的临界值，如表3.5所示。从表3.5可以看出，5个频率上的周期性在5% 的显著性水平下，*P* 值均大于0.05显著性水平下的临界值，全部通过显著性检验，说明美国股票市场的有效性的周期性是显著的。

表3.5　周期的 Fisher 检验

频率	最大熵谱对应的频率	周期（年）	0.05 显著性水平下的临界值	*P* 值	*P* 值与临界值对比	是否通过显著性检验
第一频率	0.578 1	1.73	0.092 44	0.928 5	大于临界值	通过
第二频率	0.218 8 及 0.390 6	4.57 及 2.56	0.058 51	0.731 4	大于临界值	通过
第三频率	0.171 9	5.82	0.099 03	0.975 0	大于临界值	通过
第四频率	0.085 94	11.64	0.099 03	0.545 3	大于临界值	通过
第五频率	0.039 06	25.60	0.099 03	0.973 2	大于临界值	通过

第六节　本章小结

（1）股票市场的有效性呈现出复杂的动态演化特征。在对股票市场有效性的研究中，我们过去普遍认为股票市场的有效性是由弱到强单向发展的，但本书通过对全球股票市场之间的横向对比及每个市场在各阶段的纵向对比，分析得出股票市场的有效性呈现出复杂的动态演化现象，表现出相对有效—相对无效—相对有效的反复波动现象。徐国祥 等（2012）使用 Hurst 指数来测度市场有效性，发现股票市场的有效性存在动态演变行为。市场有效性存在动态不一致性证据，当前市场有效并不意味着今后市场也有效的先验推理模式被打破。

（2）美国股票市场有效性的变动周期与基钦短经济周期、朱格拉经济周期及库兹涅茨经济周期中的经济周期吻合。在高频率即短时间内，美国股票市场的有效性存在3~6年的周期，这与基钦短周期经济理论中的3~6年经济周期相吻合。在低频率即长时间段内，美国股票市场的有效性存在约为11年的周期，这与1860年法国经济学家朱格拉提出的经济周期为10年左右的经济周期理论相吻合。在第五频率上即更长时间段内，美国股票市场的有效性存在约为25年的周期，这与1930年美国经济学家库兹涅茨提出的一种为期5~15年的经济周期较为接近。Alvarez-Ramirez et al.（2012）对道琼斯指数的实证也表明市场效率表现出周期性的行为，美国股票市场有效性具有4.5年和22年左右的两个主导周期。这就产生了一个值得深入研究的问题，即股票市场的有效性或许与经济周期之间存在某种关系。对这个问题的研究有助于我们获得对股票市场有效性更加深刻的认识，这也是本书进一步的研究方向。

（3）社会环境的不稳定性及经济危机对市场有效性具负向效应。一个国家或地区的社会动荡会影响到该国或该地区股票市场的有效性。比如法国社会在2017—2018年出现动荡，该国股票市场的有效性程度在此期间急剧下降。在发生社会动荡之前，法国股票市场的有效性程度相对较高；但2017—2018年社会动荡期间，该国股票市场指数日收益率序列的递归熵达到2.755 3，市场有效性程度急剧下降。由于社会安全局势不断恶化催生政治变局，墨西哥股票市场指数日收益率序列的递归熵由未发生社会动荡前的0.517 0逐渐增加到2.580 0，股票市场的有效性程度也出现急剧下降。通过分析2007—2008年全球金融危机发生期间各股票市场的有效性，发现危机发生期间各股票市场的有效性普遍下降，股价出现剧烈波动。进一步分析1929—1933年经济大萧条、1973—1975年由石油危机引发的经济危机、1987—1988年“黑色星期一”金融危机、1999—

2001年间的互联网投机泡沫这4次全球重大金融经济危机事件中美国股票市场的有效性，也发现各金融危机发生期间股票市场的有效性普遍下降，股价出现剧烈波动，表明金融危机对市场有效性具负向效应。

（4）对大多数股票市场而言，股票市场在成立之初的3年时间里有效性程度较低，但在随后6年时间里，随着市场法律规章制度的不断完善，各股票市场的有效性程度将稳定地在彼此互异的某一区间内波动。新兴市场国家和地区由于在股市组建之初就能借鉴成熟资本市场的市场管理经验，所以在成立之初，市场的有效性程度一般要高于发达国家和地区的股票市场在成立之初的有效性程度。比如在发达国家和地区，在股票市场成立之初的3年时间里，比利时、奥地利、中国香港特别行政区、德国、荷兰、英国、新加坡、新西兰股票市场指数的递归熵均大于2，而新兴市场国家和地区，包括墨西哥、韩国、以色列、中国台湾地区、印度、埃及的股票市场指数的递归熵均小于1。另外，股票市场的有效性呈现出时间尺度效应，一般情况下随着时间尺度的增大，市场有效性增强，如新西兰股票市场、韩国股票市场及美国股票市场等，但部分股票市场的有效性随着时间尺度的增大而变弱，如澳大利亚股票市场、中国台湾地区股票市场。

（5）使用层次聚类方法来综合分析各时间尺度下股票市场有效性的分类，发现比利时、瑞士、荷兰、奥地利、阿根廷股票市场及中国沪市的有效性较为接近，日本、新加坡、德国、韩国及马来西亚股票市场的有效性较为接近，中国香港特别行政区、印度尼西亚、西班牙、印度股票市场的有效性较为接近，美国、巴西及以色列股票市场的有效性较为接近，新西兰、埃及和法国股票市场的有效性较为接近，墨西哥、澳洲、英国股票市场及中国深市的有效性呈现出不同于其他国家和地区股票市场的有效性，体现了不同时间尺度下股票市场的有效性差异较大。

第四章　股票市场崩盘前市场动力学特征异常突变时点检测研究

第一节　引　言

崩盘是指股票市场在没有任何征兆的情况下，上市公司股价或者市场指数突然出现大幅下降的极端事件。虽然对股价崩盘的理论研究始于20世纪70年代（Black，1976；Christie，1982；Romer，1993），却一直未能引起学界的重视。但2008年美国次贷危机引发全球金融危机，全球股票市场大幅下挫，股价崩盘才引起了学术界及实务界的广泛关注。近年来，股票价格的急剧涨跌现象频繁，尤其是股票市场暴跌给金融市场的稳定带来极大的挑战。股票市场崩盘摧毁了市场信心，造成投资者和社会产生极大恐慌，从而使证券市场整体资源配置效率降低，而传统金融理论无法为股票市场崩盘做出有效解释。对投资者而言，股票市场崩盘风险已经成为一种普遍存在且具有极强危害性的市场系统性风险，因此股票市场崩盘风险是市场参与者进行投资决策时重点关注的风险之一。当股票市场发生崩盘时，往往是多个市场及多只股票同时出现崩盘，投资者不能通过多元化的投资组合来分散投资风险。股市崩盘是一种极端的系统性风险。

第二节 相关工作

目前对股市崩盘的研究主要聚焦在如下几个方面：一是研究股价崩盘的影响因素，包括公司治理（Kim et al.，2011；Xu et al.，2014；Andreou et al.，2017；李小荣 等，2012；梁权熙 等，2016；彭情 等，2018）、公司社会责任（权小锋 等，2015，2016；宋献中 等，2017）、股利政策（la Porta et al.，2000；朱慧娟，2017）、公司信息质量（Li et al.，2011；Robin et al.，2014；周冬华 等，2016；孟庆斌 等，2017；肖土盛 等，2017）、制度与环境（Callen et al.，2015；Li et al.，2016；许年行 等，2012；江轩宇，2013；罗进辉 等，2014；褚剑 等，2016，2017）及投资者（An et al.，2013；Callen et al.，2013；许年行 等，2013；曹丰 等，2015；王化成 等，2015；孔东民 等，2016；沈华玉 等，2017；华鸣 等，2018）；二是对股票崩盘风险的度量，如 Chen et al.（2001）提出了负收益偏态系数（Negative Coefficient of Skewness，NCSKEW）及股票收益上下波动的比率（Down-to-Up Volatility，DUVOL）两个概念，指出假若这两个指标值越大，即上市公司股票收益率的偏态系数负的程度且左偏的程度越大，表明股价崩盘的风险也就越大。但 Jin et al.（2006）发现收益上下波动比率只能捕捉到较少的极端值的影响，所以这两种度量股票崩盘的指标未能得到广泛应用。直到 Kim et al.（2011a，2011b）对这两种指标进行改进，才提升了这两种度量指标的应用频率。其改进的基本思想是不再使用股票6个月内的日收益率，而是使用 Hutton et al.（2009）构建的方法来定义上市公司的周收益率。在随后的研究中，大多数对股票崩盘风险的度量都借鉴了这一方法（许年行 等，2012，2013；Callen et al.，2015；叶康涛 等，2015；褚剑 等，2016；宋献中 等，2017；华鸣 等，2018）。

目前，对股票市场崩盘的研究主要集中在分析崩盘的影响因素及度量崩盘的风险方面，且从个股层面研究得多，从市场层面研究得很少，但事实是股票市场整体崩盘比个股崩盘的危害性更大、影响更加深远。近几年，股票崩盘的时点检测是股市崩盘领域出现的一个新研究点。崩盘时点检测对市场投资者进行投资决策及市场管理者进行市场风险管理具有十分重要的现实意义。如2008年全球金融危机发生期间，股票市场发生系统性崩盘，以及2015年中国股票市场出现“千股跌停”式的市场整体崩盘，市场投资者损失巨大，市场出现剧烈震荡，凸显了崩盘时点检测是一个重要且极具现实意义的研究课题。地球物理学家索内特（Sornette）教授发现股票市场泡沫的形成及破裂，同地震、材料断裂等物理现象有许多相似之处。Johansen et al.（2001）使用数周期幂率（LaTeX Project Public License，LPPL）方程来分析投资者的从众效应以及由正反馈所造成的股票市场泡沫的膨胀与破裂时点。Sornette et al.（2004）认为股票市场是一个复杂系统，复杂系统内部个体之间的相互影响可能会导致大规模集体性行为的发生；极端事件可能是系统内部个体之间互相影响、自组织及动态演化的结果。另外，已有研究显示，股票市场崩盘和市场动力学特征结构相变之间具有相似性（Vandewalle et al.，1998；Yalamova et al.，2011）。Eckmann et al.（1987）基于相空间重构理论构建了递归图方法。Zbilut et al.（1992）提出了 RP 的统计定量分析方法。RP 和 RQA 方法已被成功应用于生物医学、大气科学、水利科学、物理信号分析、网络流量分析等众多研究领域。近几年，该方法逐渐被引入对金融市场的研究中（Bastos et al.，2010；Bigdeli et al.，2011；Niu et al.，2016；Addo et al.，2013；Bastos，2013）。RP 和 RQA 擅长处理非平稳和噪声数据，检测数据的相变行为，因此可以使用 RP 和 RQA 技术来检测被视为相变的股票市场崩溃之前的临界状态，从而估计市场初始泡沫的形成时间。Fabretti et al.（2005）应用 RP 和 RQA 来研究金融市场的泡沫检测及泡沫初始时间的估计。Piskun et al.（2008）指出层流性递归量化分析的层流性指标 LAM 是非常适合测量金融市场极端事件的一种度量指标。LAM 是递归图中垂直结构的线上的递归图点总和占递归图中点的比率（Marwan et al.，2007）。LAM 的倒数反映了市场的流动性水平。对于崩盘时点的估计，对 LPPL 方程存在如下问题：该模型中的待估参数达到7个之多，要拟合这样一个高度非线性且参数多的函数，在优化求解的过程中，目标函数可能会出现多个局部极小值，并不能保证直接使用某个最优算法便可以得到可靠的结果。Fabretti et al.（2005）及 Piskun et al.（2008）使用 RP 和 RQA 来研究金融市场的泡沫及估计泡沫形成的初始时间，不足之处是对泡沫形成的起始时间只能由主观观测估计得出，并没有一种严格的数学方法可用来估计确定，从而使这种方法实际上无法对市场崩盘前市场动力学特征的突变时点进行精确确定。本书使用递归定量分析方法及非线性时间序列突变检测的启发式分割算法（又称 BG 算法）对股票市场崩盘前市场动力学特征突变时点的检测问题进行研究。

第三节　研究方法

一、递归图 LAM 指标

利用递归图可以在二维图形中直观地分析高维相空间中的系统状态轨迹的动力学行为特征。递归图中主要有以下几种几何结构：孤立点、与主对角线平行的斜线、垂直线和水平线。Eckmann（1987）通过对递归图中这些几何结构的数量特征进行量化，构建了递归量化分析方法。其中层流性指标刻画了垂直结构中递归点占所有递归点的比率，反映了复杂系统中出现层流状态的概率，计算公式如下：

$$LAM = \frac{\sum_{v=v_{\min}}^{N} vP(v)}{\sum_{v=1}^{N} vP(v)}$$

其中 v 表示递归图中对角线的长度，N 表示时间序列长度，$v_{\min}$ 表示选定的最短对角线长度，$P(v)$ 表示递归图中线段长度的分布函数。LAM 值反映了复杂系统停留在某个状态的动力学特征。Marwan et al.（2002）指出该指标能够发现复杂系统从混沌到有序的转变。

二、非线性时间序列突变检测的启发式分割算法（BG 算法）

金融时间序列数据一般都为非线性、非平稳序列。当外部环境发生变化时，金融时间序列会发生结构突变并出现新的特征，对这些结构突变的认识有助于我们研究金融市场的演变规律。金融市场是一个复杂系统，由于外部环境影响因素复杂多变且受到人的心理活动影响，金融时间序列的结构特征往往会随着时间的推移发生变化，序列呈现非线性及非平稳性。Bernaola-Galván et al.（2001）构建了一种启发式分割算法来探测具有非线性及非平稳性特征的人类心率变化的均值变异点。该时间序列突变检测算法基于滑动 t 检验的思想，把非平稳时间序列分割成多个具有不同均值的平稳子序列，所得各子序列表征不同的物理背景，有效地解决了以往时间序列突变检测方法基于平稳及线性过程假设的问题。同时，由于在分割时运用多次迭代的一分为二的算法，极大地减少了检测计算量，不仅实用性较好，而且白噪声与尖峰噪声对异常点检测结果的影响较小。本书联合运用递归定量分析及 BG 算法来对金融时间序列动力学特征异常突变时点进行检测，为股票市场崩盘时点的探测提供了一种新的思路和方法。

第四节　股票市场崩盘与市场动力学特征异常突变研究

一、股票市场崩盘前市场动力学特征分析

由于道琼斯工业平均指数历史悠久，其他股票市场在部分金融危机事件发生时并未成立，笔者对近一百多年影响全球的金融经济危机事件中的股票市场崩盘及崩盘过程进行研究，发现没有其他数据可供分析。所以本书选取美国道琼斯工业平均指数作为研究对象，分析金融危机发生时美国股票市场的崩

盘过程。具体对1929—1933年的经济大萧条、1973—1975年由石油危机引发的经济危机、1987—1988年的“黑色星期一”金融危机、1999—2001年间的互联网投机泡沫这4次全球重大金融经济危机事件进行分析。收集1926年1月4日至1936年12月31日每日收盘价共2 351个数据，1970年1月2日至1978年12月29日每日收盘价共2 273个数据，1984年1月3日至1991年12月31日每日收盘价共2 022个数据，1995年1月3日至2004年12月31日每日收盘价（由于互联网投机泡沫主要影响的是中小科创型企业，所以选择纳斯达克指数比道琼斯工业平均指数更恰当）共2 519个数据。由于股票价格指数表现出一定的趋势性，在分析崩盘前市场动力学特征突变时，首先使用 Matlab 中的 Detrend 函数去除道琼斯工业平均指数的线性趋势，结果如图4.1所示。

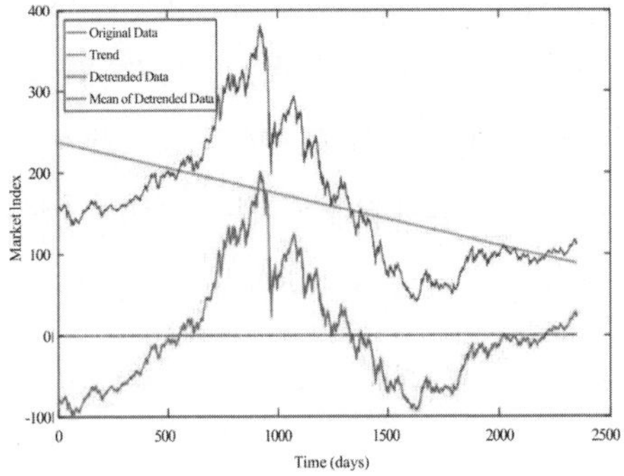

（A）1926年1月4日至1936年12月31日

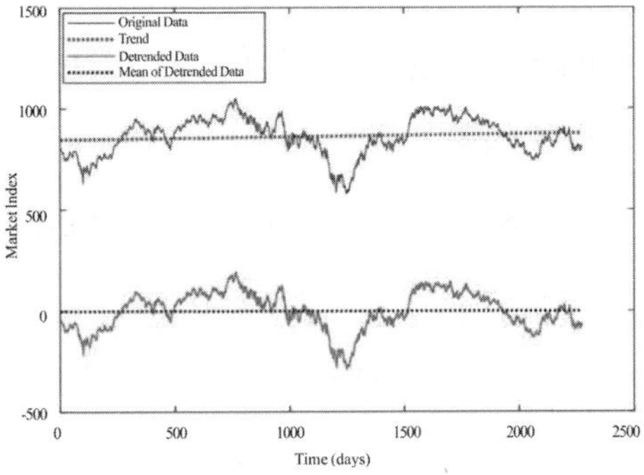

（B）1970年1月2日至1978年12月29日

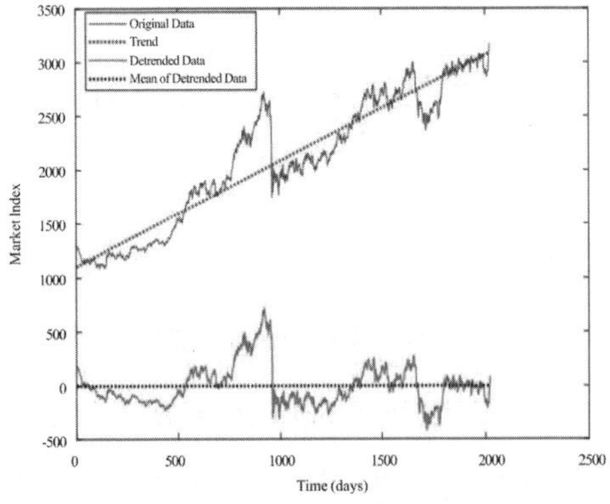

（C）1984年1月3日至1991年12月31日

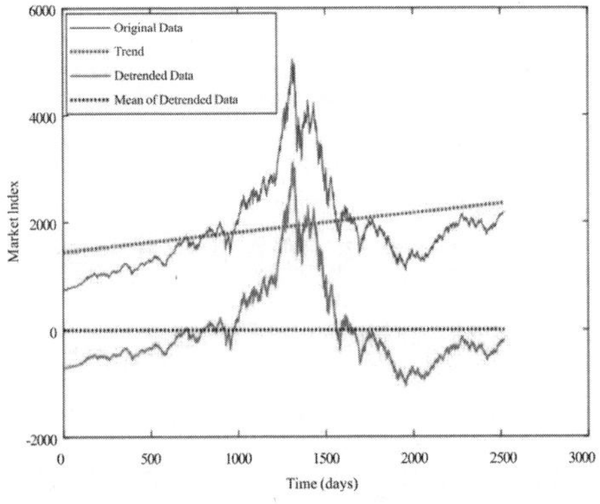

（D）1995年1月2日至2004年12月31日

图4.1　各金融危机发生期间股票市场指数去趋势化

从图4.1可以看出，在4次金融危机发生期间，美国股票市场均出现崩盘现象，崩盘期间投资者遭受巨大损失，因此如何对股票市场进行过程监测，研究股票市场崩盘前市场动力学结构的变化及结构变化与市场崩盘之间的关系，无论是对投资者还是对市场管理者都具有十分重要的现实意义。下文将使用递归量化分析中的LAM指标来分析市场泡沫起始时间，实现对股票市场崩盘前市场动力学特征突变时点的检测。从图4.2可以看出，在股票市场泡沫积累阶段，LAM值会出现轻微下行。当市场不稳定状态加剧，临近崩盘阶段，LAM值会出现急剧下行现象。LAM值的这一变化过程在4次股票市场崩盘中都极为相似，而且LAM值的变化都非常明显，且从时间点来看，市场动力学特征突变的时点都比市场崩盘的时点提前较长一段时间。到市场崩盘的最后阶段，LAM值会继续出现急剧下行现象或者下行之后处于剧烈波动状态。经过一段时间的波动，当LAM值处于新的稳定状态或者回复到下跌前水平时，市场通常会出现止跌企稳。从上述分析可以看出，当市场临近崩盘时，市场的动力学特征会出现异常突变。在1929—1933年经济危机发生期间，LAM值的变化与股市崩盘过程大致为：泡沫形成（1918年1月左右开始形成泡沫，LAM值开始出现下跌）→崩盘临近（1929年1月临近崩盘，LAM值开始出现急速下跌）→崩盘（1929年9月开始崩盘，LAM值继续下跌，从临近崩盘到崩盘发生，LAM序列的结构提前8个月时间出现突变）→企稳复苏（1933年4月开始股市出现止跌企稳，LAM值基本回复到下跌之前的水平）。1929—1933年经济危机发生前，美国的工业生产指数在1921年时平均值仅为67，但到1928年7月时已上升到110，再到1929年6月时则上升到126。当时人们对美国股票市场行情非常看好，时任美国财政部长安德鲁•梅隆（Andrew Mellon）也于1929年9月向公众保证："现在没有担心的理由，这一繁荣的高潮将会继续下去。"但到了1929年10月29日，当天的股市暴跌，人们恐慌地聚集在纽约华尔街。依据对LAM值的监测，美国股市在1928年1月开始形成泡沫，在1929年1月临近崩盘，1929年9月到达崩盘临界点。另外，2000年左右美国股票市场发生互联网泡沫危机，相应的LAM值的变化也监测出了美国股市所经历的完整的崩盘过程：泡沫形成（1997年11月左右开始形成泡沫，LAM 值开始出现下跌）→崩盘临近（1999年3月临近崩盘，LAM 值开始出现急速下跌）→崩盘（2000年3月开始崩盘，LAM 值继续下跌，从临近崩盘到崩盘发生，LAM 序列的结构提前11个月时间出现突变）→企稳复苏（2004年2月开始股市出现企稳复苏，LAM 值基本回复到崩盘之前的水平）。因此，历次股票市场崩盘貌似毫无征兆地发生，但实际上，在市场崩盘前，市场的动力学特征已经发生了突变，这为我们预警股票市场崩盘提供了一个新的工具和方法。

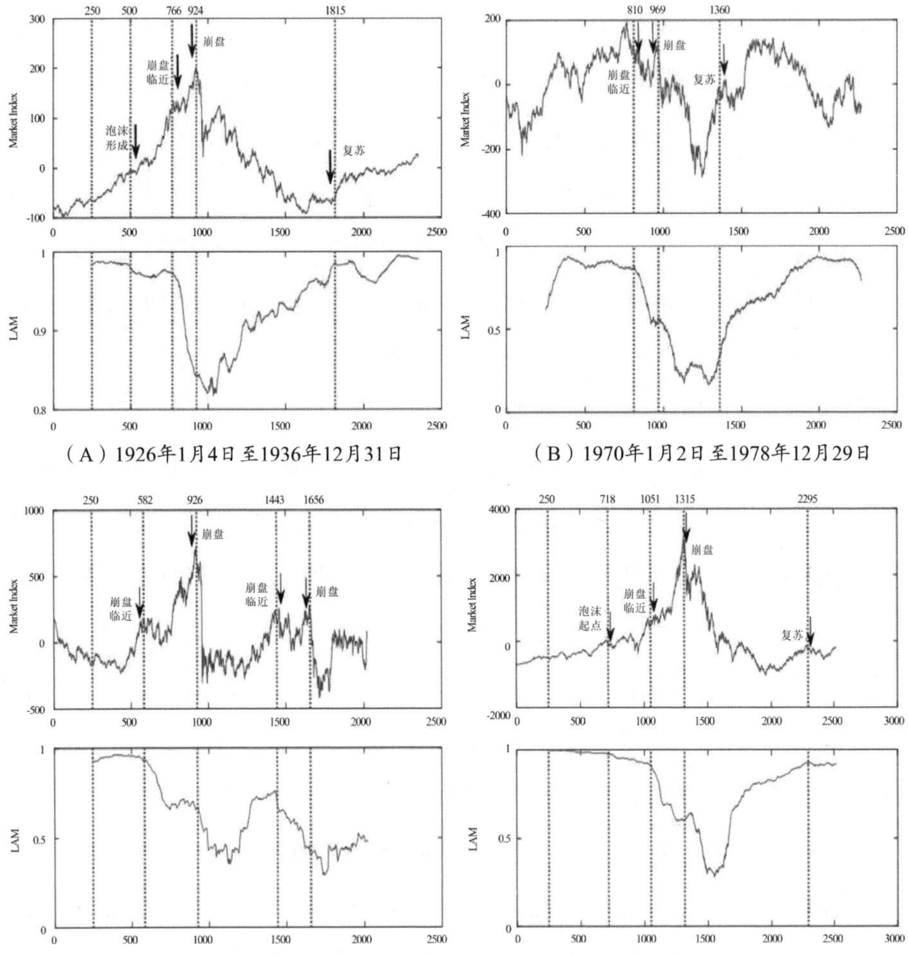

（A）1926年1月4日至1936年12月31日　（B）1970年1月2日至1978年12月29日

（C）1984年1月3日至1991年12月31日　（D）1995年1月2日至2004年12月31日

图4.2　市场崩盘过程与 LAM 值变化

二、基于 BG 算法的崩盘前市场动力学特征突变时点检测

仅依据 LAM 指标确定股票市场崩盘前市场动力学特征的突变时点存在不足，因为市场结构突变时点只能通过直观观测获得，尚不能对市场动力学特征突变时点进行准确定位。股票市场是非线性复杂系统，具有多层次性及非平稳性特征，因此线性结构突变检测方法对股票市场崩盘前市场动力学特征异常突变时点检测并不适用。Bernaola-Galván et al.（2001）构建的 BG 算法，基于 £检验将非线性及非平稳时间序列分割成不同尺度下的平稳子序列，对非线性及非平稳时间序列结构的突变时点检测有着较好的效果（封国林 等，2005；顾冲时 等，2011；Qin et al.，2011；扈海波 等，2011；黄生志 等，2014）。因此，本书将引入非线性时间序列突变检测的启发式分割算法来检测股票市场崩盘前市场动力学特征的突变时点，增强市场结构突变时点检测的科学性及可解释性。具体应用时将递归量化分析方法及 BG 算法一同使用，以对股票市场崩盘前市场动力学特征突变时点进行准确的检测。首先我们对最近100年间4次世界主要金融危机发生期间美国股票市场 LAM 序列的递归图进行分析。各次金融危机发生期间，美国股票市场的 LAM 序列均呈现出类分形自相似性结构和复杂性特征。在递归图中均有空白带存在，说明 LAM 序列存在相变，在这些相变点处产生了 LAM 序列的异常突变。这些突变点对应着股票市场动力学特征的异常突变。下文将使用非线性时间序列突变检测的启发式分割算法来检测这些突变时点。

由图4.3可以看出，在1929—1933年经济大萧条期间，BG 算法检测到道琼斯工业平均指数的 LAM 值在1928年9月11日、1929年4月3日、1929年5月17日出现异常突变，在此过程中 LAM 值连续下降，表明市场在1928年9月11日开始形成泡沫，1929年4月3日、1929年5月17日市场在短时间内连续出现异常突变，市场不稳定状态加剧，进入临近崩盘状态，最终在1929年10月出现

雪崩式暴跌。1973—1975年由石油危机引发的经济危机发生期间，BG算法检测到道琼斯工业平均指数的LAM值在1973年6月13日、1974年1月6日、1974年3月29日及1974年7月1日出现异常突变，显示市场在1973年6月13日开始形成泡沫，1974年1月6日、1974年3月29日及1974年7月1日市场在短时间内连续出现相位异常突变，市场不稳定状态加剧，市场进入临近崩盘状态，最终在1974年11月出现崩盘。之后市场出现连续下跌，到1974年12月道琼斯工业平均指数下跌50%。1987—1988年“黑色星期一”金融危机发生期间，BG算法检测到道琼斯工业平均指数的LAM值在1985年6月3日、1985年10月2日、1986年9月12日及1986年10月16日出现相位异常突变，显示市场在1985年6月3日开始形成泡沫，市场在1985年10月2日、1986年9月12日及1986年10月16日短时间内连续出现相位异常突变，市场不稳定状态加剧，进入临近崩盘状态，最终在1987年10月19日，道琼斯工业股票平均指数骤跌508点，下跌幅度22%。此次市场急剧大幅下跌震惊全球，在全球主要股票市场引发了多米诺骨牌效应，全球主要金融城市如英国伦敦、法国法兰克福、日本东京、中国香港特别行政区等地股票市场都受到了强烈冲击。在20世纪初互联网投机泡沫危机中，BG算法检测到纳斯达克指数的LAM值在1999年5月19日及2000年2月14日出现相位异常突变，显示市场进入临近崩盘状态。实际上，美国纳斯达克指数在2000年3月13日一开盘就出现暴跌，从5 038点跌到4 879点，整整下跌4个百分点。在2000年6月5日、2000年7月25日、2000年9月25日纳斯达克指数的LAM值连续出现相位异常突变，最终在2000年3月10日纳斯达克指数到达5 048.62的最高点，随后纳斯达克指数出现连续下跌。网络经济泡沫的崩溃发生在2000年3月至2002年10月之间，互联网技术类上市企业的市值蒸发高达约5万亿美元。一般在市场崩盘前的3个月到8个月，市场动力学特征会连续出现异常突变。

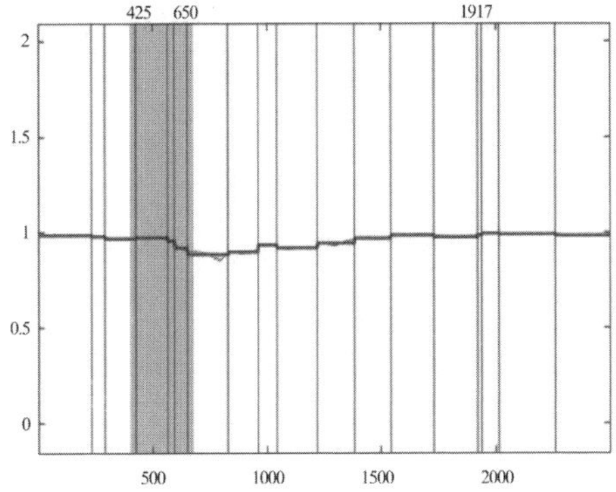

（A）1929年至1933年经济大萧条

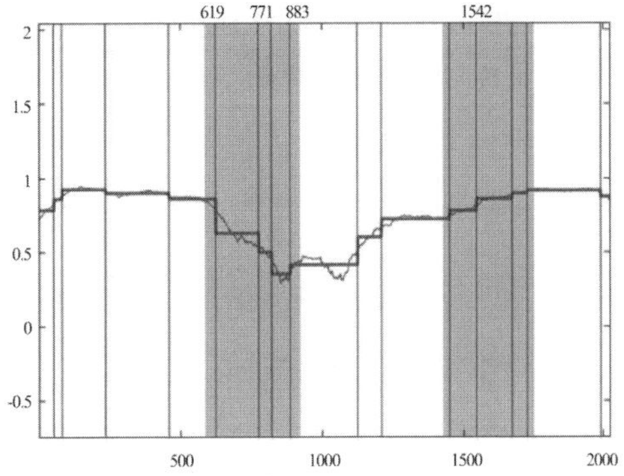

（B）1973年至1975年石油危机

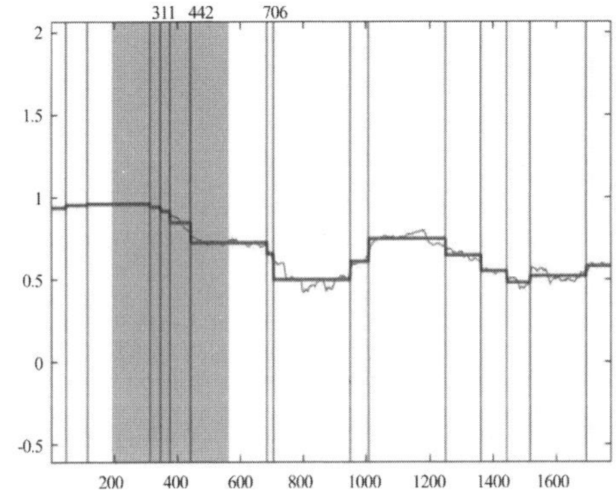

（C）1987年至1988年“黑色星期一”

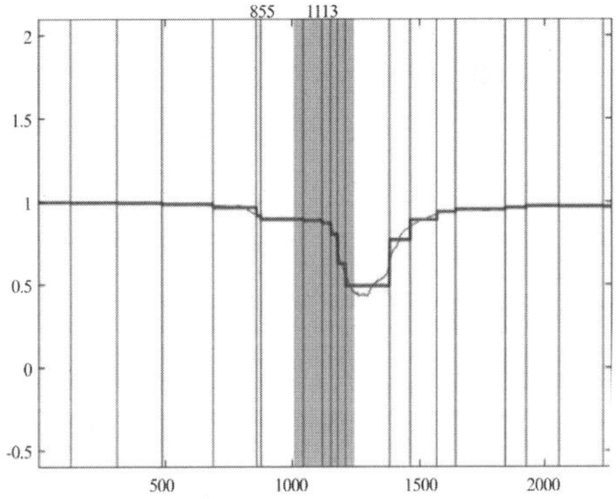

（D）20世纪初互联网投机泡沫

图4.3　金融危机发生期间美国股票市场 LAM 序列异常突变时点监测

三、2008年金融危机发生期间全球股市动力学特征异常突变时点检测研究

下面使用递归量化分析及 BG 算法对12个发达国家和地区（澳大利亚、奥地利、瑞士、新西兰、法国、德国、中国香港特别行政区、日本、荷兰、新加坡、英国和美国）以及11个新兴市场国家和地区（阿根廷、巴西、埃及、印度、印度尼西亚、以色列、韩国、马来西亚、墨西哥、中国大陆、中国台湾地区）的股票市场在2008年金融危机发生期间股票市场崩盘前的市场动力学特征异常突变时点进行研究，数据选取时间为2004年1月1日至2010年12月31日，结果如表4.1所示。

表4.1　2008年金融危机发生期间全球主要股票市场动力学特征异常突变时点及市场崩盘时点

市场指数	市场异常突变时点	市场崩盘时间及崩盘事件描述
澳洲AS30指数（AS30）	2007年10月18日、2007年11月21日、2008年2月29日、2008年5月1日	2007年11月1日AS30指数达到最高点6 897.2，随后市场出现持续下跌，2008年1月7日至1月17日连续9个交易日下跌，市场指数从6 385.4点下跌到5 730.9点，下跌654.5点；2008年6月3日至2008年1月20日市场出现连续下跌，从5 703点下跌到3 332点，下跌2 371点
奥地利ATX指数（ATX）	2007年9月20日、2007年11月7日、2008年3月31日、2008年7月18日	2007年11月9日至2007年11月19日，连续7个交易日市场出现连续下跌，从4 587.42点下跌到4 267.32点，下跌320.1点；2008年6月4日至2008年11月21日，从4 310点下跌到1 516点，下跌2 794点
瑞士市场指数（SMI）	2007年2月1日、2007年6月20日、2008年7月28日、2008年10月31日	2008年3月20日到2009年8月11日，市场指数从7 009.86点下跌到5 949.98点，下跌1 059.88点
新西兰50指数（NZSE50FG）	2007年11月5日、2008年2月15日、2008年9月10日	2008年1月3日到2008年1月22日市场连续下跌14天，从4 033.93点下跌到3 607.13点，下跌426.8点；2008年6月5日至2008年6月20日，连续下跌11天，从3 555.97点下跌到3 283.43点，下跌272.54点；2008年10月3日至2008年10月24日，市场下跌25天，从3 151.54点下跌到2 575.48点，下跌576.06点
法国CAC40指数（FCHI）	2007年9月5日、2007年11月19日、2008年1月15日	2008年1月2日至2008年3月17日，市场下跌34天，从5 550.36点下跌到4 431.04点，下跌1 119.32点；2008年6月6日至2008年7月4日，市场指数从4 795.32点下跌到4 266点，下跌529.32点
德国DAX指数（GDAXI）	2007年9月5日、2007年11月19日、2008年1月29日、2008年5月29日	2008年1月2日至2008年1月25日，由8 067.32点下跌到6 816.74点，下跌1 250.58点；2008年9月3日至2008年10月24日，由6 467.49点下跌到4 295.67点，下跌2 171.82点
中国香港特别行政区恒生指数（HSI）	2007年8月13日、2007年9月27日、2008年1月10日、2008年3月12日	2007年10月31日至2008年1月22日，由31 352.58点下跌到21 757.63点，下跌9 594.95点；2008年5月7日到2008年10月27日，由26 262.13点下跌到11 015.84点，下跌15 246.29点
日本日经225（N225）	2007年12月27日、2008年5月5日	2008年6月19日至2008年7月27日，市场指数由14 452.82点下跌到7 162.9点，下跌7 289.92点
荷兰AEX指数（AEX）	2007年8月29日、2008年3月10日、	2007年11月1日至2008年1月24日，由547.85点下跌到444.23点，下跌103.62点；2008年6月4日至2008年7月5日，

续表

市场指数	市场异常突变时点	市场崩盘时间及崩盘事件描述
荷兰 AEX 指数（AEX）		由 483.9 点下跌到 383.66 点，下跌 100.24 点
富时新加坡海峡时报指数（STI）	2007 年 7 月 26 日、2007 年 9 月 14 日、2008 年 2 月 29 日	2007 年 11 月 1 日至 2007 年 11 月 22 日，由 3 805.7 点下跌到 3 312.88 点，下跌 492.82 点；2008 年 5 月 20 日至 2008 年 10 月 24 日，由 3 241.49 点下跌到 1 590.36 点，下跌 1 651.13 点
英国富时 100 指数（FTSE）	2007 年 10 月 10 日、2007 年 12 月 4 日、2008 年 3 月 27 日	2007 年 12 月 28 日至 2008 年 1 月 21 日，由 6 497.8 点下跌到 5 578.2 点，下跌 919.6 点；2008 年 5 月 22 日至 2008 年 6 月 20 日，由 6 198.1 点下跌到 5 620.8 点，下跌 577.3 点；2008 年 7 月 24 日至 2008 年 10 月 10 日，由 5 362.3 点下跌到 3 932.1 点，下跌 1 430.2 点
美国道琼斯工业指数（DJI）	2007 年 10 月 18 日、2007 年 12 月 13 日	2008 年 5 月 19 日至 2008 年 10 月 22 日，市场指数由 13 028.16 点下跌到 8 519.21 点，下跌 4 508.95 点
美国纳斯达克指数（IXIC）	2007 年 8 月 30 日、2008 年 1 月 24 日、2008 年 4 月 18 日	2007 年 12 月 27 日至 2008 年 1 月 22 日，市场指数由 2 724.41 点下跌到 2 292.27 点，下跌 432.14 点；2008 年 7 月 31 日至 2008 年 11 月 20 日，市场指数由 2 329.72 点下跌到 1 316.12 点，下跌 1 013.6 点
阿根廷 Merval 指数（MERVAL）	2007 年 9 月 21 日、2008 年 2 月 5 日、2008 年 5 月 5 日	2008 年 7 月 1 日至 2008 年 10 月 27 日，由 2 094.99 点下跌到 836.23 点，下跌 1 258.76 点
巴西 BOVESPA 指数（IBOV）	2007 年 9 月 28 日、2007 年 12 月 21 日、2008 年 3 月 20 日、2008 年 5 月 23 日	2008 年 6 月 2 日至 2008 年 10 月 27 日，由 71 766.3 点下跌到 29 435.11 点，下跌 42 331.19 点
上证综合指数	2007 年 8 月 20 日、2007 年 12 月 27 日	2007 年 10 月 15 日至 2008 年 11 月 28 日，市场指数由 6 030.09 点下跌到 4 803.39 点，下跌 1 226.7 点。2008 年 1 月 15 日至 2008 年 10 月 27 日，市场指数由 5 443.79 点下跌到 1 723.35 点，下跌 3 720.44 点
深证综合指数	2007 年 7 月 27 日、2007 年 9 月 13 日、2008 年 1 月 9 日	2008 年 1 月 16 日至 2008 年 10 月 24 日，市场指数由 1 576.5 点下跌到 505.82 点，下跌 1 070.68 点
埃及 HERMES 指数（HERMES）	2008 年 3 月 25 日、2008 年 4 月 29 日	2008 年 5 月 5 日至 2008 年 10 月 26 日，由 1 023.72 点下跌到 411.74 点，下跌 611.98 点

续表

市场指数	市场异常突变时点	市场崩盘时间及崩盘事件描述
印度孟买30指数（SENSEX）	2007年9月11日、2007年10月19日、2007年11月20日、2008年6月12日	2008年1月9日至2008年2月12日，由20 873.33点下跌到16 608.01点，下跌4 265.32点；2008年3月7日至2008年11月3日，下跌6 435.41点
印尼雅加达综合指数（JKSE）	2007年9月3日、2007年11月2日、2008年2月18日、2008年5月5日	2008年1月14日至2008年1月22日，由2 810.37点下跌到2 294.52点，下跌515.85点；2008年3月10日至2008年4月3日，由2 656.46点下跌到2 237.97点，下跌418.49点；2008年8月1日至2008年10月28日，由2 304.51点下跌到1 111.39点，下跌1193.12点
以色列TA-100指数（TA100）	2007年11月18日、2008年1月7日、2008年3月9日	2008年1月15日至2008年1月28日，由1 106.4点下跌到976.63点，下跌129.77点；2008年8月25日至2008年11月17日，由943.39点下跌到577.07点，下跌366.32点
韩国KOSPI指数（KS11）	2007年9月11日、2007年12月17日、2008年2月13日、2008年3月6日	2007年11月11日至2007年11月23日，由2 063.14点下跌到1 772.88点，下跌290.26点；2007年12月28日至2008年1月28日，由1 908.62点下跌到1 627.19点，下跌281.43点；2008年6月9日至2008年10月24日，由1 832.31点下跌到938.75点，下跌893.56点
马来西亚吉隆坡综合指数（KLSE）	2007年7月10日、2007年8月17日、2007年10月26日、2008年4月10日、2008年5月20日	2008年1月14日至2008年3月17日，由1 516.22点下跌到1 177.53点，下跌338.69点；2008年5月20日至2008年10月29日，由1 300.67点下跌到829.41点，下跌471.26点
墨西哥IPC指数（MEXBOL）	2007年8月1日、2007年9月19日、2008年3月14日	2008年6月2日至2008年10月27日，由31 594.89点下跌到16 616.94点，下跌14 977.95点
中国台湾地区加权指数（TWII）	2007年8月21日、2007年10月19日、2007年12月25日、2008年4月9日	2008年5月20日至2008年10月27日，由9 068.89点下跌到4 366.87点，下跌4 702.02点

从表4.1可以看出，在2007年7月到2007年10月之间，绝大多数股票市场在此之间连续出现动力学特征异常突变，2007年12月以后全球股票市场开始出现崩盘。这说明了股票市场崩盘貌似是在毫无征兆的情况下发生，实际上股票市

场在崩盘前，市场动力学特征会发生连续异常突变，股票市场崩盘实际上也是有迹可循的。本书所构建的股票市场崩盘前市场动力学特征异常突变时点检测方法，通过研究股票市场崩盘前市场动力学特征异常突变来发现股票市场崩盘前的市场异常行为，为股票市场崩盘时点研究提供了新的工具和方法。

四、A 股市场2015年“千股跌停”式崩盘的市场动力学特征突变分析

2015年中国 A 股市场出现“千股跌停”式的急速崩盘，崩盘期间市场流动性几乎完全丧失。2015年6月19日，市场指数表现疲弱，午后出现急速下跌，跌幅一度逾6%，沪深两市近千只股票跌停。2015年6月26日，沪深指数及创业板指数全线大幅低开，随后直接呈现出无反弹杀跌模式，沪指不断创出盘中新低，盘中一度冲击跌停，创业板指更是一度大跌逾9%，个股逾两千只跌停。2015年7月27日，沪指大幅低开，三大股指全部跳水，沪指连续跌破3 900点及3 800点整数点，跌幅近8%，创业板指则跌破2 700点，跌幅近7%。2015年8月24日，沪深两市大幅低开，开盘后股指继续大幅下挫，市场出现全线暴跌，沪深两市仅15只股上涨，近2 200只股跌停。使用本书构建的方法对 A 股市场动力学特征突变进行研究，结果如图4.4所示。

由图4.4(B) 可以得出，在2015年5月18日、2015年6月29日及2015年8月17日，A 股市场的动力学特征连续发生异常突变。但异常突变时点较市场崩盘时点提前的时间比上述崩盘事件分析中的更短，仅提前一个月时间。主要原因在于 A 股市场2015年的市场崩盘除了受2014年下半年券商股的疯狂上涨，带动整个市场出现疯狂的投机行为，股票配资（包括场外配资）额急剧上升，市场产生了较为严重的泡沫这种市场内生性因素导致市场结构变得较为不稳定的影响外，2015年，A 股市场的外生性条件也发生了较为异常的变化，如：严查非法配资、货币政策变动、存在不合常规的“恶意”市场做空行为等，这些外生性条件的变化加速及加剧了股指的下跌。

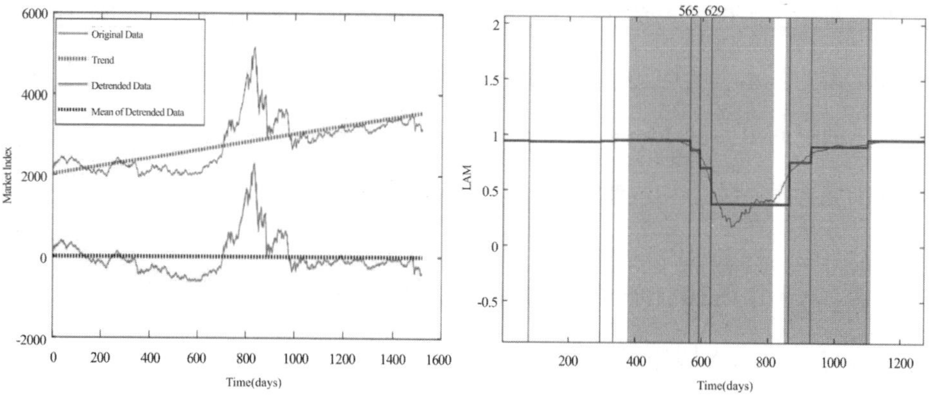

（A）上证综指趋势图　　（B）BG 算法异常突变时点检测图

图4.4　2012—2018年 A 股市场上证综合指数 LAM 序列的异常突变

第五节　本章小结

（1）使用递归图及递归量化方法能够检测到股票市场崩盘前市场动力学特征异常突变的市场崩溃之前的临界点。对1929—1933年经济大萧条、1973—1975年由石油危机引发的经济危机、1987—1988年“黑色星期一”金融危机、1999—2001年互联网投机泡沫这4次全球重大金融经济危机事件进行分析，研究发现，在股票市场泡沫积累阶段，LAM 值会出现轻微下行。当市场不稳定状态加剧，临近崩盘临界点时，LAM 值会出现急剧下行现象。LAM 值的这一变化过程在4次股票市场崩盘中都极为相似，且 LAM 值的变化都非常明显。市场动力学特征突变时点都比市场崩盘时点提前了较长一段时间。历次股票市场崩盘发生貌似毫无征兆，但实际上，在股票市场崩盘前，市场的动力学特征已经发生了突变，这为股票市场崩盘时点研究提供了一个新的工具和方法。

（2）对金融危机发生期间美国股票市场 LAM 序列的递归图进行分析。4

次金融危机发生期间，美国股票市场的 LAM 序列均呈现出类分形自相似性结构和复杂性特征。在递归图中均有空白带存在，说明 LAM 序列存在相变行为，在这些相变点处，LAM 序列发生了异常突变。市场指数的 LAM 指标和非线性时间序列突变检测的启发式分割算法对检测崩盘前市场动力学特征异常突变时点非常有效，一般在市场崩盘前的2个月到8个月，市场动力学特征会连续出现异常突变。

（3）通过对2008年金融危机发生前后，12个发达国家和地区（澳大利亚、奥地利、瑞士、新西兰、法国、德国、中国香港特别行政区、日本、荷兰、新加坡、英国和美国）以及11个新兴市场国家和地区（阿根廷、巴西、埃及、印度、印度尼西亚、以色列、中国大陆、韩国、马来西亚、墨西哥、中国台湾地区）的股票市场进行分析，各国及各地区股票市场的动力学特征在2007年7月到12月期间均连续出现异常突变，2007年年底到2008年年底各国股票市场均出现市场崩盘。

（4）当市场外生性条件发生异常变化时，股票市场动力学特征异常突变时点并不会比股市崩盘时点提前较长时间。2015年我国 A 股市场出现“千股跌停”式崩盘，当时市场外生性条件发生异常变化，市场动力学特征异常突变时点较市场崩盘时点提前时间较短，大约仅提前一个月时间。

第五章　股票市场动力学特征相似性度量方法

第一节　引　言

重现是动态复杂系统最基本的性质之一。一些类似的行为具有相似的发展方式，这种状态重现的现象被称为递归行为。虽然自然界中的递归行为较早就被人们所关注，但受当时计算技术的制约，对高维复杂系统缺乏有效的处理方法及计算技术。随着计算机技术的发展，Eckmann et al.（1987）为复杂系统进行相空间重构及动力学特征分析提供了一个操作性很强的方法——递归图方法。该方法的本质思想就是通过相空间重构把一维时间序列嵌入一个拓扑等价的高维相空间中，这样就可以得到动力系统状态向量在数学相位空间中的一条运行轨迹，利用递归图可以在二维图形中直观地分析高维相空间中系统状态之间的递归行为，进而可以研究原动力学系统的动力学特征。复杂系统所产生的时间序列通常是混沌时间序列，传统对时间序列的分析通常在频域或时域中进行，而混沌时间序列具有非线性特征，较难用传统的方法进行建模及分析，因此对混沌时间序列的分析通常是在相空间中进行的。最近几年，递归图方法逐渐发展成为对混沌时间序列进行分析的有效工具。递归图方法的理论基础是

Takens（1981）提出的时间延迟嵌入理论，该理论认为，只要嵌入维数不小于原动力系统的吸引子维数的二倍，重构的相空间与原动力系统的相空间就具有拓扑等价性。在进行重构相空间的操作中，嵌入维数和时间延迟是两个非常关键的参数。延迟嵌入理论虽然在理论上获得了较好的结果，但在实际应用中该理论并不能用于确定嵌入维数。在实际计算系统的嵌入维数时，运用得更多的是 Kantz et al.（1997）构建的最邻近误差法（false nearest neighbors method）或者 Cao 算法（Kennel et al.，1992；Mesin et al.，2014）。对于时间延迟 τ 的确定，则普遍使用自相关分析法（Bramon et al.，2011；Van Schooten et al.，2013）。但有部分学者认为嵌入维数与延迟时间这两个参数具有相关性，所以应联合求解。Kim et al.（1999）认为应考虑嵌入维数与时间延迟的联合确定方法。Tao et al.（2011）基于此思想进一步构建了使用关联积分来确定这两个参数的 C-C 方法。

在传统递归图方法中，要判断相空间中两个状态相点是否具有递归性，临界距离 ε 的选取非常关键，但这是一项非常困难的工作，若选取了不恰当的参数会造成分析结果的不准确。但目前对该参数的选取并没有一个统一的方法，通常需要研究者根据实际情况选取合适的方法来确定。若临界距离值 ε 选择得过小，就可能造成递归图中不存在递归点或者递归点极少，导致无法观测到系统的递归性特征；但若临界距离值 ε 选择得过大，就可能出现几乎每一个点都和相邻点存在递归行为的情况，从而造成递归图中出现厚长的对角线。一般通用的原则是临界距离 ε 的选择不应超过时间序列标准方差的10%（March et al.，2005）。许多学者在对一些具体问题的研究中，使用得较为普遍的处理方法是把阈值设定为待分析时间序列数据的方差或标准差的一定比例。钟季康 等（2002）使用递归图方法研究 EHG 信号时，阈值选定为 EHG 序列的标准差的 0.5~1倍。陈晓鸣 等（2008）在研究 HRY 信号时，阈值选定为原始序列数据的标准差的12%。Yang et al.（2009）进行蛋白质结构预测研究时，阈值确定的规则是观测递归率的变化，当递归率首次出现突变时所对应的阈值即为所求。

总的来说，关于临界距离 ε 的选取没有形成统一的方法，其确定方法与所要研究的具体问题密切相关，具有一定的经验性，这也是使用递归图方法时存在的一个主要问题。对于不同的研究对象，通常选取临界距离 ε，但临界距离 ε 的选择出现微小差异，所获得的递归图会出现较大差异，这对研究结果的稳定性和可靠性提出了较大挑战。尤其是通过相空间重构递归图时，我们通常使用 Heaviside 阶跃函数来判断状态相点的递归行为，当相空间中两个状态相点之间的距离小于临界距离 ε 时，我们就认为这两个状态出现递归现象，反之则认为这两个状态未出现递归现象。这种处理方法存在如下两个问题：

（1）研究结果对临界距离 ε 的选取具有较强依赖性，但目前对临界距离 ε 的选取没有一个普适性的方法，这也是目前我们使用相空间重构及递归图方法对非线性时间序列进行研究所面临的一个难点。

（2）Heaviside 阶跃函数存在刚性边界问题，会使非线性时间序列所蕴含的原复杂系统动力学行为信息丢失。当一个状态相点恰好位于以某一相点为中心、临界距离 ε 为半径的超球面外时，就认定这两个状态相点完全不相似，而分布在超球面内的状态相点则被认定为完全相似。这忽略了这些状态相点之间的差异，造成系统动力学行为信息的丢失。

本章研究的基本思想是：使用 Heaviside 阶跃函数会造成递归分析结果具有刚性和二元值性，造成研究结果不可靠，而临界距离 ε 的轻微变化或时间序列长度及位置的变化都会导致研究结果产生明显的变化。为了克服 Heaviside 阶跃函数所产生的刚性边界问题，本书在判断状态相点递归性时用高斯函数代替 Heaviside 阶跃函数。高斯函数能够更加准确地度量两个状态相点在重构的高维空间中的递归特性。由于高斯函数没有刚性边界，重构相空间中所有状态相点之间的递归性可以通过状态相点之间的距离和高斯函数值来确定。当状态相点间的距离为0时，相点间的递归程度为1；若状态相点间距离从0增加到无穷大，相点间的递归程度由1逐渐向0变小，产生了一系列连续变化的数值，把这些值作为灰度值，股票市场复杂系统动力学特征就可视化为具有不同纹理特征的灰度图。本书使用局部二值模型和纹理相似性度量 Earth Mover's Distance 模型就股票市场复杂系统动力学特征分析提出了对高斯递归图进行纹理分析的新思路，并在此基础上构建了度量股票市场动力学特征相似度的方法体系。

第二节　高斯函数递归图及纹理特征分析

一、高斯函数递归图

根据时间延迟嵌入定理，对一维时间序列 $\{x_i|i=1, 2, \cdots, n\}$，可以使用相空间重构方法，通过选取恰当的相空间维度 m 和延迟时间 τ，就可以把一维时间序列重构到一个 m 维的相空间中，进而可以获得一个状态向量集 $\boldsymbol{R}^m=\{\overrightarrow{X_1}\}$，其中 $\{\overrightarrow{X_1}\}=\left(x_i, x_{(i+\tau)}, \cdots, x_{(i+(m-1)\tau)}\right), i=1, 2, \cdots, n^*, n^*=n-(m-1)\tau$。向量集 $\{\overrightarrow{X_1}|i=1, 2, \cdots, n^*\}$ 可以用来表示一维时间序列 $\{x_i|i=1, 2, \cdots, n\}$ 在高维相空间中的状态轨迹。当两个状态向量在相空间中的距离小于临界距离 ε 时，我们可以认为这两个状态表现出状态重现的递归行为。$R_{ij}=\Theta\left(\varepsilon-\|\overrightarrow{X_i}-\overrightarrow{X_j}\|\right), \overrightarrow{X_i}, \overrightarrow{X_j}\in R^m, i, j\in\left(1, 2, \cdots, n^*\right)$，$\Theta(\cdot)$ 是赫维塞德函数：

$$\Theta(x)=\begin{cases}1, & x\geqslant 0\\ 0, & x<0\end{cases}$$

R_{ij} 的值表示状态向量 $\overrightarrow{X_i}$ 和 $\overrightarrow{X_j}$ 在相空间中的递归关系。所有的 R_{ij} 会形成一个由0和1所组成的矩阵 $\boldsymbol{R}$，该矩阵被称为递归矩阵。递归矩阵可以用二维图形来表示，数值“1”用黑色点表示，表示系统在 i 时刻的状态在 j 时刻重现；数值“0”用白色点表示，表示系统在 i 时刻的状态在 j 时刻未重现，由系统在各时刻状态向量之间的重现关系就可以得到递归图。除了嵌入维数及时间延迟，临界距离 ε 的选取也十分关键，选取不同的临界距离 ε，就会得到不同的递归图。但目前对临界距离 ε 的选取并没有一个普适性的方法，同时 Heaviside 阶跃函数存在刚性边界问题，会使非线性时间序列所蕴含的原复杂系统的动力学信息丢失。本书用高斯函数来代替 Heaviside 阶跃函数，因为高斯函数可以取连续值，不存在刚性边界问题。把高斯函数值当成灰度值进行处理，这样复杂系统在相空间中的状态递归特征就会在递归图中呈现出不同的纹理特征。对这些纹理特征进行研究，就可以对复杂系统动力学特征的相似性、突变性及动态演化进行研究。两个状态向量可以按照如下公式计算递归程度。

$$R_{ij}=e^{-\frac{\sum_{k=1}^{m}\left|x_{ik}-y_{jk}\right|}{s\times m}}$$

其中，s 为时间序列 $\{x_i|i=1,2,\cdots,n\}$ 的标准差，m 为嵌入维数。当状态向量 $\overrightarrow{X_i}$ 和 $\overrightarrow{X_j}$ 接近时，R_{ij} 趋近于1；状态向量 $\overrightarrow{X_i}$ 和 $\overrightarrow{X_j}$ 越不接近，R_{ij} 越趋近于0。这样就可以得到由0~1之间的数所构成的递归矩阵，R_{ij} 值越大，颜色越深，反之则越浅。下面分别构建正弦信号 $\sin(6\times\pi\times t)$，采样频率为1 000 Hz，采集2 000个数据；洛仑兹信号取 $\sigma=10$，$b=8/3$，$r=28$，3个分量的初始值分别为（12，2，9）时 $x(t)$ 分量所产生的时间序列及随机时间序列的传统递归图及高斯函数递归图，如图5.1所示。

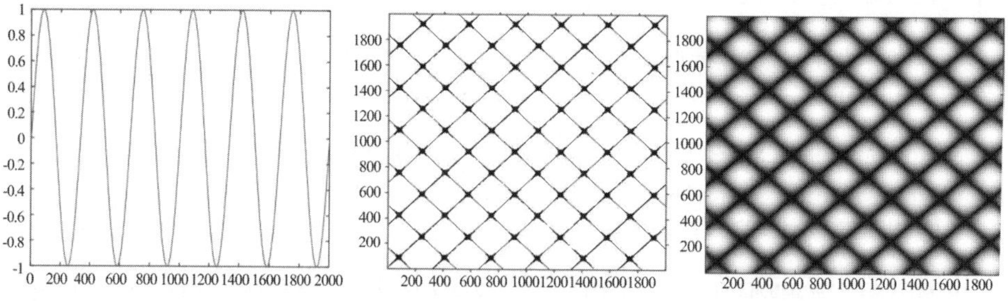

（A1）正弦序列　　（A2）阶跃函数递归图　　（A3）高斯函数递归图

图5.1　传统递归图及高斯函数递归图

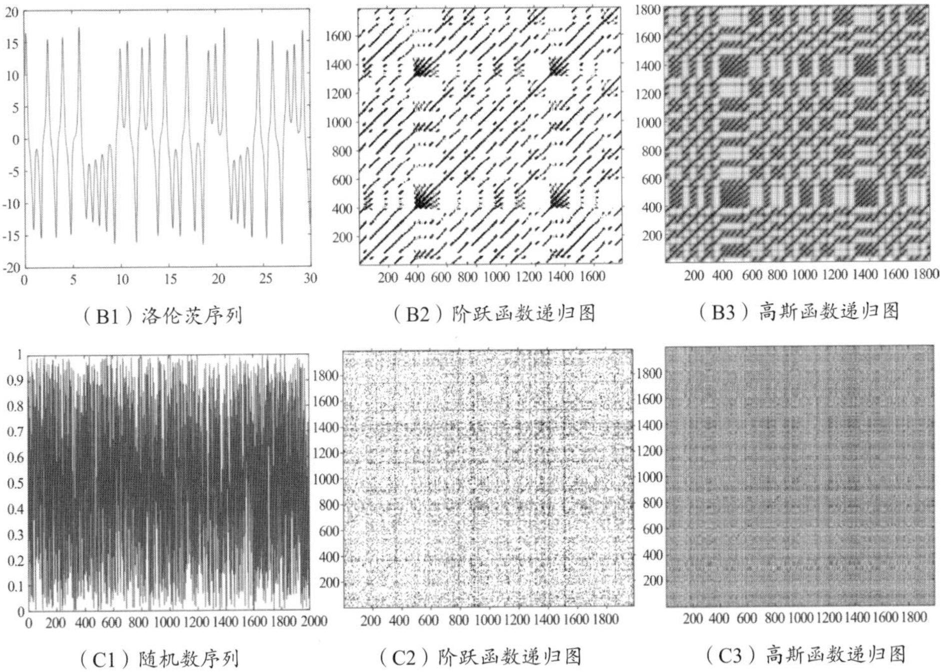

图5.1　传统递归图及高斯函数递归图（续）

二、递归图纹理特征相似性分析

（一）纹理特征提取

Ojala et al.（1994）构建了一种提取图像局部纹理特征的局部二值模型。该方法的基本思想是：将图像分割成一系列3×3的窗口，把窗口中心像素的灰度值设置为阈值，将该阈值和周围相邻的8个像素的灰度值进行比较，如果中心像素的灰度值大于周围相邻像素的灰度值，则将周围相邻像素点的位置标记为1，反之则记为0。通过上述操作，3×3邻域内外围8个点处的值可以组成一个8位二进制数，将该二进制数转换为十进制数，就可以获得该窗口中心像素点的 LBP 值。显然，LBP 码共有256种。用该值来反映此区域内的纹理特征，基本操作如图5.2所示。

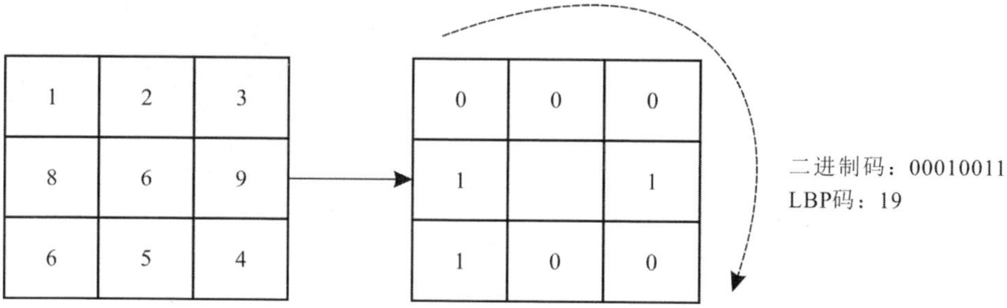

图5.2　纹理特征提取图

LBP 码的计算公式是：

$$\mathrm{LBP}\left(x_c, y_c\right)=\sum_{n=0}^{p-1} 2^n \Theta\left(i_n-i_c\right)$$

其中，(x_c,y_c) 是中心像素，i_c 是中心像素的灰度值，i_n 是相邻像素的灰度值，是赫维塞德函数。

$$\Theta(x)=\begin{cases}1, & x \geqslant 0 \\ 0, & x<0\end{cases}$$

使用 LBP 算子可以对每个像素点都提取一个 LBP 编码，把 LBP 编码归一化后得到的统计直方图可以反映图像的灰度纹理特征信息。从图5.3可以看出，正弦序列、洛伦茨序列及随机时间序列的 LBP 编码的统计直方图之间具有明显的差异，表明产生这些时间序列的系统具有不同的动力学行为特征。这说明 LBP 编码的统计直方图能够反映出复杂系统动力学特征的差异性。

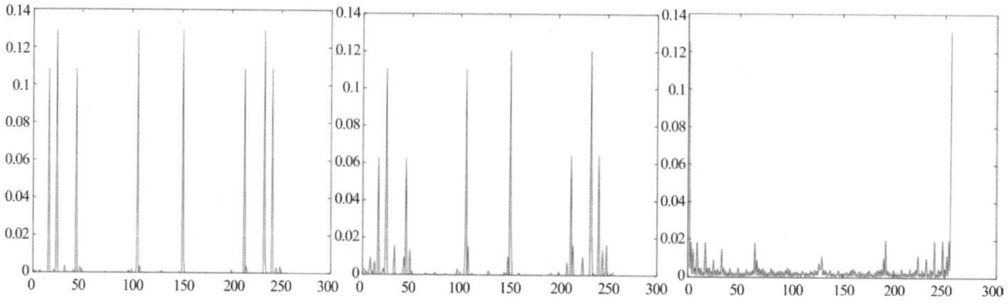

（A）正弦序列　（B）洛伦茨序列　（C）随机时间序列

图5.3　LBP 编码统计直方图

LBP 编码统计直方图的一个不足之处就是针对整体的 LBP 编码进行统计分析，区分效果在有些情况下并不理想。我们可以引入图像分块处理的方法，即将图像分成若干个子块，如把整体的递归图分解成 $m\times n$ 子区域，并对这 $m\times n$ 个小区域分别进行 LBP 处理，这样就能够极大地提升对复杂系统动力学特征的分析效果。

（二）纹理特征相似性度量

Rubner et al.（2000）构建了一种图像纹理相似程度的度量方法——Earth Mover’s Distance。EMD 的基本概念是将一种分布精确地转换为另一种分布所必须支付的最小成本。最初 EMD 的概念主要是用于图像检索工作，随后逐渐被用到其他方面的相似度度量。EMD 距离实际上是如下线性规划问题：假设 $P=\{(p_1, w_{p1}), (p_2, w_{p2}), \cdots, (p_m, w_{pm})\}$，$p_i$ 表示一张图像的一个特征，w_{pi} 表示特征 p_i 的权重；$Q=\{(q_1, w_{q1}), (q_2, w_{q2}), \cdots, (q_2, w_{qn})\}$，$q_j$ 表示另一张图像的一个特征，w_{qj} 表示特征 q_j 的权重。$D=[d_{ij}]$ 表示特征 p 集合与特征 q 集合之间的距离矩阵，其中 d_{ij} 代表特征 p_i 和 q_j 的距离。可以得到一个矩阵 $F=[f_{ij}]$，其中 f_{ij} 表示从特征 p_i 变化到特征 q_j 的量，d_{ij} 代表特征 p_i 和 q_j 之间的转化代价（距离），其计算方法是求 bin 的索引的差值的绝对值，目标是最小化全局代价函数：

$$\mathrm{WORK}(P,Q,F)=\sum_{i=1}^{m}\sum_{j=1}^{n}f_{ij}d_{ij}$$

需要满足如下约束条件：

$$f_{ij}\geqslant 0 \quad 1\leqslant i\leqslant m,\ 1\leqslant j\leqslant n$$

$$\sum_{j=1}^{n}f_{ij}\leqslant w_{pi} \quad 1\leqslant i\leqslant m$$

$$\sum_{i=1}^{m}f_{ij}\leqslant w_{qj} \quad 1\leqslant j\leqslant n$$

$$\sum_{i=1}^{m}\sum_{j=1}^{n}f_{ij} \quad \min\left(\sum_{i=1}^{m}w_{pi},\sum_{j=1}^{n}w_{qj}\right)$$

其中，第一个约束条件表示从 P 变化到 Q，不能反向；第二个约束条件表示从特征 p_i 流出的总量不能大于特征 p_i 的总量 w_{pi}；第三个约束条件表示特征 q_j 所流入的总量不能大于它所能够容纳的量 w_{qj}；第四个约束条件表示搬运总量不能大于 P 中总量及 Q 所能够容纳的总量。通过求解这个线性规划问题，我们就可以得到最优搬运量 F。为了使 EMD 不会随搬运总量的变化而变动，可以把每次搬运量除以总的搬运量，进行归一化处理。P 与 Q 之间的距离即为：

$$\mathrm{EMD}(\mathrm{P},\mathrm{Q})=\frac{\sum_{i=1}^{m}\sum_{j=1}^{n}f_{ij}^{*}d_{ij}}{\sum_{i=1}^{m}\sum_{j=1}^{n}f_{ij}^{*}}$$

第三节　数值分析

Logistic 映射是一个简单但具有极其复杂的行为特征的一维动力学系统。它最初起源于生态学中的种群模型，该映射能够产生非周期的、不收敛的序列。产生 Logistic 序列的差分方程为 $X_{(n+1)}=a\times X_n(1-X_n)$。数学生态学家梅（May）于1976年在《自然》杂志上发表了一篇经典论文，指出当参数 a 在区间 [3.5, 4] 内变化时，Logistic 映射表现出由倍周期分岔通向混沌。后来费根鲍姆（Feigenbaum）进一步研究得出：假若一个系统发生倍周期分岔，则必然导致混沌。参数 a 越靠近4，则 Logistic 序列 X 越平均地分布在整个0到1的区域。当 a 从3.4变化到4.0，取步长为0.000 6，初始值 $X_0=0.512$，在每个参数值上进行2 000次迭代，去掉前1 000个暂态点，就能够得到1 001个序列，绘制 X~a 图，如图5.4所示。在图5.4中，几条垂直虚线（参数 a 分别取值3.452 2、3.544 0、3.561 4、3.627 4、3.633 4、3.738 4、3.743 8、3.828 4、3.846 4）处，Logistic 映射的动力学特征发生了实质性的改变，表现出10种不同的动力学特征区域，

依次为：2倍周期、4周期、8周期、混沌、6周期、混沌、5周期、混沌、3周期及混沌。为进一步分析 Logistic 映射在相应参数点上的动力学特征的变化，使用公式 $\frac{1}{N}\sum_{n=1}^{N}\log_2\left|\mu(1-2x_n)\right|$ 计算出各参数点上 Logistic 映射所得序列的最大李雅普诺夫指数。各序列最大李雅普诺夫指数随参数 a 变化的情况，如图5.5所示。当李雅普诺夫指数小于0时，表示该区域为 Logistic 映射的倍周期区，反之则表示对应的序列为混沌序列。从图5.5可以看出，在相应的分岔点处，李雅普诺夫指数发生了显著性变化。

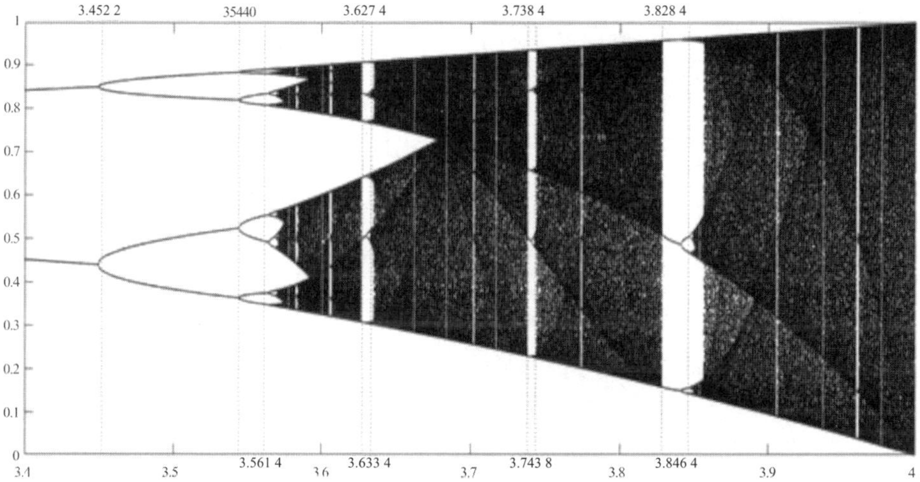

图5.4　Logistic 映射序列图

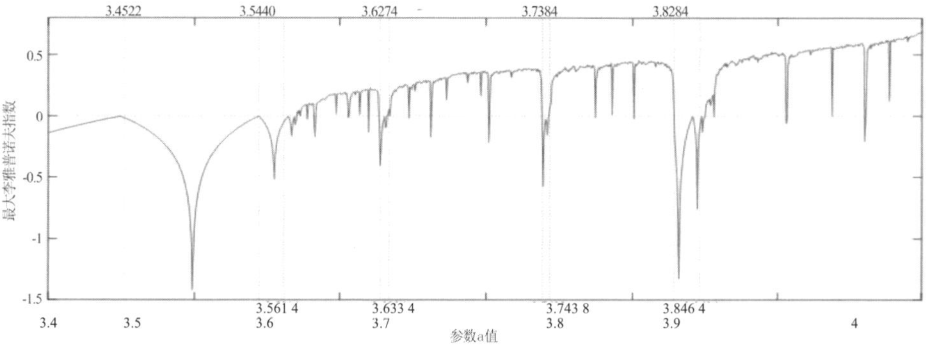

图5.5　最大李雅普诺夫指数图

使用本章上文中构建的高斯函数递归图及其纹理分析方法，绘制出各序列的高函数斯递归图，并求出对应递归图的 LBP 编码的统计直方图。从图5.6可以看出，在不同的参数 a 值上，高斯函数递归图具有明显的纹理差异性，LBP 编码统计直方图也具有显著性差异。

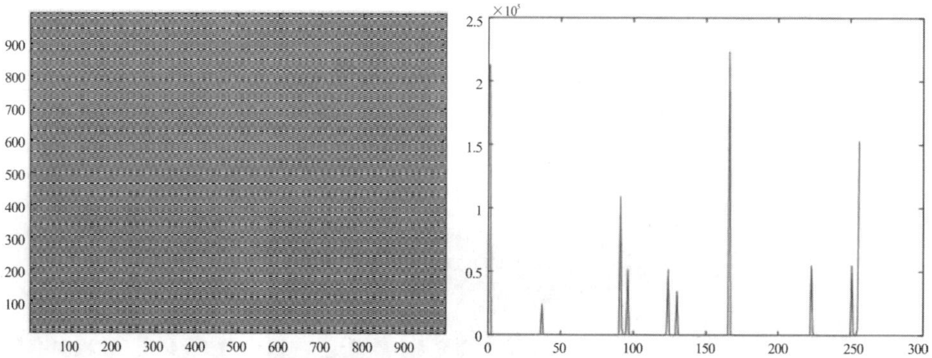

高斯递归图　　　　LBP 编码统计直方图

（A）参数 $a = 3.443\ 8$

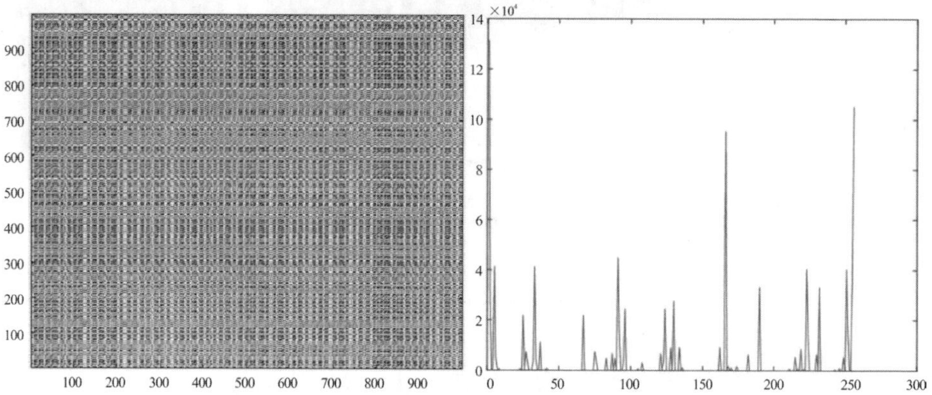

高斯递归图　　　　LBP 编码统计直方图

（B）参数 $a = 3.673\ 0$

图5.6　高斯函数递归图及 LBP 编码统计直方图

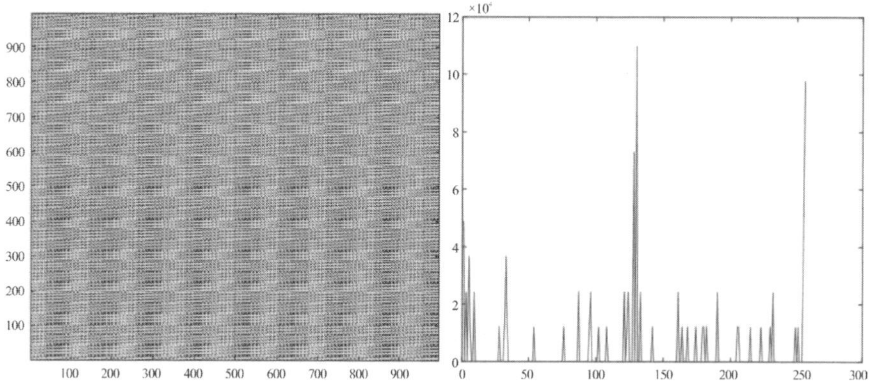

高斯递归图　　　　LBP 编码统计直方图

（C）参数 $a=3.716\,8$

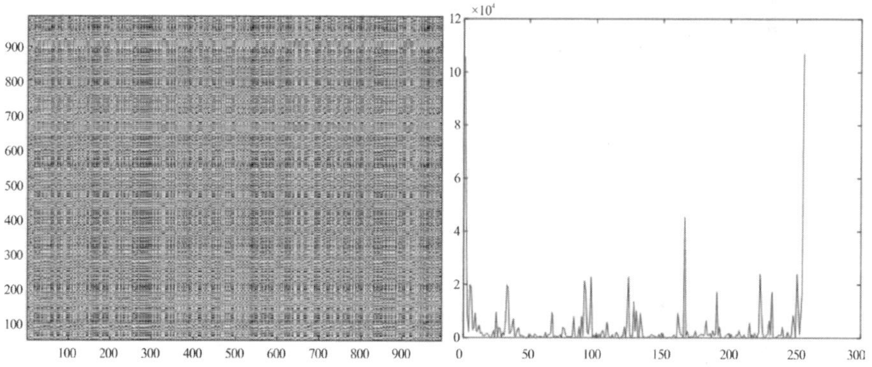

高斯递归图　　　　LBP 编码统计直方图

（D）参数 $a=3.716\,2$

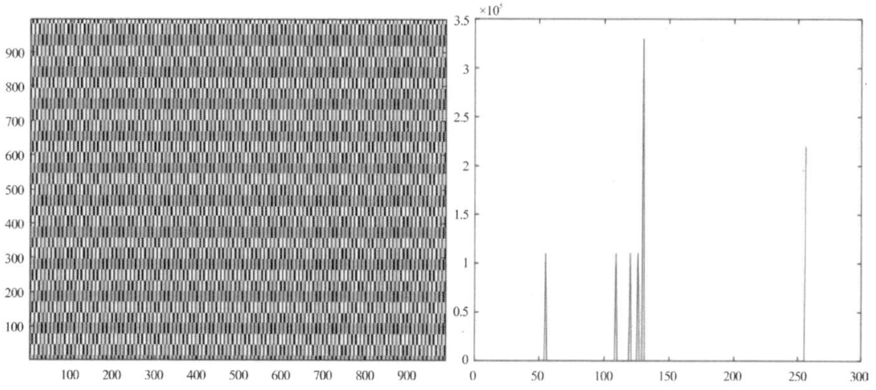

高斯递归图　　　　LBP 编码统计直方图

（E）参数 $a=3.829\,6$

图5.6　高斯函数递归图及 LBP 编码统计直方图（续）

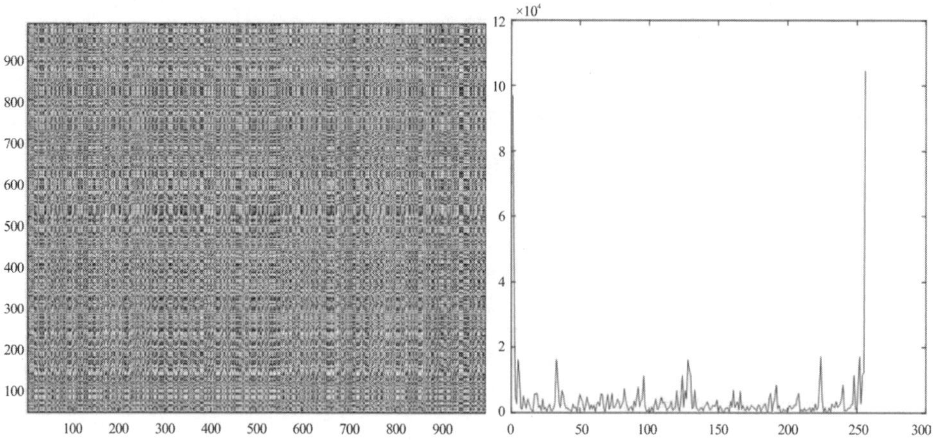

（F）参数 $a = 3.945\ 4$

图5.6　高斯函数递归图及 LBP 编码统计直方图（续）

下面使用在本章前文构建的度量两个复杂系统动力学特征相似度的方法来分析当参数 a 从3.4变化到4.0，取步长为0.000 6，$X_0 = 0.512$，每个参数值上进行2 000次迭代，去掉前1 000个暂态点，得到1 001个序列，以随机序列作为比较的基准，度量每个序列与随机序列动力学特征的相似度，所得结果如图5.7所示，其中 EMD 距离越大，两个复杂系统的动力学特征的相似度就越小。当参数 a 取值小于3.561 4时，洛伦茨系统表现出2倍周期、4倍周期和8倍周期。从图5.7可以看出，洛伦茨系统与随机系统的相似度的变化趋势在一个点发生了显著性的变化，该点正好是洛伦茨系统由倍周期系统向混沌系统转变的节点，之后随着参数 a 的增大，洛伦茨系统越来越趋近混沌系统，与混沌系统的相似度在该点之后不断增大。当参数 a 取3.627 4至3.663 4之间的值时，洛伦茨系统呈现出6倍周期特征，在此区域内 EMD 距离显著性变大。当参数 a 取3.663 4～3.738 4之间的值时，洛伦茨系统又重新继续趋近混沌系统，在此区域内 EMD 距离继续变小。当参数 a 取3.738 4～3.743 3之间的值时，洛伦茨系统呈现出5倍周期特征，在此区域内与随机系统的 EMD 距离显著性变大。当参数 a 取

3.743 3～3.828 4之间的值时，洛伦茨系统又重新继续趋近混沌系统，在此区域内与随机系统的EMD距离继续变小。当参数 *a* 取3.828 4～3.846 3之间的值时，洛伦茨系统呈现出3倍周期特征，在此区域内与随机系统的EMD距离又显著变大。当参数 *a* 取大于3.828 4的值时，洛伦茨系统又重新趋近混沌系统，在此区域内与随机系统的EMD距离维持在一个固定的水平上小幅波动。但在此区域内EMD距离值有几个小的突变点。从图5.7可以看出，存在几个小的空白带，表明洛伦茨系统的动力学特征发生了突变，本书所构建的复杂系统动力学特征相似度度量方法能够灵敏地识别出这些小突变点。综上所述，本书所构建的方法能够灵敏且精确地识别出洛伦茨系统动力学特征的突变点，表明该方法体系能够为复杂系统动力学特征相似性度量提供一个有效的研究工具。李雅普诺夫指数的计算需要在大样本量的条件下，计算结果才可靠，而本书构建的方法对小样本非平稳时间序列也是适用的。

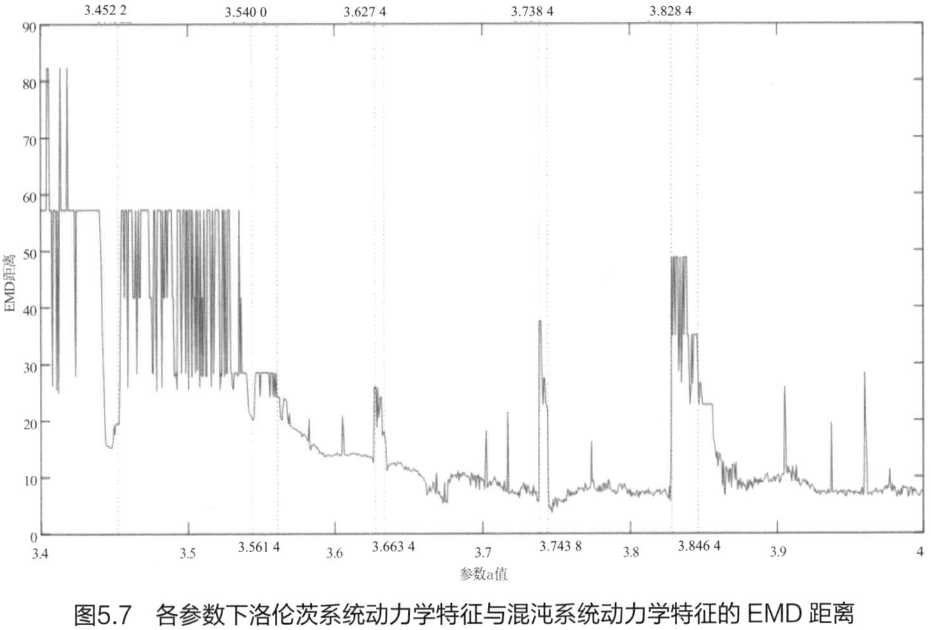

图5.7　各参数下洛伦茨系统动力学特征与混沌系统动力学特征的EMD距离

当参数 a 接近4时，洛伦茨系统趋近混沌系统。参数值 a 确定之后，初始值 X_0 的微小变化都会对系统所产生的时间序列值产生较大影响。如当参数 a =3.99时，初始值取 X_0 = 0.663 489 000和 X_0 = 0.663 489 001，在迭代开始阶段二者差异非常小，近似于0。随着迭代次数的增加，在某一次迭代上，两个序列的差异值突然增大，因此可以看出该系统具有很好的雪崩效应，如图5.8（A）所示。我们进一步选取参数 a = 3.99，初始值从0.663 489 001变化到0.663 489 500，变化步长0.000 000 001，共得到500个初始值，在每个初始值上分别进行2 000次迭代，去掉前1 000个暂态点，得到500个时间序列，以随机序列作为比较的基准，度量每个序列与随机序列的动力学特征的相似度，所得结果如图5.8（B）所示。这些序列仅从表面数值来看，具有较大的差异性，但背后的动力学特征是一样的。从图5.8（B）可以看出，这些序列与随机序列的动力学特征的相似度围绕一个固定值做小幅波动，说明运用本书所构建的度量复杂系统动力学特征相似度的方法得到的结果不受序列表面数值影响，只取决于产生数据序列的原复杂系统的动力学特征，计算结果具有较强的稳定性。

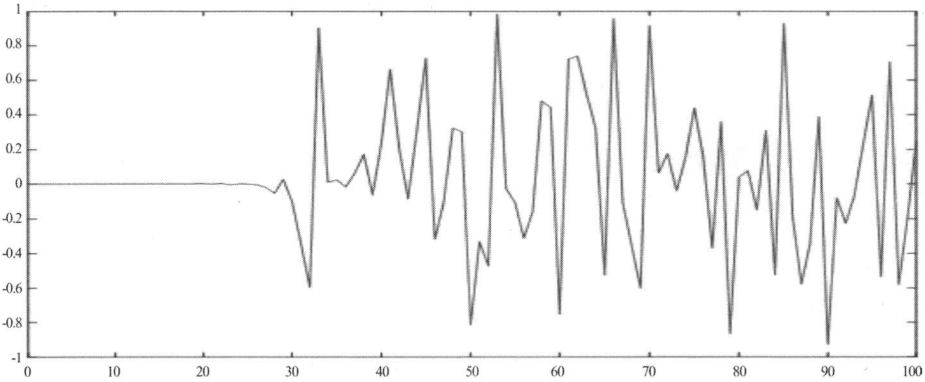

（A）

图5.8　参数 a = 3.99，初始值从0.663 489 001变化到0.663 489 500的动力学特征相似度

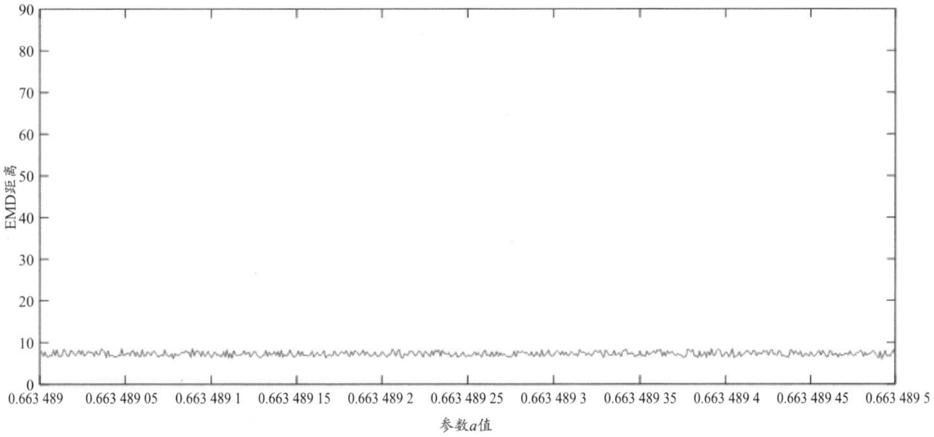

（B）

图5.8　参数 $a=3.99$，初始值从0.663 489 001变化到0.663 489 500的动力学特征相似度（续）

第四节　本章小结

最近几年，递归图方法逐渐发展成为对混沌时间序列进行分析的有效工具。但传统递归图方法使用 Heaviside 阶跃函数来判断相空间中状态点的递归行为，这种处理方法的缺陷是递归分析结果具有刚性和二元值问题。为了克服 Heaviside 阶跃函数所产生的刚性边界问题，本章在判断状态相点递归性时用高斯函数代替 Heaviside 阶跃函数，同时就复杂系统动力学特征分析提出了对递归图进行纹理分析的新思路，并在此基础上构建了度量复杂系统动力学特征相似度的方法体系，最后使用 Logistic 系统进行数值分析，结果显示出本书所构建的方法能够灵敏且精确地识别出复杂系统动力学特征的突变点，表明该方法体系能够为复杂系统动力学特征分析提供一个有效的研究工具。下文分析股票市场动力学特征相似度时亦使用本章所构建的方法。

第六章 基于动力学特征演化视角的适应性市场假说实证研究

第一节 引 言

有效性市场假说认为市场价格反映了所有信息，市场价格的变化具有随机性及不可预测性。20世纪80年代以前的市场有效性实证研究结果基本上支持市场有效性假设。但随着人们对金融市场研究的不断深入及市场复杂性的增强，一些市场有效性不能解释的市场异象逐渐出现了，如日历效应、股利之谜、规模效应、一月效应及动量反转效应等。同时，实证检验也出现了不支持市场有效性假说的研究结果，市场有效性假设逐渐受到一些研究者的质疑。在20世纪八九十年代，学界出现了行为金融学的研究热潮，行为金融学的理论模型及应用体系逐渐形成，如 BSV 模型[①]（Barberis et al., 1998）、DHS 模型[②]（Daniel et

① BSV 模型由伯布里斯（Barberis）、谢弗（Shleffer）和维什尼（Vishny）于 1998 提出的。BSV 模型可用于解释投资者决策模型如何导致市场价格变化偏离效率市场假说。

② DHS 模型是丹尼尔（Daniel）、豪斯菲尔（Hirsheifer）和萨尔莱曼依（Subramanyam）于 1998 年提出的，是对短期动量和长期反转问题提出的一种基于行为金融学的解释，简称 DHS 模型。

al.,1998)、行为资产定价模型(Behavioral Asset Pricing Model,BAPM)(Shefrin et al., 2000)及行为投资组合理论(Behavior Portfolio Theory, BPT)(Shefrin et al.,2000)。随后，行为金融学与市场有效性假说之间进行了三十多年的论战，两派的分歧十分巨大。但市场并未像有效性市场假说所假设的那样完美，同时也不像行为金融学认为的持续无效，一些异象在相关专著发表后出现消失、逆转或者变小的现象，金融市场上出现较强烈的动态演化现象。2013年诺贝尔经济学奖同时授予了行为金融学奠基人之一的希勒(Shiller)及有效市场假说提出者法玛(Fama)，说明目前我们对金融市场的认知需要从不同的视角来探索，并未形成一个统一的理论框架。

有效性市场假说是一种静态和均衡收敛的线性研究范式，它对金融市场线性行为的假设偏离了实际情况，导致其陷入诸多困境。大量实证研究表明，金融市场价格波动具有标度不变、自相似及长期记忆等行为特征(Richards, 2000；Adrangi et al., 2010；Abedi et al., 2019)，金融市场资产价格常常表现出诺亚效应、波动聚集约瑟夫效应。这些异象的存在说明金融市场具有非线性及分形特征，是一个由多重因素构成的复杂动力系统。非线性复杂系统的研究不能使用新古典经济学的还原论(通过研究个体，再简单叠加进而了解总体)，而是需要对总体进行系统研究，因此金融市场研究需要引入新的分析工具及研究范式。

近些年，金融市场的研究呈现出从线性范式转向非线性范式、从均衡分析转向非均衡分析的新趋势。Peters(1994, 2001)以复杂性科学中的混沌理论为基础，构建了分形市场假说 FMH。Luo(1995, 1998, 2001)基于生物进化论的思想构建了适应性市场假说 AMH。AMH 认为金融市场是动态演化的，具有常见的周期性、恐慌、市场泡沫及崩溃等现象，这些市场现象之间表现出复杂的动态演化。进化造就了金融市场的动态演化特征。EMH 仅仅是市场演化中的一种特殊形式，对金融市场的分析应该采用演化方法去研究整个系统随时间变化的特征。Soufian(2014)认为适应性市场假说 AMH 为新的金融研究范式提供了理论基础。AMH 认为金融市场动态演变的，可以更好地解释金融危机等市场异常现象。近几年，一些学者对 AMH 进行了实证检验。Kim et al.（2011b）、Verheyden et al.（2015）研究发现，市场效率是动态变化的。Lim et al.（2013）对美国股市三大股指的收益可预测性进行研究，发现收益可预测性随时间演变的模式与 AMH 相一致，收益自相关与主要的外部事件存在联系。Urquhart（2013）对美国、日本和英国的股票市场进行实证研究，发现收益率表现出相关与不相关的时变特征，AMH 比 EMH 能够更好地刻画市场收益率的动态演化行为。Kim et al.（2011a）研究了1900—2009年的道琼斯工业平均指数，发现回报可预测性呈现出时变特征，在市场崩溃期间、经济或政治危机发生期间，股票市场收益率表现出高度可预测性，经济泡沫破裂期间的回报可预测性比正常时期的要小。Urquhart et al.（2016）运用1900—2013年道琼斯工业平均指数的4个著名日历异常来检验适应性市场假说，结果表明，与有效市场假说相比，适应性市场假说对日历异常行为给出了更好的解释。Urquhart et al.（2016）使用1990年1月至2014年5月的股指每日数据测试股票收益可预测性，检验标准普尔500、FTSE100、NIKKEI225及 EURO STOXX 50的适应性市场假设，研究结果表明，股票市场的回报可预测性确实会以与适应性市场假设相一致的方式随时间变化，并且每个市场对某些市场条件的适应性不同。Hiremath et al.（2014）使用广义赫斯特指数检验自适应市场假设，发现印度市场的有效性与金融危机、其他国际冲击以及国内主要相关政策和危机事件之间存在显著相关关系。Verheyden et al.（2015）采用时间窗口技术对全球主要股票市场指数进行分析，研究结果表明，市场效率具有动态时变特征。Gyamfi et al.（2017）研究了加纳股市的两个指数——GSEALSH 指数和 GSEFSII 指数的收益预测性，结果表明 GSEALSH 指数比 GSEFSII 指数更具预测性，所得结果与适应性市场假说相一致。Ghazani et al.（2019）对3种基准原油的收益率进行研究，从市场效率动态演化的视角实证研究了适应性市场假说，研究结果表明市场存在进化演变的行为。国内对适应性市场假说也展开了研究。田晓林（2005）最早就适应性市场假说的研究进展情况做详细的综述评述。韦立坚 等（2012）就我国股票市场存在风格轮动的现象，从适应性市场假说的视角进行研究，发现投资者会随着市场环境的改变而调整自己的投资风格，进而使市场出现风格轮动的现象。李云红 等（2016）以上证综指及深证成指为研究对象，对中国股市适应性特征进行研究，实证结果表明，中国股市的有效性以及收益与风险的关系均呈现出时变特征。周孝华 等（2017）从市场效率的动态变化、贝塔值的时变特征及市场技术交易策略的时变调整3个角度，就适应性市场假说能否解释中国股票市场的行为特征展开了实证研究，研究发现：中国股票市场的效率存在动态演化；股市贝塔值随市场环境的变化而改变；适应性市场假说相比有效市场假说及经典资本资产定价模型，能够更好地解释我国资本市场的行为特征。赵鹏举 等（2019）分析了股票市场系统演化的长期发展动态，研究发现：在一定条件下，非理性交易者也可以在市场中长期存在。

目前对适应性市场假说的研究工作主要集中在两方面：动态市场效率；市场收益率的时变特征及投资者策略演变。AMH 把金融市场看成是一个复杂的自适应性系统，在不同的外界条件下，市场动力学特征表现出动态演化行为。目前，还鲜有研究者直接去研究市场动力学特征的动态演化，但实际上，无论是市场效率还是市场收益率的时变演化，最根本的原因是市场投资者的适应性行为导致市场内在动力学机制发生了演变。对适应性市场假说研究存在的一个难点是市场的演化行为如何量化。本章研究的创新之处是：从复杂性科学的视角对适应性市场假说进行研究，构建高斯函数递归图，再使用局部二值模型和纹理相似性度量 Earth Mover’s Distance 模型对递归图纹理特征进行研究，在此基础上构建量化股票市场动力学特征的动态演化行为的方法体系。文中对14个发达国家和地区以及11个新兴市场国家和地区的股票市场进行研究，发现股票市场的动力学特征表现出时变演化行为，且呈现出市场效率由低到高的适应性进化趋势。

第二节　全球主要股票市场的动力学特征适应性演化分析

一、全球主要股票市场的动力学特征分析

笔者从国泰安金融数据库中收集了澳洲 AS30指数（AS30）、奥地利 ATX 指数（ATX）、比利时 BEL20指数（BEL20）、瑞士市场指数（SMI）、新西兰50指数（NZSE50FG）、法国 CAC40指数（FCHI）、德国 DAX 指数（GDAXI）、中国香港特别行政区恒生指数（HSI）、日本日经225指数（N225）、荷兰 AEX 指数（AEX）、富时新加坡海峡时报指数（STI）、英国富时100指数（FTSE）、西班牙马德里 General 指数（MADX）、美国道琼斯工业指数（DJI）、美国纳斯达克指数（IXIC）、美国纽约证交所综合指数（NYA）、标准普尔500指数、阿根廷 Merval 指数（MERVAL）、中国上证综合指数、中国深成指数、埃及 HERMES 指数（HERMES）、印度 CNX Nifty 指数（NIFTY）、印度孟买30指数（SENSEX）、印尼雅加达综合指数（JKSE）、以色列 TA-100指数（TA100）、韩国 KOSPI 指数（KS11）、马来西亚吉隆坡综合指数（KLSE）、墨西哥 IPC 指数（MEXBOL）、俄罗斯 Micex 指数（MCIX）、中国台湾地区加权指数（TWII）共30个全球股市主要市场指数。采集从1918年1月3日至2018年9月26日间的市场指数日收盘价格数据，共约20万个交易数据。使用移动窗口分析方法，窗口长度设为250天（一年股票市场交易时间大概为250天），窗口移动步长为5天，使用 Matlab 软件生成一个长度为1 000的满足对数正态分布的随机时间序列，作为各市场动力学特征相似度的比较基础。使用在本书第五章中构造的高斯函数递归图及引入递归图纹理相似性度量方法——Earth Mover’s Distance 对全球股市中30个主要市场指数的动力学特征的动态演化进行分析，结果如图6.1所示。

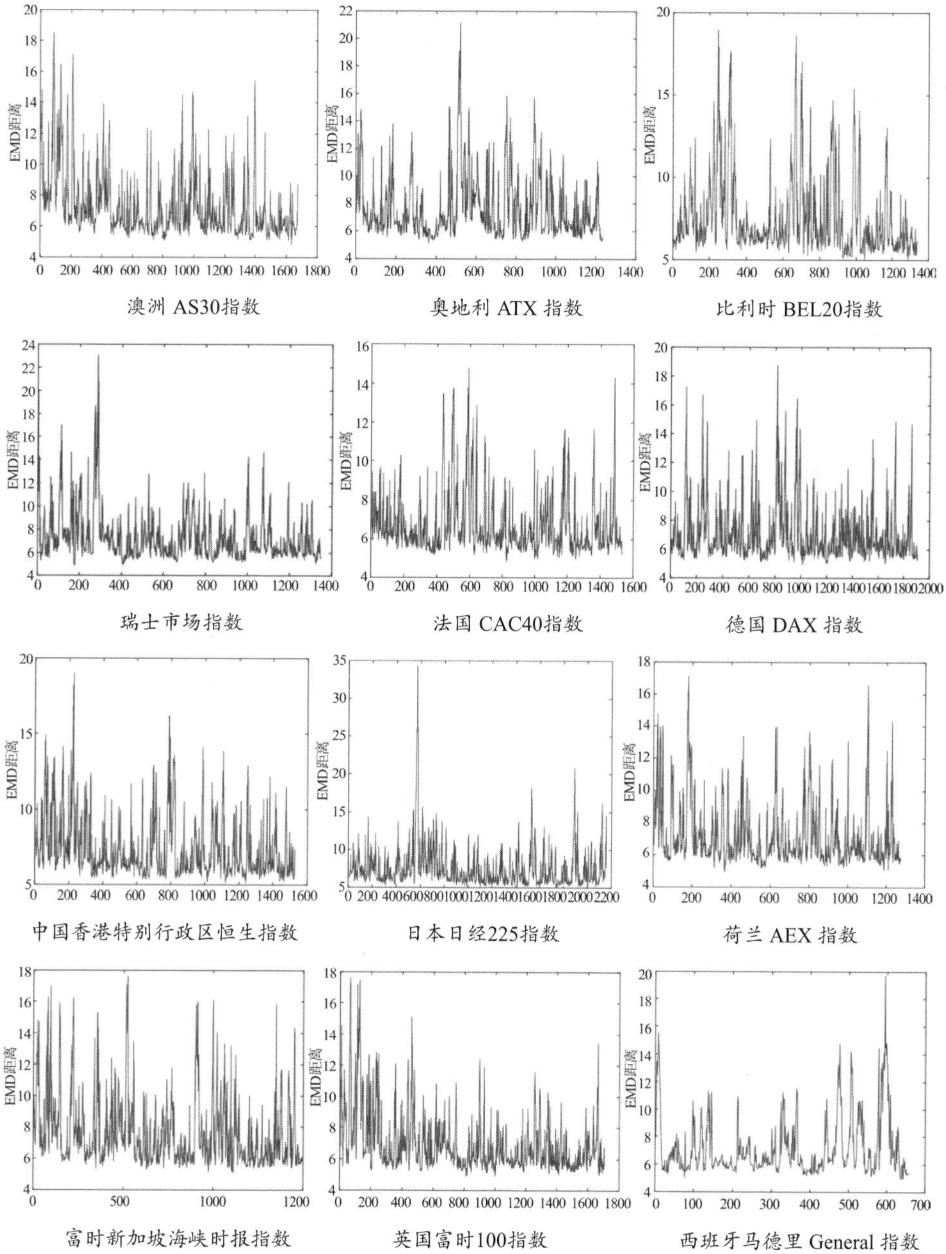

图6.1 各市场指数 EMD 距离（窗口长度250天，窗口移动距离5天）

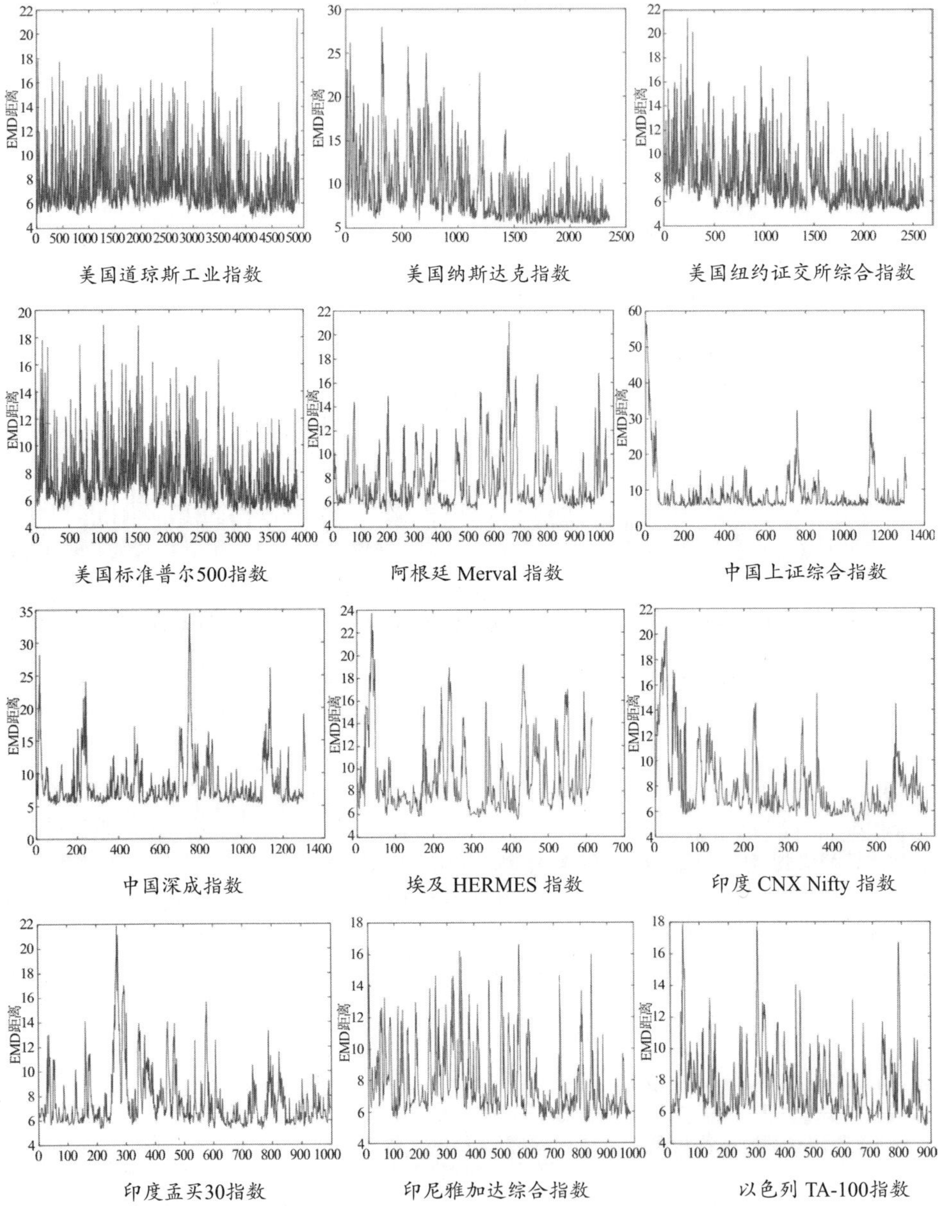

美国道琼斯工业指数　美国纳斯达克指数　美国纽约证交所综合指数

美国标准普尔500指数　阿根廷 Merval 指数　中国上证综合指数

中国深成指数　埃及 HERMES 指数　印度 CNX Nifty 指数

印度孟买30指数　印尼雅加达综合指数　以色列 TA-100指数

图6.1　各市场指数 EMD 距离（窗口长度250天，窗口移动距离5天）（续）

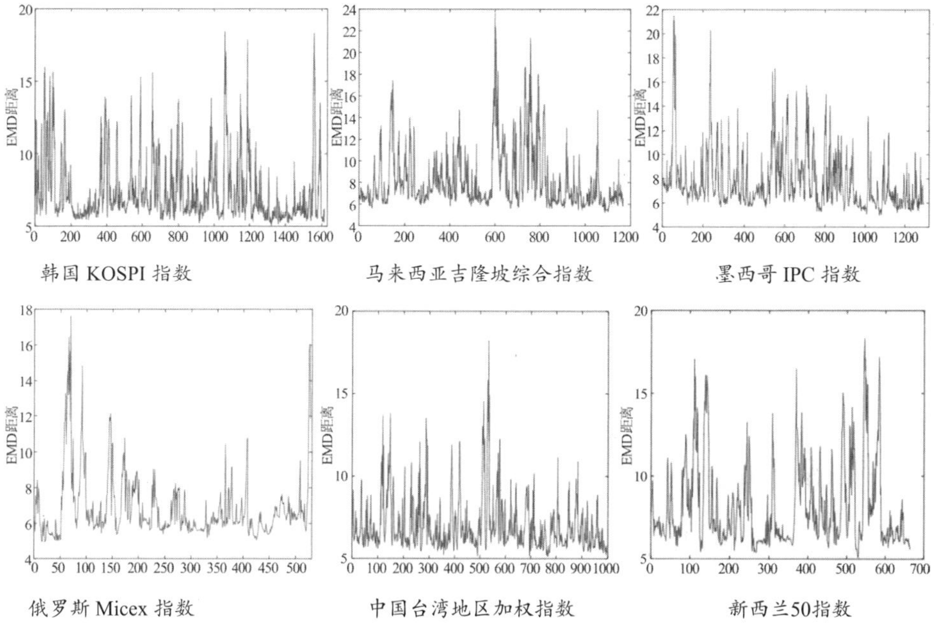

图6.1　各市场指数 EMD 距离（窗口长度250天，窗口移动距离5天）（续）

系统动力学的一个基本思想是：每个系统有自身的结构，系统结构决定了该系统所具有的功能，不同的系统结构决定了系统具有不同的动力学行为，会呈现出不同的动力学行为特征。有效市场假说认为股票的价格是随机游走的，那么股票市场的系统结构应该和随机系统的结构具有较强的相似性，会表现出相似的动力学行为特征。而适应性市场假说认为市场中的参与者会基于自身利益，不断地在市场中学习并且去适应市场，通过持续竞争进行适应与更新，进而导致市场结构及动力学特征出现复杂的动态性变化。从图6.2可以看出，各股票市场的动力学特征均出现复杂的动态变化，并且每个市场都有自己的时变特征，因此适应性市场假说相比有效性市场假说更符合股票市场的实际情况。股票市场的外部环境总是在不断变化，每个市场既处于全球整体市场环境之中，也处于各自不同的国内（或地区内）的市场子环境之中。面对变化的整体环境及不同的市场子环境，交易者会做出不同程度的适应性变化，造成各市场的动力学特征具有波动性，而且波动特征具有差异性。

从表6.1可以看出，各市场的动力学特征与随机系统的动力学特征的EMD距离的最小值都集中在5.0左右，且差异较小，表明各市场动力学特征在适应性演化过程中与随机系统均存在着一个较为稳定的几乎相同的相似性上限，这说明了把股票价格序列假设成随机游走序列会存在一个稳定程度方面的错误。但各市场的动力学特征与随机系统的动力学特征的EMD距离的最大值却表现出较大的差异性，这说明各市场的动力学特征在适应性演化的过程中具有不同程度的波动性，不同市场对相同的外部环境变化，做出适应性变化的程度是不一样的，所以把股票市场看成是同质性的市场是不恰当的。比如我国上海股票市场在成立之初EMD距离高达56.74，比其他股票市场的EMD距离均大，说明该股票市场在成立之初，市场有效性程度较低。同时，我国股票市场EMD距离的方差大于许多国家，说明我国股票市场的动力学特征的波动性较大，我国股票市场的稳定性较差。

表6.1　各市场指数EMD距离统计信息表

市场指数	最高值	最低值	均值	方差
澳洲AS30指数（AS30）	18.50	4.80	7.31	4.61
奥地利ATX指数（ATX）	21.12	5.09	7.71	5.49
比利时BEL20指数（BEL20）	18.97	5.07	7.59	5.87
瑞士市场指数（SMI）	23.07	4.89	7.32	4.67
新西兰50指数（NZSE50FG）	18.33	5.10	8.12	6.59
法国CAC40指数（FCHI）	14.79	4.87	6.71	2.46
德国DAX指数（GDAXI）	18.74	4.99	7.10	3.74
中国香港特别行政区恒生指数（HSI）	19.00	5.14	7.35	4.00
日本日经225指数（N225）	34.40	5.10	7.49	7.22
荷兰AEX指数（AEX）	17.15	4.95	7.20	3.90

续表

市场指数	最高值	最低值	均值	方差
富时新加坡海峡时报指数（STI）	17.66	5.11	7.65	5.08
英国富时 100 指数（FTSE）	17.65	4.89	6.96	3.51
西班牙马德里 General 指数（MADX）	19.73	4.95	7.20	4.66
美国道琼斯工业指数（DJI）	21.29	4.73	7.60	5.01
美国纳斯达克指数（IXIC）	27.94	5.24	9.18	15.14
美国纽约证交所综合指数（NYA）	21.31	5.01	7.70	5.22
标准普尔 500 指数	18.90	4.93	7.62	4.61
阿根廷 Merval 指数（MERVAL）	21.08	5.05	7.69	5.74
中国上证综合指数	56.74	5.13	8.99	42.33
中国深成指数	34.24	5.16	8.36	14.41
埃及 HERMES 指数（HERMES）	23.73	5.53	9.27	11.06
印度 CNX Nifty 指数（NIFTY）	20.59	5.15	7.95	7.39
印度孟买 30 指数（SENSEX）	21.87	5.23	7.58	5.68
印尼雅加达综合指数（JKSE）	16.64	5.35	7.84	4.74
以色列 TA-100 指数（TA100）	17.90	5.10	7.54	4.15
韩国 KOSPI 指数（KS11）	18.45	5.03	7.38	5.13
马来西亚吉隆坡综合指数（KLSE）	23.64	5.23	8.23	7.91
墨西哥 IPC 指数（MEXBOL）	21.50	4.98	7.79	5.77
俄罗斯 Micex 指数（MCIX）	17.62	4.97	6.88	3.50
中国台湾地区加权指数（TWII）	18.25	5.16	7.03	2.68

二、基于 BG 算法的股票市场动力学特征突变研究

外部环境发生变化会导致金融市场发生结构突变并呈现出新的动力学特征，认识这些结构突变的实质有助于我们研究金融市场的演变规律。经典金融理论认为市场参与者是理性且有效率的，但行为金融学家则认为市场参与者是非

理性且低效率的，这正是导致市场泡沫及市场崩盘频发的原因。这是目前金融研究领域最重要及最大的分歧之一。适应性市场假说认为市场参与者彼此之间存在相互竞争及相互学习的适应性行为，有效市场与非理性市场仅是两种极端的市场状态，大多数情况下市场结构在两者之间做动态演化。Bernaola-Galván（2001）构建了一种启发式分割算法来探测具有非线性及非平稳性特征的人类心率变化的均值变异点。该时间序列突变检测算法是基于滑动 t 检验的思想，把非平稳时间序列分割成多个具有不同均值的平稳子序列，所得各子序列表征不同的物理背景，有效地解决了以往时间序列突变检测方法基于平稳及线性过程假设条件的问题。同时，由于该方法在分割时运用多次迭代的一分为二的算法，极大地减少了检测计算量，不仅实用性较好，而且白噪声与尖峰噪声对异常点检测结果的影响较小。本书选取显著性水平为0.05，结果如图6.2所示。

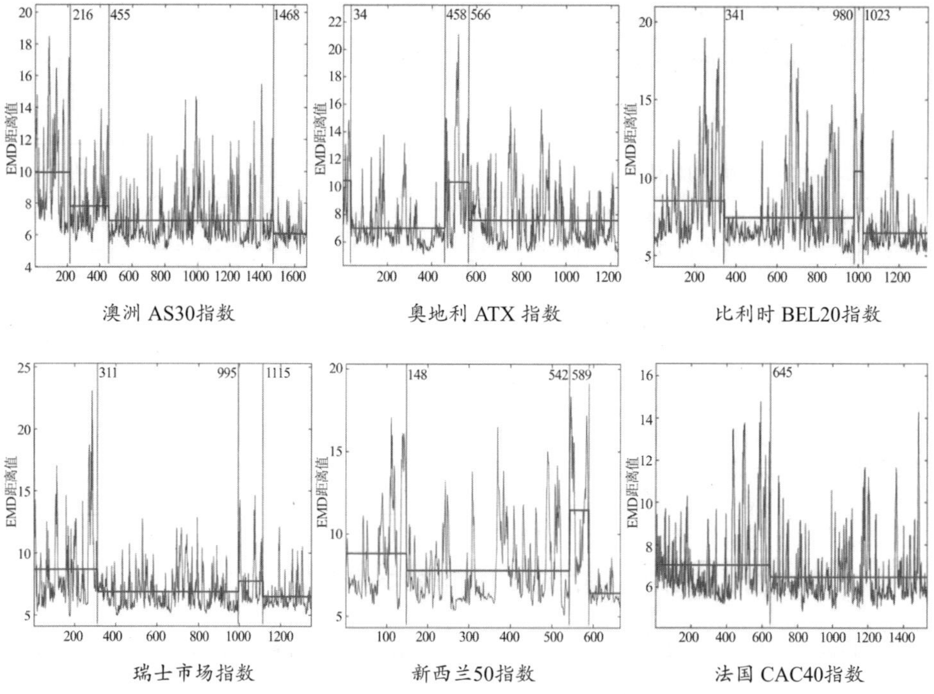

图6.2　各市场动力学特征突变 BG 算法检测结果

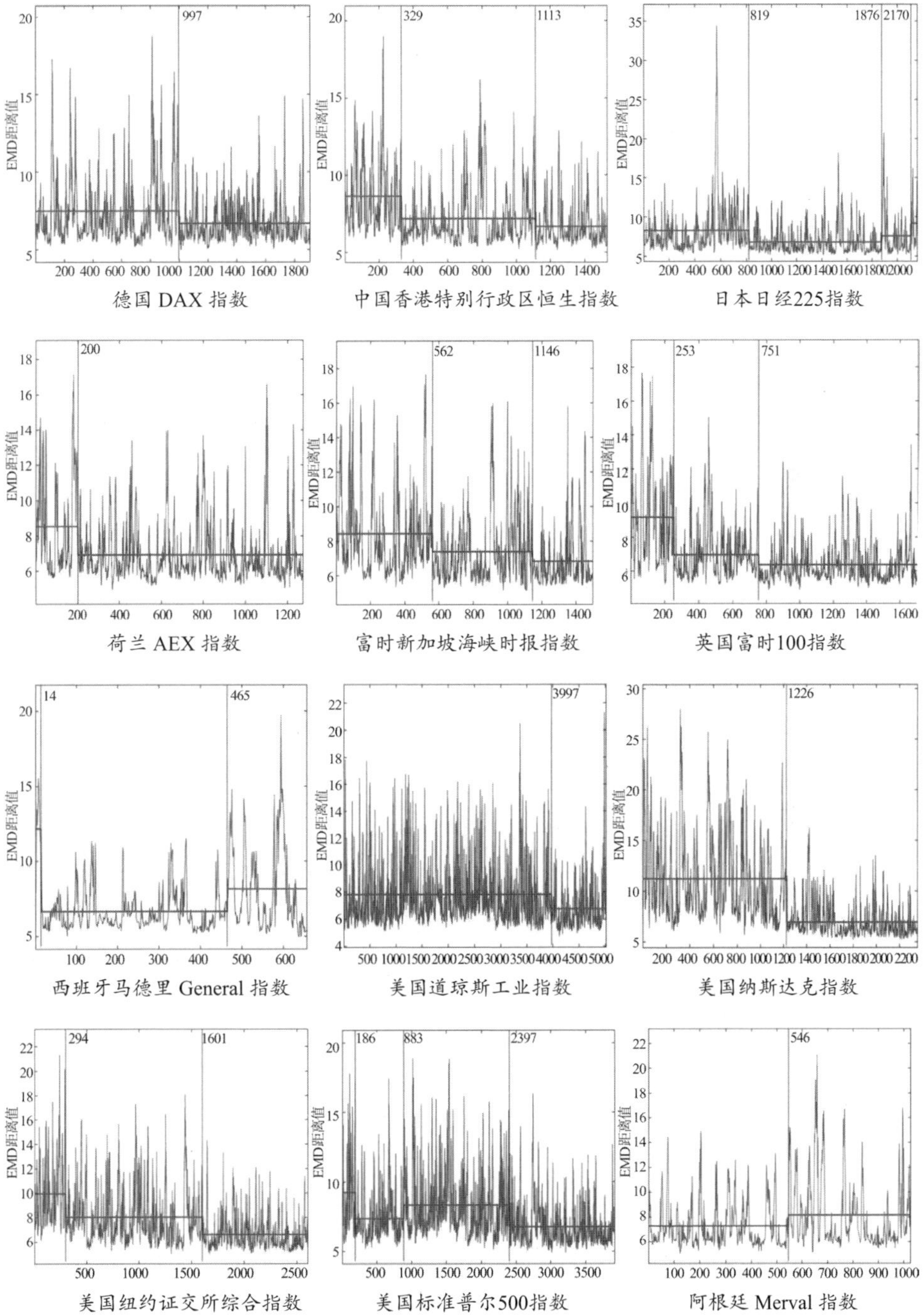

图6.2　各市场动力学特征突变 BG 算法检测结果（续）

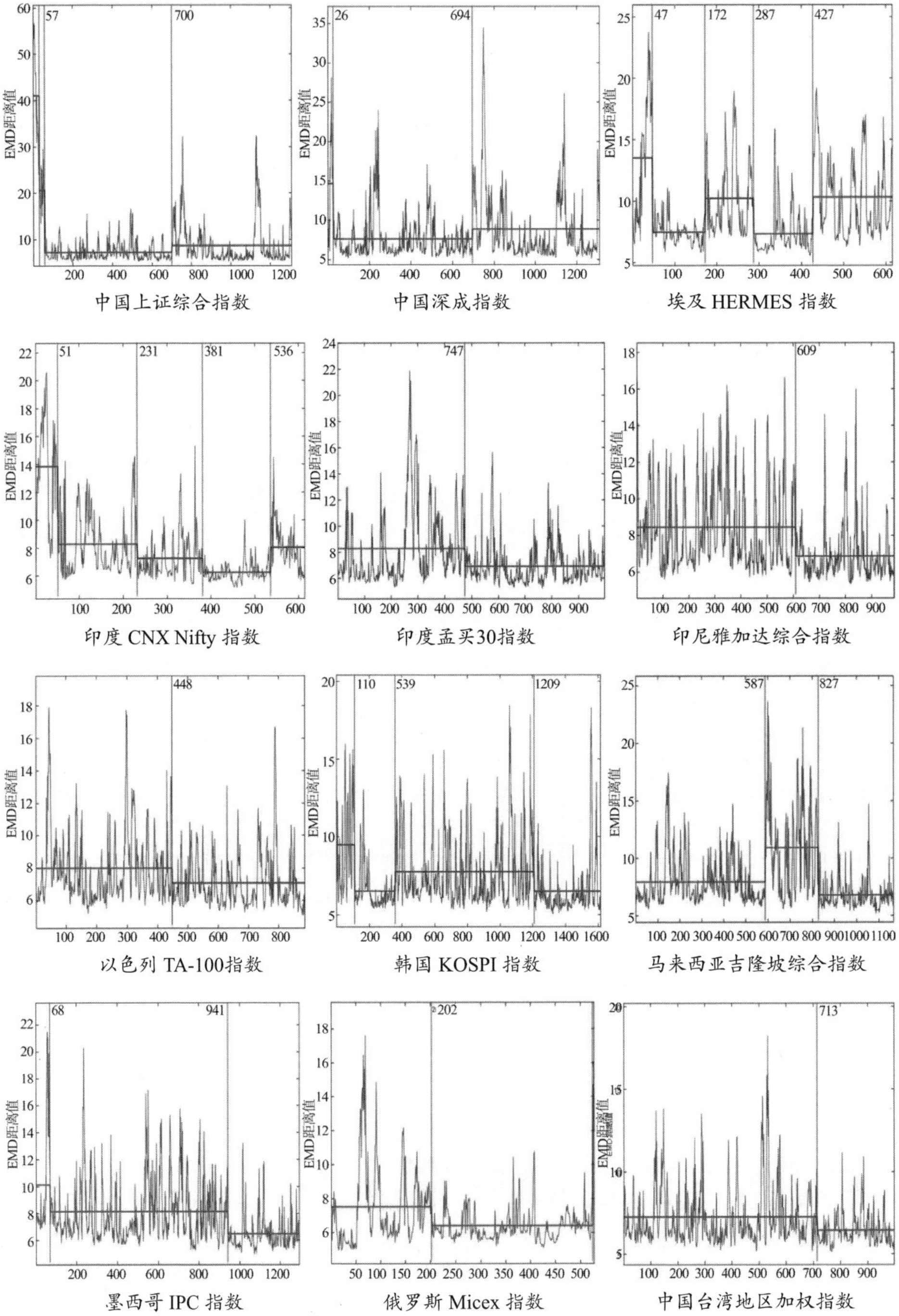

图6.2　各市场动力学特征突变 BG 算法检测结果（续）

由各市场动力学特征突变的 BG 算法检测结果可以得出结论：

（1）各市场的动力学特征均发生了均值突变，大多数市场的 EMD 距离表现出逐级下降趋势，尤其是发达国家和地区的金融市场表现得更为明显，如澳洲 AS30指数、瑞士市场指数、法国 CAC40指数、荷兰 AEX 指数、富时新加坡海峡时报指数及英国富时100指数等，表明这些股票市场的适应性进化更明显，使市场和随机系统的动力学特征越来越接近，市场有效性整体呈现出增强的发展趋势。

（2）西班牙马德里 General 指数、阿根廷 Merval 指数、中国上证综合指数及深证综合指数的 EMD 距离的均值呈现出增大现象，同大多数国家和地区股票市场的发展趋势刚好相反。

（3）在2008年金融危机发生的前后4年内，9个新兴市场国家和地区的股票市场的动力学特征发生了突变，如中国沪市结构突变发生在2005年9月、中国深市结构突变发生在2005年10月、以色列股票市场结构突变发生在2007年9月、阿根廷股票市场结构突变发生在2008年10月、韩国股票市场结构突变发生在2010年7月、印度尼西亚股票市场结构突变发生在2011年1月、马来西亚股票市场结构突变发生在2011年8月、墨西哥股票市场结构突变发生在2011年9月、俄罗斯股票市场结构突变发生在2011年9月、中国台湾地区股票市场结构突变发生在2012年12月。大多数发达国家和地区股票市场的动力学特征未发生突变，表明发达国家和地区的股票市场在金融危机发生过程中一般更加稳定。

新兴市场国家和地区的股票市场产生动力学特征突变的原因可能在于：

（1）危机发生前的2006—2007年间，全球股市都经历了一个大牛市，全球投资者情绪高涨，但新兴市场国家和地区投资者不成熟，情绪更加狂热，市场集聚了较多的泡沫，如中国大陆的股票市场。

（2）金融危机发生之后，各个国家都出台了大规模货币刺激政策，但发达经济体是去杠杆，主要是银行业瘦身，资本市场继续发展；而新兴经济体则在加杠杆，主要是银行业膨胀，资本市场受到冲击。

（3）金融危机发生之后，全球金融市场波动性增强，资产管理公司都选择逃离市场。这在新兴市场国家和地区中表现得更为突出，对金融市场资产结构改变的宏观影响是持续且重大的。

三、中国沪深 A 股市场动力学特征变化分析

通过上述分析，我们发现中国沪深 A 股市场表现出不同于其他市场的动力学特征演变行为。中国股票市场受外部环境影响较大，是典型的“政策市”。其投资者随着外部环境变化做出适应性反应，较其他市场投资者更为明显。在此部分引入统计过程控制方法对我国沪深 A 股市场动力学特征变化进行分析。统计过程控制是使用数理统计分析技术，对生产流程中的各阶段进行监控，科学地辨别出生产过程中的异常状态。研究选取1993年1月1日至2018年9月21日间的上证综合指数及深证综合指数日收盘价数据。

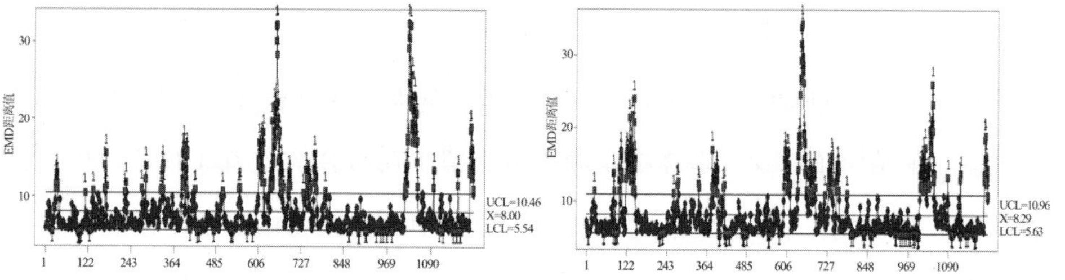

上证综合指数　　　　深证综合指数

图6.3　沪深 A 股市场动力学特征异常突变监测图

从图6.3可以看出：

（1）沪深 A 股市场动力学特征的演化行为具有较强的相似性。

（2）在2000年左右，沪深 A 股市场的动力学特征发生了异常变化。在此期间，国家正式酝酿推出创业板及新股发行方式由审批制改为核准制，导致投资者投资情绪高涨。随着市场环境的改变，投资者做出适应性反应，市场动力

学特征也相应发生变化。

（3）2004—2006年，沪深A股市场的动力学特征发生了长时间的持续异常变化。2004年中国证券市场发展的里程碑——“国九条”实施，国内主要金融机构（如沪深证券交易所及三大期货交易所等）、经济学者、证券基金从业人士、上市公司高管普遍高度评价“国九条”的积极意义，投资者做出适应性反应。在2004年2月，沪市仅4个交易日的成交量在200亿元左右，资金入场的速度和力度令人叹为观止，如沪市累计月成交量高达4 524亿元。在当时中国证券市场发展的十余年历史中，该成交量仅次于1996年6月出现“5•19”主升浪行情的成交量，但两者的成交量仅仅相差不到500亿元。随后中国A股市场出现了一波持续3年的大牛市，市场动力学特征产生了持续近3年的异常变化。

（4）在2007年至2008年，沪深A股市场的动力学结构发生了异常变化。2007年至2008年发生了全球金融危机，投资者做出适应性反应，出现恐慌性出逃，沪深A股市场出现连续暴跌，市场投资者完全失去理性，市场动力学特征出现突变。

（5）在2014至2015年间，沪深A股市场的动力学特征又一次发生剧烈异常突变。在2014年年末，券商板块的集体大幅上涨激发了市场投资者的狂热情绪，伴随着杠杆资金的大量入市，市场结构变得非常不稳定，券商股股价和市场指数的波动率急剧扩大。当市场投资者从狂热情绪中逐渐清醒，加之市场监管政策趋严时，杠杆牛市如同“多米诺骨牌”一样迅速倾覆。随后股票市场出现千股跌停、千股涨停的极端现象，市场投资者的适应性反应激烈，市场动力学特征在此阶段出现非常异常的波动。

第三节　本章小结

（1）适应性市场假说认为市场中的投资者会基于自身利益，不断地在市场中学习并且采取适应市场环境变化的策略，市场及投资者处于不断进化中，这种进化导致市场动力学特征呈现出复杂的动态性变化。本书研究发现，全球领先股票市场的动力学特征均呈现出复杂的动态变化，并且每个市场都有自己的时变特征，说明适应性市场假说相比有效性市场假说更符合股票市场的实际情况。股票市场的外部环境总是在不断变化，每个市场既处于全球整体市场环境之中，也处于各自不同的国内或地区内的市场子环境之中，变化的整体环境及不同的市场子环境会促使交易者做出不同程度的适应性变化，造成各市场的动力学特征具有波动性，而且波动特征具有差异性。

（2）研究发现，各市场的动力学特征与随机系统的动力学特征的 EMD 距离的最小值都集中在5.0左右，且差异较小，表明各市场动力学特征在适应性演化过程中与随机系统均存在着一个较为稳定的几乎相同的相似性上限，说明把股票价格序列假设成随机游走序列会存在一个稳定程度方面的错误。但各市场的动力学特征与随机系统的动力学特征的 EMD 距离的最大值却表现出较强的差异性，这说明各市场的动力学特征在适应性演化的过程中具有不同程度的波动性，不同市场对相同的外部环境变化做出的适应性反应是不一样的，所以把股票市场看成是同质性市场是不恰当的。比如我国上海股票市场在成立之初，EMD 距离高达56.74，比其他股票市场的 EMD 距离均大，说明我国股票市场在成立之初，市场有效性程度较低。同时，我国股票市场 EMD 距离的方差大于许多国家的股票市场，说明我国股票市场的动力学特征的波动性较大，我国股票市场的稳定性较差。

（3）大多数市场的EMD距离表现出逐级下降趋势，尤其是发达国家和地区的股票市场表现得更为明显，如澳洲AS30指数、瑞士市场指数、法国CAC40指数、荷兰AEX指数、富时新加坡海峡时报指数及英国富时100指数等。这表明这些股票市场的适应性进化更明显，使市场和随机系统的动力学特征越来越接近，市场有效性整体呈现出增强的发展趋势。但西班牙马德里General指数、阿根廷Merval指数、中国上证综合指数及中国深证综合指数的EMD距离的均值呈现出增大现象，同大多数国家和地区的股票市场的发展趋势刚好相反。在2008年金融危机发生前后4年内，9个新兴市场国家和地区的股票市场的动力学特征发生了突变，但大多数发达国家和地区股票市场的动力学特征未发生突变，表明发达国家和地区的股票市场在金融危机发生过程中一般更加稳定。

（4）中国沪深A股市场受外部环境影响较大，是典型的“政策市”。其投资者随着外部环境变化做出适应性反应，较其他市场的投资者更为明显。中国沪深A股市场在国家出台较大影响力政策或者市场环境发生重大变化时，市场动力学特征都会发生非常明显的异常突变，如在2000年左右，正式酝酿推出创业板及新股发行方式由审批制改为核准制；2004年中国证券市场发展的里程碑——“国九条”实施；2007—2008年发生全球金融危机；2014—2015年市场强力去杆杆及市场管理政策趋严等，投资者都会做出较强的适应性反应，沪深A股市场的动力学特征发生异常突变。

第七章　金融危机发生期间危机传染及股市动力学特征联动研究

第一节　引　言

1987年10月19日道琼斯工业平均指数暴跌，随即全球主要股票市场均受到影响，加拿大、日本、德国及英国等国的股票市场相继发生暴跌。1994年墨西哥金融危机中，随着墨西哥股票市场大幅下跌，拉丁美洲多国股票市场受到冲击。发生在21世纪初的美国互联网泡沫危机，使纳斯达克指数跌幅高达78%，全球股票市场尤其是科技股普遍大幅下跌。2008年由美国次贷危机所引发的全球金融危机，持续时间之长、波及范围之广世所罕见，导致金融危机传染问题引发学界及实践界的高度关注。随着经济全球化、金融一体化及金融自由化发展的不断深入，金融危机发生的频度和影响的深度不断加大，金融危机传染逐渐成为金融领域的一个焦点和难点，对此问题的理论及实证方面的研究成果大量涌现。但目前关于金融危机传染的研究大多遵循线性研究范式，然而全球金融市场所面临的风险及联动关系日渐复杂，金融市场之间的联动关系并非线性关系，各市场之间的联动表现出复杂性、突变性及动态演化性等特征。学者们对金融危机传染问题在研究方法上存在不足，未能有效解析出金融危机传染的复杂非线性特征，所以无论从理论研究还是从实践意义上来看，尝试从非线性复杂性科学视角对金融危机传染问题开展研究具有一定的必要性和可行性。金融市场是一个复杂系统已经得到学术界的普遍认可，各国金融市场可以看成具有不同动力学特征的复杂系统，对金融危机传染过程中金融市场动力学特征的动态演化及各金融市场动力学特征的联动模式进行研究，有助于解析出金融危机传染的微观机制，深化对金融危机传染过程的认识，丰富金融危机传染问题的理论及实证方法。

第二节　相关工作

金融危机传染是在20世纪90年代基于医学疾病传染概念所产生的一个新金融概念，是指一个国家或地区发生金融危机会快速扩散到其他国家或地区，市场之间的联动性逐渐增强，进而演变成一个全球性或区域性金融危机的现象。学者们最早注意到金融危机传染这一现象是在1992—1993年，当时发生了欧洲货币危机。经典金融理论模型无法解释这一危机蔓延的现象，需要构建一个新的理论框架体系来解释这一现象，金融危机传染的概念因研究的现实需求而逐渐形成。1997年亚洲金融危机之后，金融危机传染正式成为一个金融学术专用词。关于金融危机传染并无统一定义，但各定义本质上都认为是金融危机发生期间各市场超过基本面相关而存在的过度相关（Corsetti et al.，2005）。目前，金融危机传染问题是金融危机理论的一个重要组成部分，主要研究的问题是金融危机在国家或地区之间如何进行扩散。早期对该问题的研究主要集中在由国家或地区之间存在的关联渠道去探寻金融危机传染的机制，主要集中在对两类渠道的探讨：贸易渠道传染（Kaminsky et al.，1998；Glick et al.，1998；黄薇，2001）、金融渠道传染（Kodres et al.，2002；Rijckeghem et al.，2005；Allen et al.，2006；Rothenberg et al.，2011；宋海燕，2003；杨柳勇 等，2012）。随着

20世纪八九十年代行为金融理论的形成及发展，投资者行为逐渐被引入金融危机传染问题研究中（Kyle et al.，2001；Kumar et al.，2002；张一 等，2016；万蕤叶 等，2018）。在现有研究文献中，对金融危机传染问题研究得最为广泛的是检验金融危机传染性及测度传染程度：基于相关系数（King et al.，1990）；基于 DCC-GARCH 模型的相关系数的动态变化（Syriopoulos et al.，2015；贾凯威，2014）；基于 GARCH 族模型对收益率波动进行建模（赵华，2009）；基于 Copula 方法（Rodriguez，2007；Ye et al.，2012；Jayech，2016；叶五一 等，2014）；基于分位数回归模型（Baur et al.，2005；Baur，2013；Ye et al.，2016；叶五一 等，2007，2012）；基于极值理论（Chen et al.，2015；林宇 等，2010；郭立甫 等，2013）。总的来说，关于金融危机传染检验问题的研究成果多，研究也较为成熟。但由于构建模型的假设的合理性及使用范围的约束，相关研究通常只注重金融危机传染某一方面的特征，研究结果会因模型构建缺陷而导致金融危机传染被高估或低估，且线性研究范式未能有效解析出金融危机传染的非线性特征。

金融市场是一个复杂系统已经得到学术界的普遍认可。本书引入复杂性理论及复杂网络方法对金融危机传染问题进行研究，首先使用本书第五章中构建的股票市场动力学特征相似性度量方法，之后使用符号时间序列分析思想，将股票市场联动情况进行符号化处理，再粗粒化为由5个符号组成的联动模式，由联动模式之间的转化关系构建联动模式有向加权复杂网络，探究金融危机传染的内在微观机制。该方法的优点在于：

（1）可以通过对股市复杂系统所产生的一维时间序列进行相空间重构，还原出股市复杂系统的高维特征属性，对股市复杂系统进行分析不需要很多的辅助指标数据。

（2）能较好地解析股市复杂系统的非线性特征，同时以数据驱动建模思想进行分析，能够有效地避免模型假设不适当、模型设计存在缺陷的问题。金融危机这类极端事件会导致市场动力学特征发生异常突变，市场动力学特征会表现出异常时变演化行为。将不同股票市场视作不同的复杂动力学系统，研究不同市场间动力学特征演化及动力学特征联动模式变化，能够更有效地解析危机传染的非线性特征及探究金融危机传染的内在微观机制。

第三节　构建市场动力学特征联动模式复杂网络方法

目前，对金融危机发生期间股票市场动力学特征的联动模式演化行为鲜有研究涉及，本书采用符号时间序列的处理思想对各股票市场 EMD 序列的对数收益率序列进行符号化处理，再粗粒化成由5个符号所组成的联动模式，由联动模式之间的转化关系构建股市动力学特征联动模式有向加权复杂网络。由于2008年金融危机起源于美国次贷危机，所以本书主要研究其他市场指数与美国标准普尔500指数之间的联动行为模式。假如其他市场指数和美国标准普尔500指数与随机游走序列的 EMD 距离同向变动，则这些市场指数与美国标准普尔500指数之间存在同向联动行为；反之，这些市场指数与美国标准普尔500指数之间存在反向联动行为。由于国际整体宏观经济环境及每个国家或地区特有的经济环境都处于不断变化之中，同时，市场投资者的群体情绪也在不断变化，导致市场之间的动力学特征的联动行为模式也处于复杂的变化之中。本书通过构建股票市场动力学特征联动模式的有向加权复杂网络来分析股票市场之间的非线性相依关系。分析2007—2011年金融危机（发生了美国次贷危机及欧债危机，此次危机持续时间长、影响范围广）发生期间股票市场动力学特征演化及联动模式变化，将时间分割成危机前、次贷危机及欧债危机这3个阶段，分别构建各时间段内的市场动力学特征联动模式有向加权复杂网络，并通过复杂网络的一些统计特征及重要节点组成的变化来分析金融危机在各阶段市场联动模式结构的变化，具体分三步来实现：

第一步：计算各市场指数的 EMD 距离序列的对数收益率。为了减少噪音的影响，当对数收益率的绝对值小于0.5% 时，股票市场动力学特征变化非常小，可以认为市场动力学特征并未发生变化，把收益率记为0。

第二步：使用符号时间序列分析的思想，把美国标准普尔500指数与其他市场指数的动力学特征联动模式进行符号化表示。具体符号化的操作方法是：假设美国标准普尔500指数在 t 时期的 EMD 距离的对数收益率为 R_t，其他市场指数在 t 时期的 EMD 距离的对数收益率为 r_t，则其他市场指数在 t 时期与美国标准普尔500指数在 $t-1$时期的联动符号 F_t 按照如下规则确定：

$$F_t=\begin{cases}2, & r_t\times R_{t-1}>0\\1, & r_t\times R_{t-1}=0\\0, & r_t\times R_{t-1}<0\end{cases}$$

第三步：联动符号的粗粒化处理。因为股票市场一周的交易天数为5天，所以我们把股票市场联动模式设计成由5个符号所组成的联动模式，这样总共就有243个联动模式。

第四步：构建联动模式的有向加权复杂网络。把联动模式当成复杂网络的节点，把一种模式转换为另外一种模式的次数作为权重。对联动模式复杂网络的分析重点关注模式节点的度（包含点入度及点出度）、网络聚类系数、平均距离及中介中心性，这些指标分别用于描述联动模式节点的重要性、联动模式的聚集性、联动模式的转换及变迁等方面的特性。

第四节　数据分析

一、数据采集

分析2007—2011年金融危机，一是因为此次危机持续时间长、波及范围大；二是许多发展中国家的股票市场在20世纪90年代以后才陆续建立，分析此次金融危机的数据较为充分。从国泰安金融数据库中收集了澳洲 AS30指数（AS30）、奥地利 ATX 指数（ATX）、比利时 BEL20指数（BEL20）、瑞士市场指数（SMI）、新西兰50指数（NZSE50FG）、法国 CAC40指数（FCHI）、德国 DAX 指数（GDAXI）、中国香港特别行政区恒生指数（HSI）、日本日经225指数（N225）、荷兰 AEX 指数（AEX）、富时新加坡海峡时报指数（STI）、英国富时100指数（FTSE）、西班牙马德里 General 指数（MADX）、美国道琼斯工业指数（DJI）、美国纳斯达克指数（IXIC）、美国纽约证交所综合指数（NYA）、标准普尔500指数、阿根廷 Merval 指数（MERVAL）、中国上证综合指数、中国深成指数、印度 CNX Nifty 指数（NIFTY）、印度孟买30指数（SENSEX）、印尼雅加达综合指数（JKSE）、以色列 TA-100指数（TA100）、韩国 KOSPI 指数（KS11）、马来西亚吉隆坡综合指数（KLSE）、墨西哥 IPC 指数（MEXBOL）、中国台湾地区加权指数（TWII）共28个全球股市主要市场指数。采集从2004年1月1日至2011年12月31日的市场指数日收盘价格。将时间分成3个时间段：危机前（2004年1月1日至2007年4月2日，2007年4月2日是美国最大次级贷公司——新世纪金融公司破产申请破产的时间，将其作为此次金融危机开始的时间）、次贷危机（2007年4月3日至2009年5月31日，这段时间主要是由美国次贷危机引发全球金融市场动荡，2009年6月以后欧债危机开始发生）、欧债危机（2009年6月1日至2011年12月31日）。使用 Matlab 软件生成一个长度为1 000的满足对数正态分布的随机时间序列，作为各市场动力学特征相似度的比较基础。使用在本书第五章中基于高斯函数递归图及递归图纹理相似性度量方法——EMD 距离构建的股票市场动力学特征相似度度量方法，对2007—2011年金融危机发生期间全球股市中28个主要市场指数的动力学特征的动态演化及联动模式进行分析。

二、危机发生期间股票市场动力学特征演化及突变分析

统计过程控制（Statistical Process Control，SPC）是指运用数理统计分析技术，对生产流程中的各阶段进行监控，科学地辨别出生产过程中的异常状态。本书引入统计过程控制方法对危机发生期间金融市场动力学的特征演变进行分析。各股票市场动力学特征异常突变监测结果，如图7.1所示。

从图7.1可以看出：

（1）总体来说，在2007—2008年间各股票市场的动力学特征都发生了较为明显的异常突变，而2009—2011年各股票市场的动力学特征则发生了持续性突变，说明危机发生期间股票市场的动力学特征受外部事件驱动会产生异常突变。另外，经历美国次贷危机引发的全球金融动荡之后，各国股票市场的稳定性受到冲击。欧债危机发生期间市场动力学特征的异常突变尽管不像2007—2008年危机期间那样剧烈，但却出现持续性异常突变，市场结构变得更为脆弱。市场的实际情况是欧债危机发生期间，全球股票市场出现持续性急涨急跌的极端现象。

（2）有部分国家的股票市场动力学特征在2005年发生了突变，这是因为部分国家在此时间段出现了一波大牛市行情。如日本股票市场的动力学特征在2005年出现非常剧烈的异常突变，实际情况是日本股市在1989年12月，日经255指数创下历史新高38 915点，随后日本股市出现暴跌，之后日本股市经历了漫长的熊市，直到2005年日本股市才出现反弹。印度股票市场动力学特征在2005年也发生了明显的异常突变。2004年年初印度 GDP 有明显提速的迹象，2005年印度股票市场出现暴涨，出现一波大牛市行情。这说明了本书构建的股票市场动力学特征异常突变监测方法能够有效监测到市场结构的变化。

（3）中国上证综指及中国深成指表现出非常相似的动力学特征演化规律，2006—2008年两市的动力学特征发生明显突变。市场的实际情况是2006年我国

沪深两市经历了一波大牛市，积累了较大泡沫，同时受2007—2008年美国次贷危机的影响，市场出现暴跌。

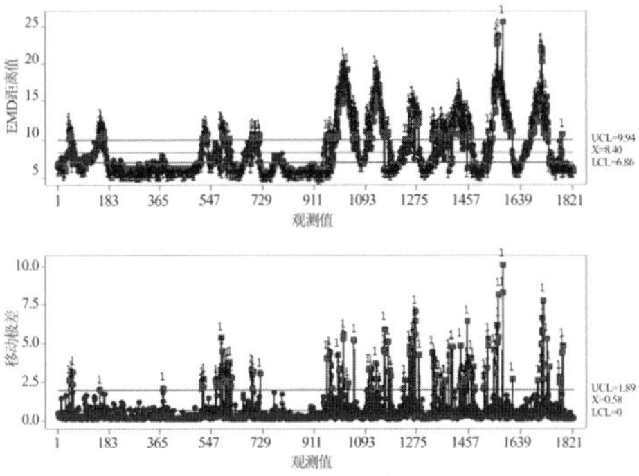

阿根廷 Merval 指数

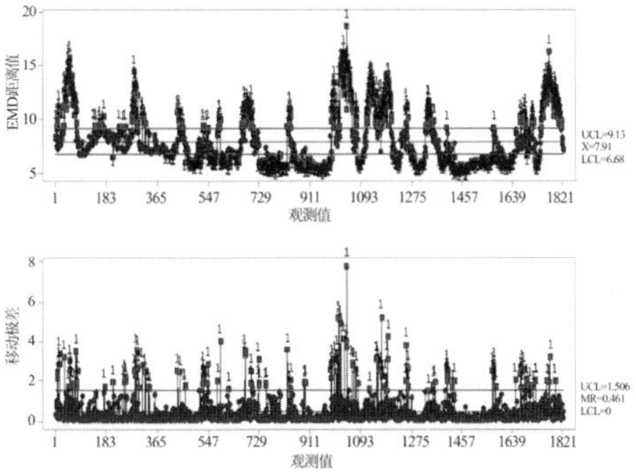

奥地利 ATX 指数

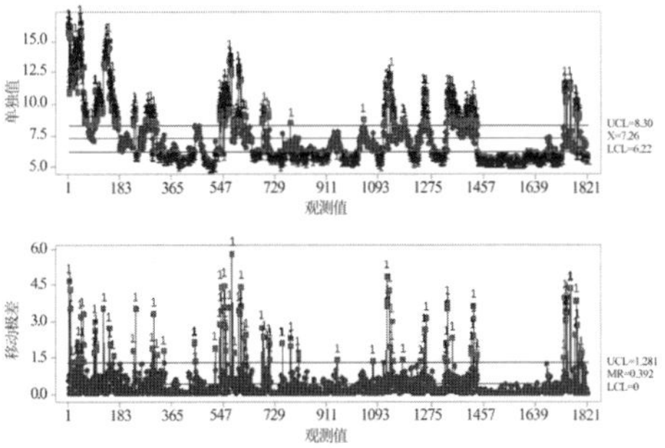

澳洲 AS30指数（AS30）

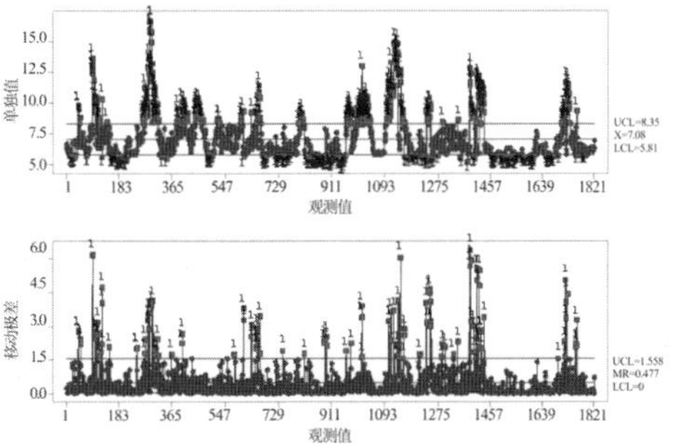

巴西 BOVESPA 指数

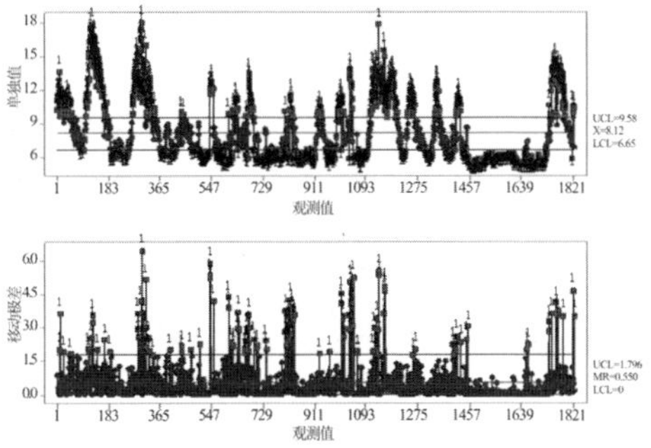

比利时 BEL20指数

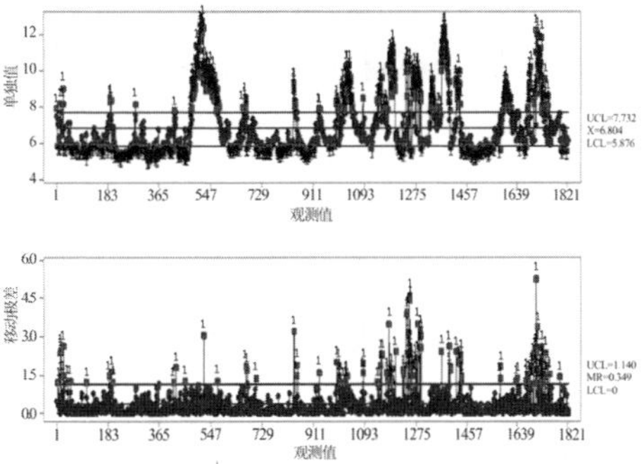

标准普尔500指数

图7.1　2007—2011年金融危机发生期间市场动力学特征异常突变监测

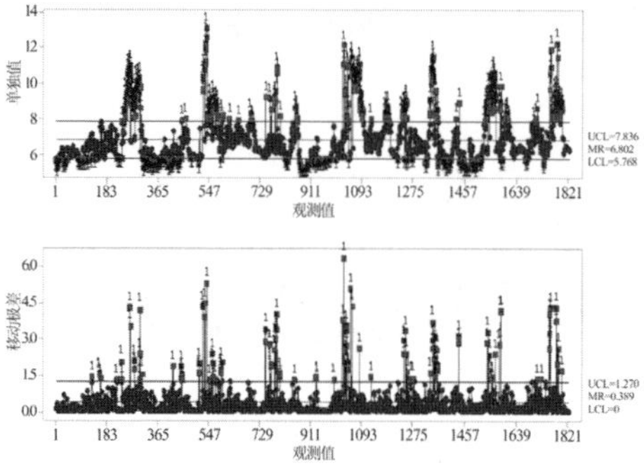

德国 DAX 指数

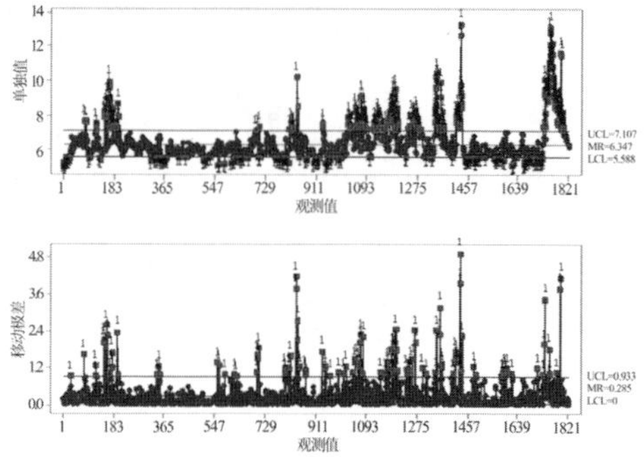

法国 CAC40指数

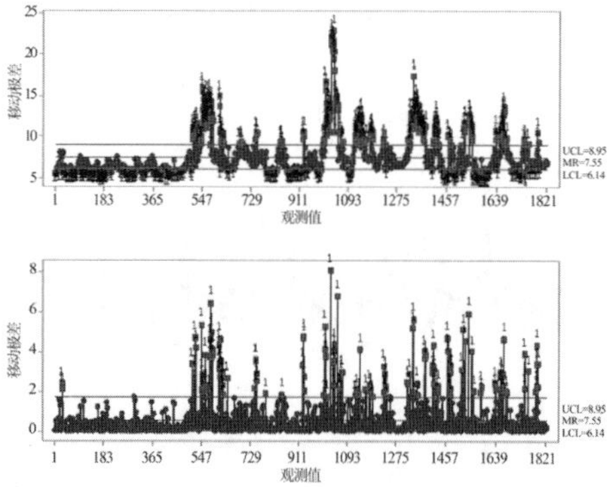

富时新加坡海峡时报指数

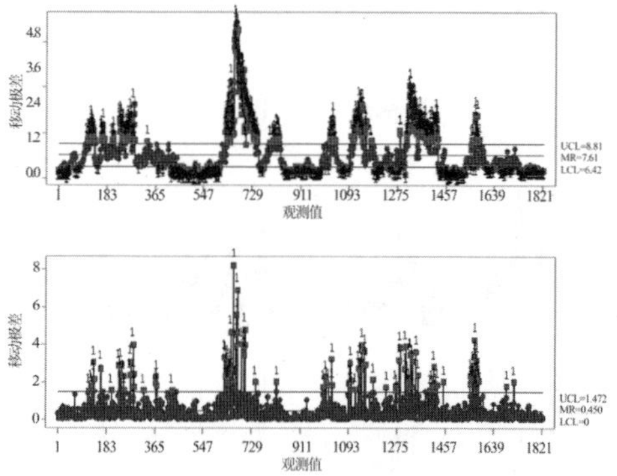

韩国 KOSPI 指数

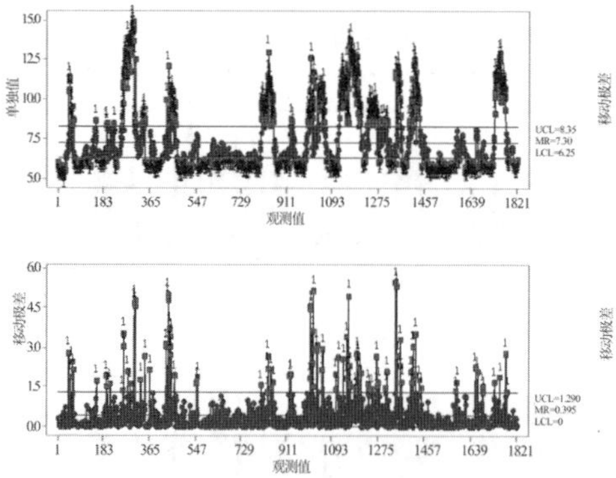

荷兰 AEX 指数

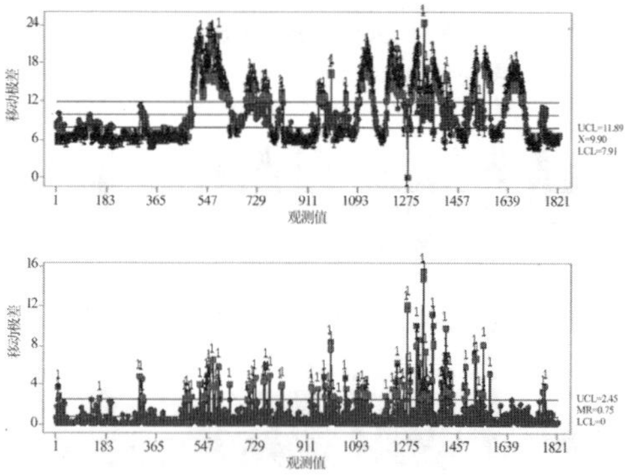

马来西亚吉隆坡综合指数

图7.1 2007—2011年金融危机发生期间市场动力学特征异常突变监测（续）

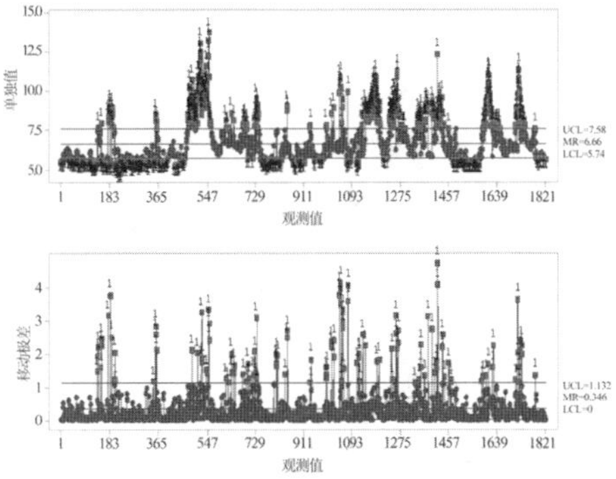

美国道琼斯工业指数

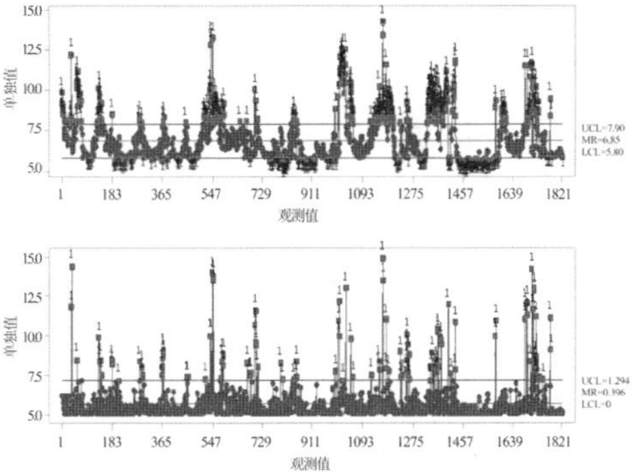

美国纽约证交所综合指数

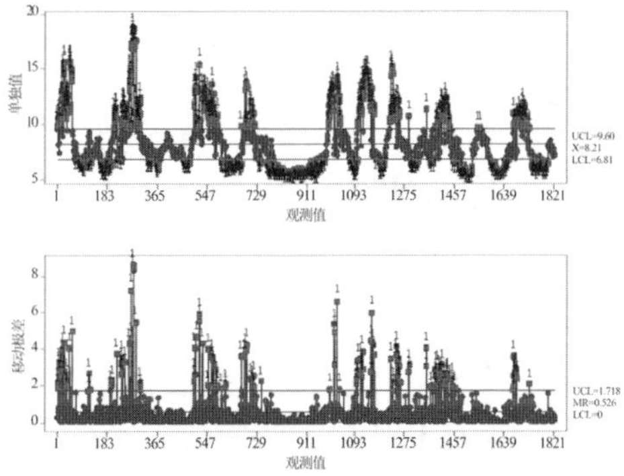

墨西哥 IPC 指数

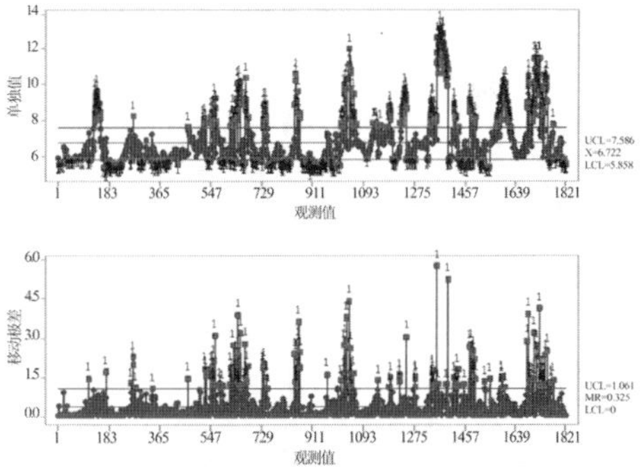

美国纳斯达克指数

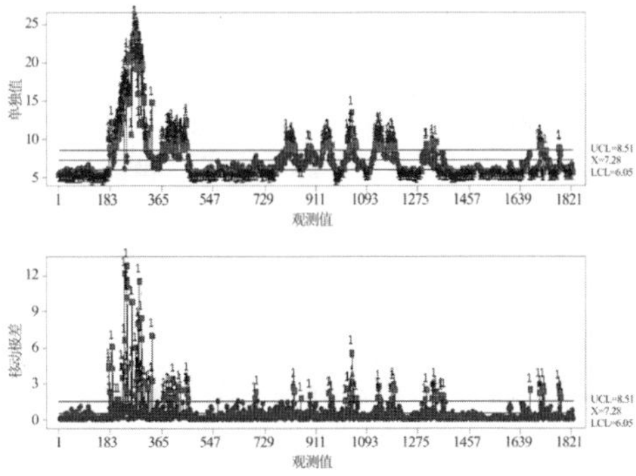

日本日经225指数

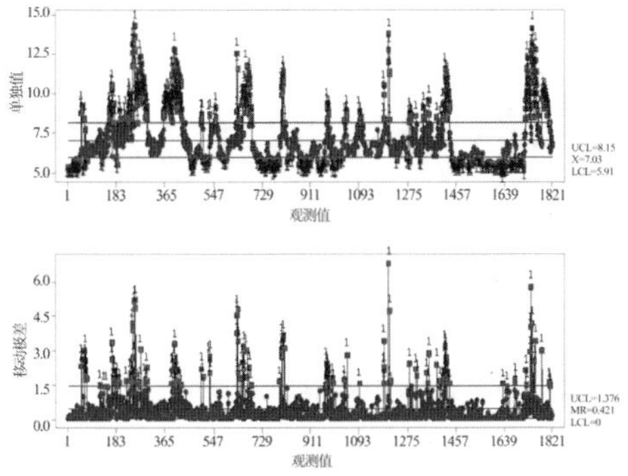

瑞士市场指数

图7.1　2007—2011年金融危机发生期间市场动力学特征异常突变监测（续）

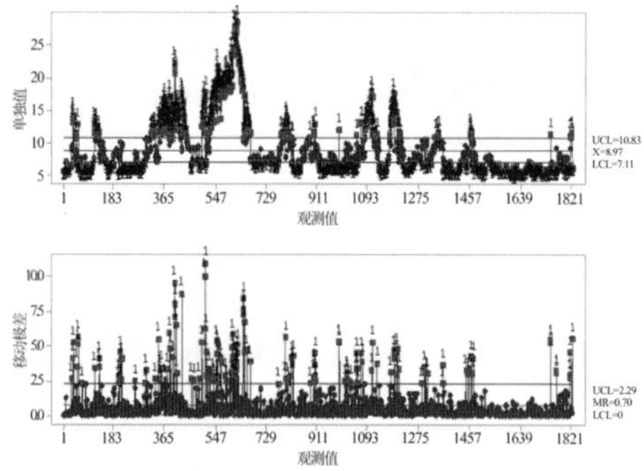

中国上证综合指数

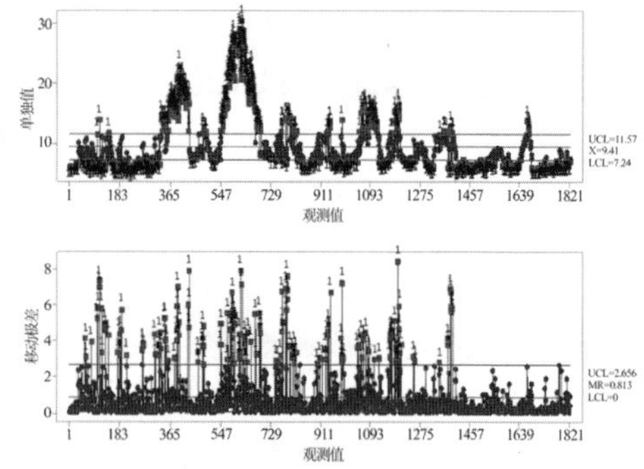

中国深成指数

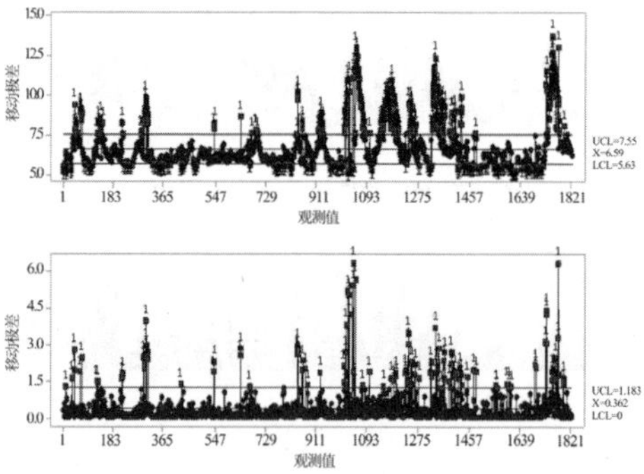

新西兰50指数

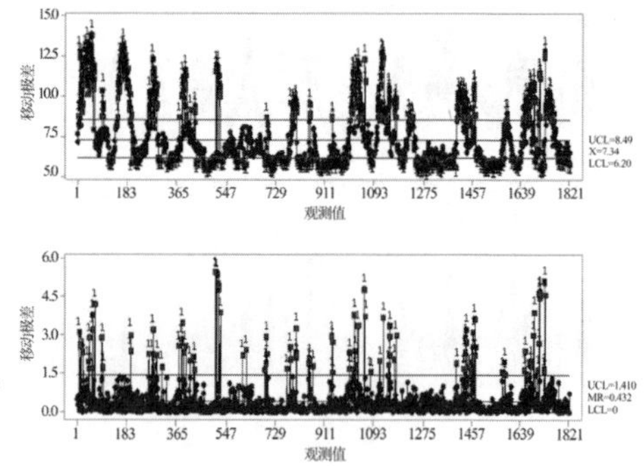

以色列 TA-100指数

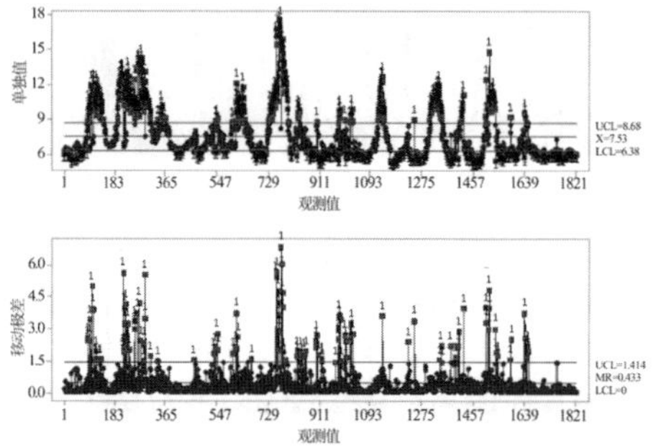

印度 CNX Nifty 指数

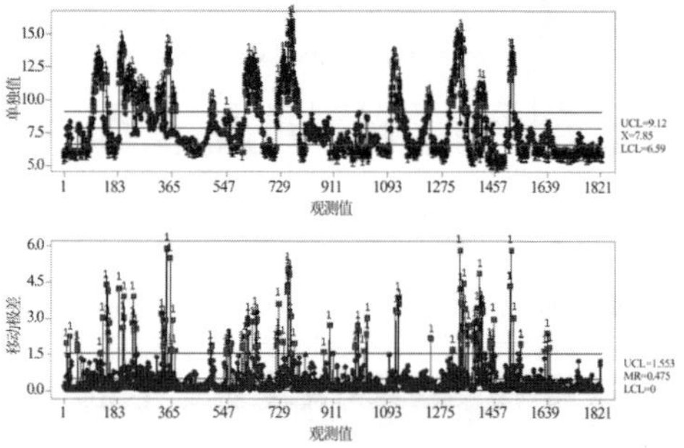

印度孟买30指数

图7.1　2007—2011年金融危机发生期间市场动力学特征异常突变监测（续）

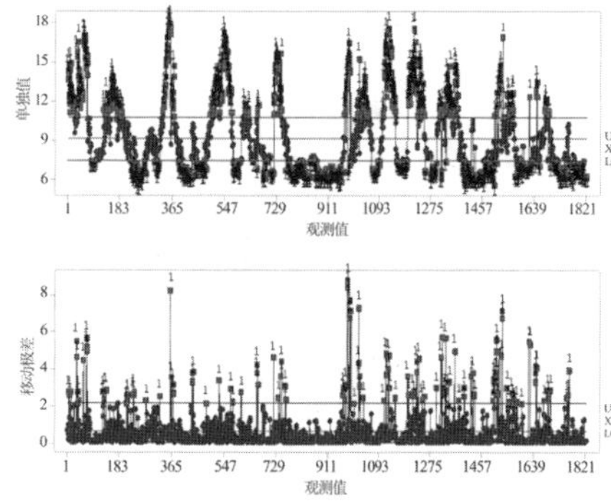

印尼雅加达综合指数

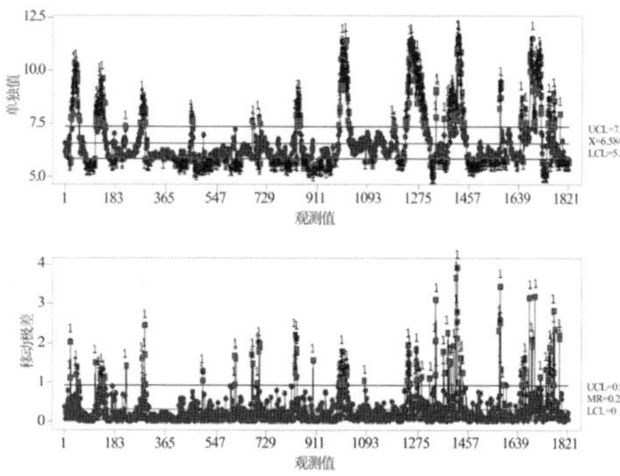

英国富时100指数

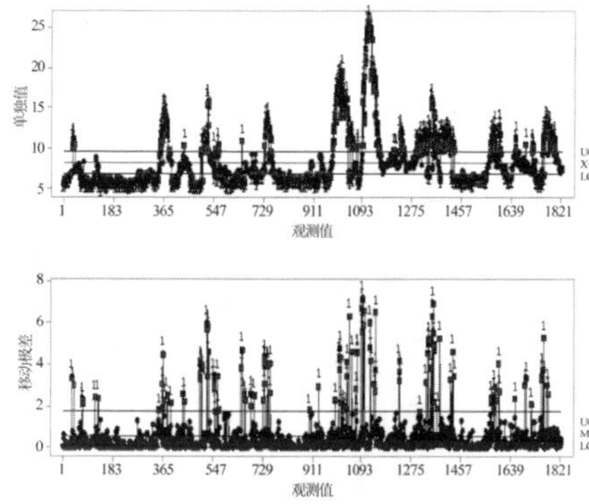

中国台湾地区加权指数

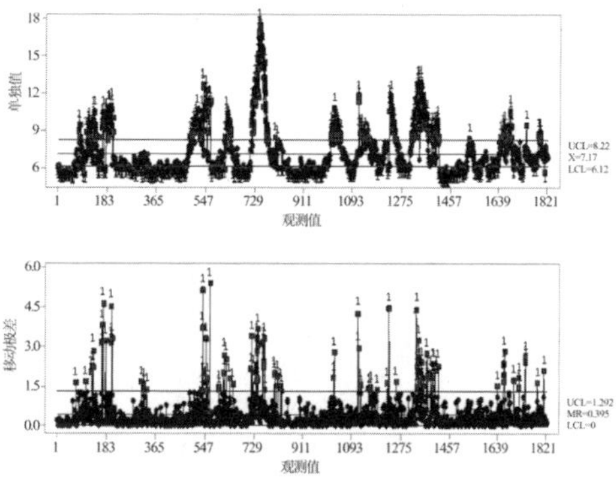

中国香港特别行政区恒生指数

图7.1　2007—2011年金融危机发生期间市场动力学特征异常突变监测（续）

三、危机发生期间市场动力学特征联动模式复杂网络分析

使用本书第五章中构建的股票市场动力学特征相似性度量方法及本章第二节中构建的股票市场动力学特征联动模式复杂网络方法，构建危机发生前、次贷危机及欧债危机发生期间美国股票市场与其他国家股票市场的动力学特征联动模式复杂网络。由于本书篇幅有限，在正文中仅列出德国 DAX 指数、富时新加坡海峡时报指数、美国道琼斯工业指数、中国深成指数及印尼雅加达综合指数与美国标准普尔500指数在3个阶段的联动模式复杂网络，结果如图7.2所示，其他国家和地区股市与美国标准普尔500指数的联动模式复杂网络图，见本书附录 A。

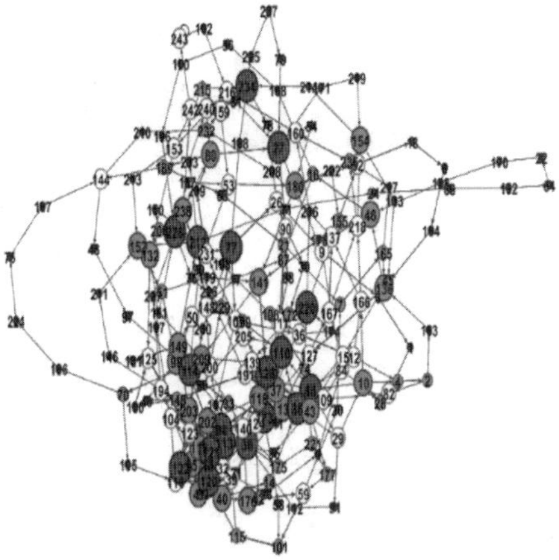

危机发生前的德国 DAX 指数

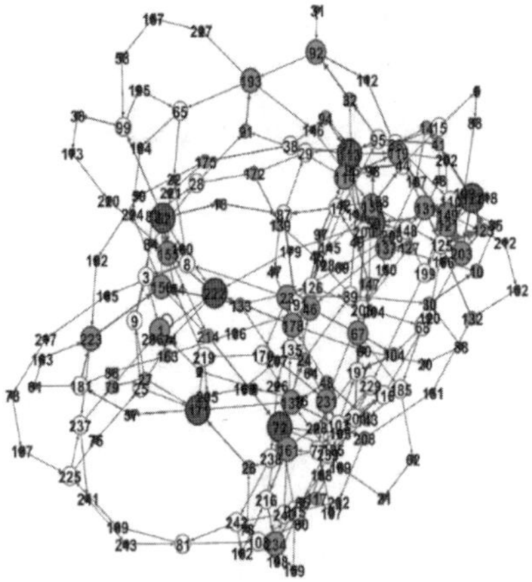

次贷危机发生期间的德国 DAX 指数

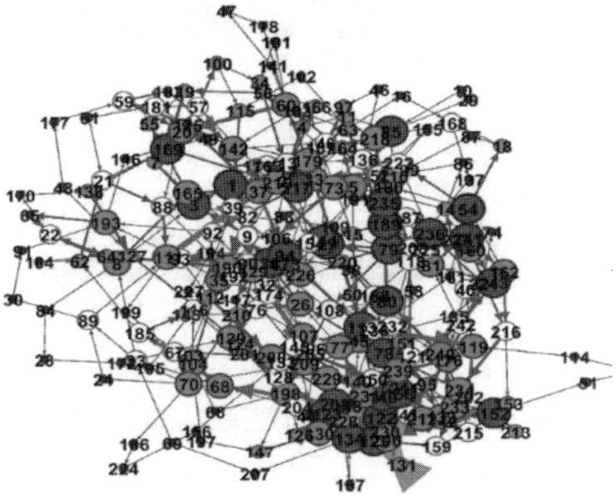

欧债危机发生期间的德国 DAX 指数

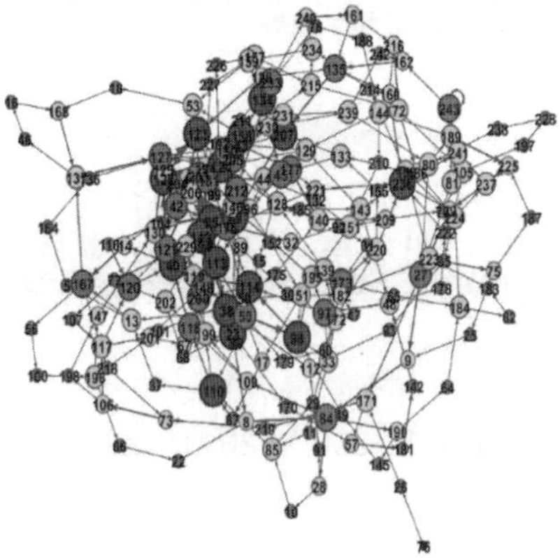

危机发生前的富时新加坡海峡时报指数

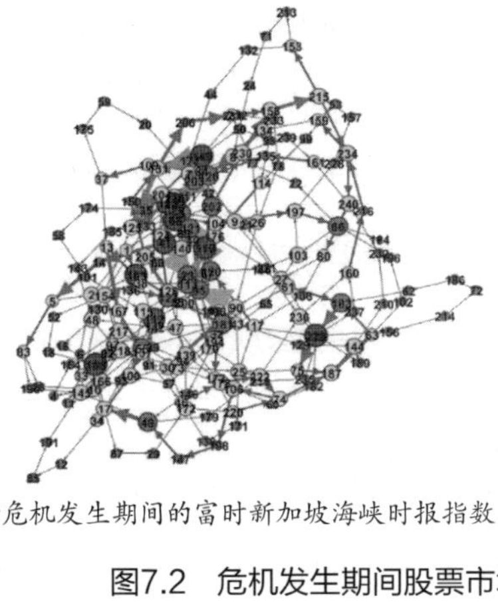

次贷危机发生期间的富时新加坡海峡时报指数

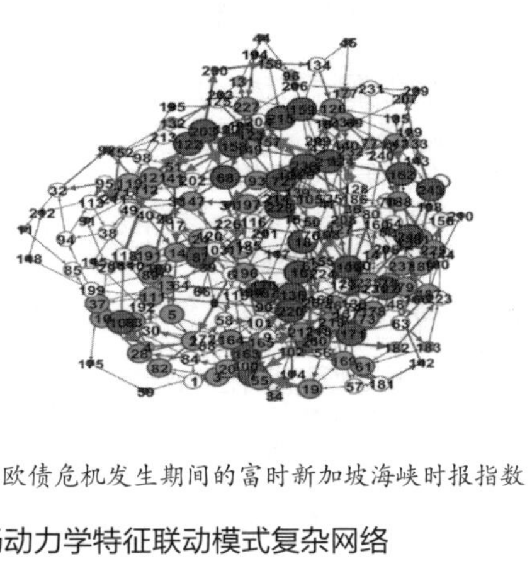

欧债危机发生期间的富时新加坡海峡时报指数

图7.2　危机发生期间股票市场动力学特征联动模式复杂网络

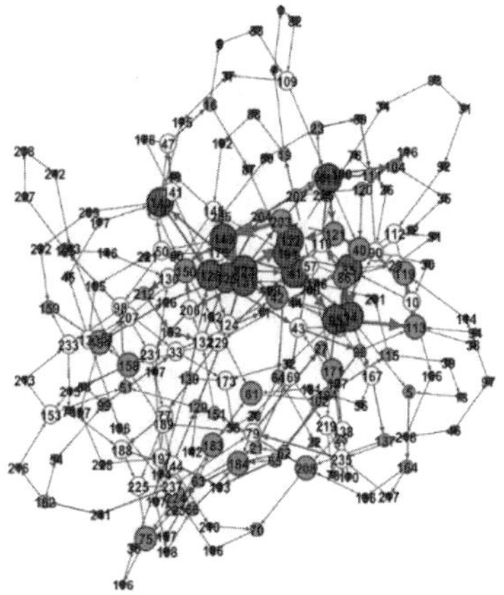

危机发生前的美国道琼斯工业指数

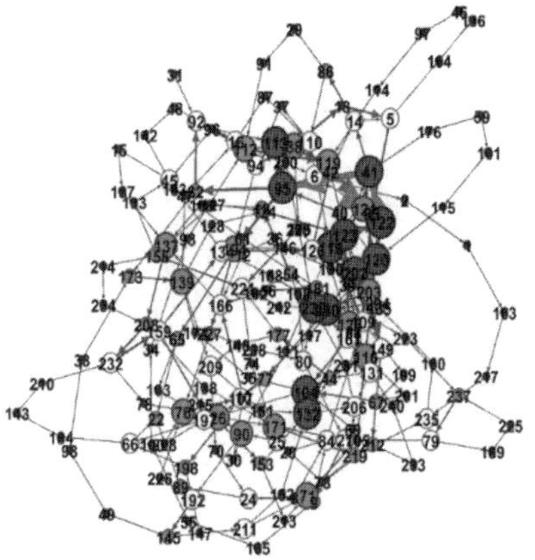

次贷危机发生期间的美国道琼斯工业指数

欧债危机发生期间的美国道琼斯指数

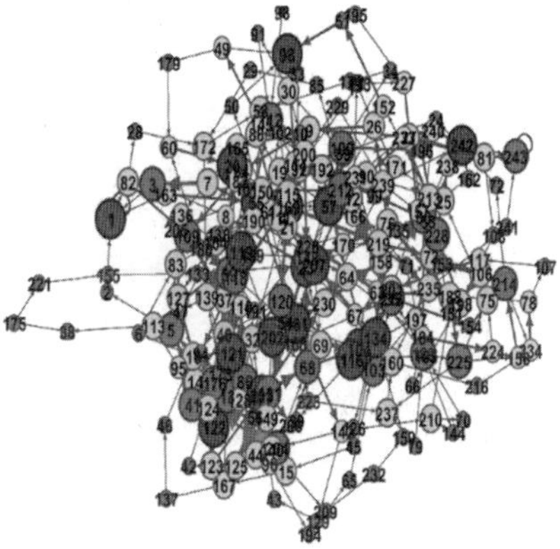

危机发生前的中国深成指数

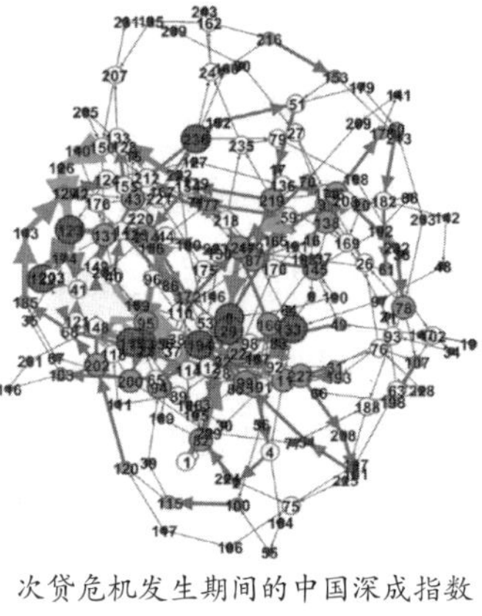

次贷危机发生期间的中国深成指数

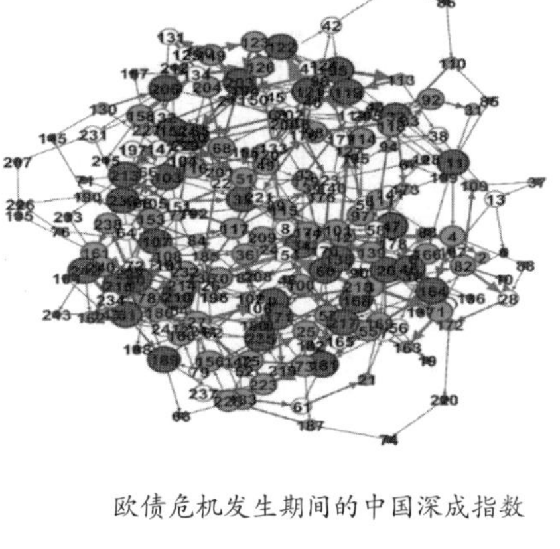

欧债危机发生期间的中国深成指数

图7.2　危机发生期间股票市场动力学特征联动模式复杂网络（续）

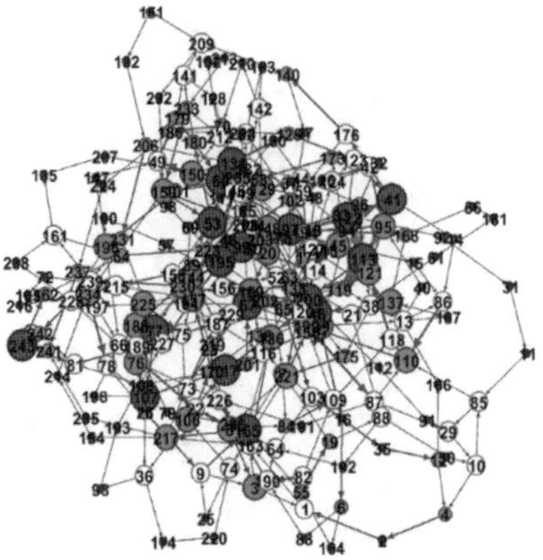

危机发生前的印尼雅加达综合指数

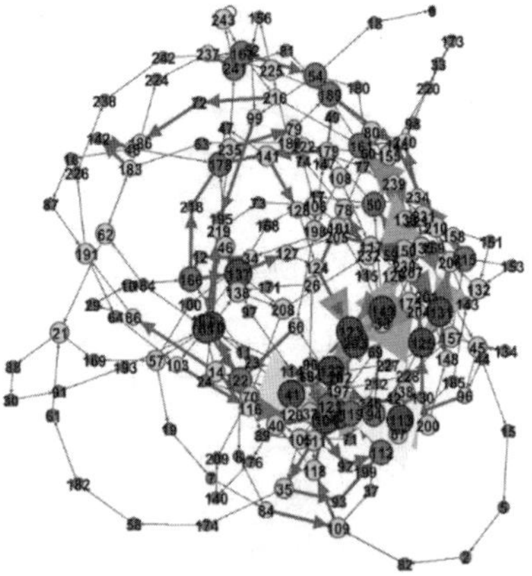

次贷危机发生期间的印尼雅加达综合指数

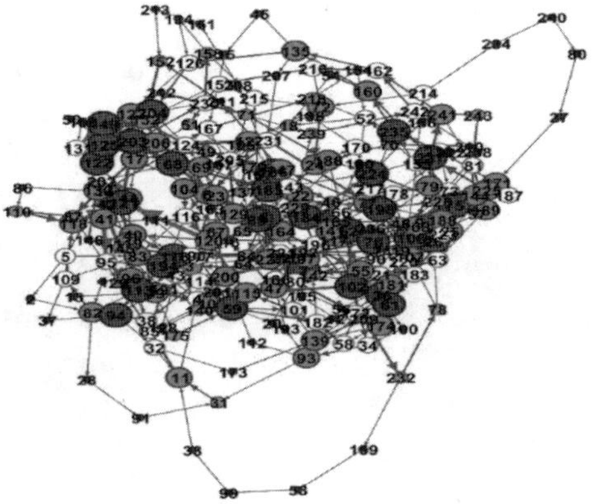

欧债危机发生期间的印尼雅加达综合指数

图7.2　危机发生期间股票市场动力学特征联动模式复杂网络（续）

从图7.2可以直观地看出，各股票市场指数与美国标准普尔500指数的动力学特征联动模式的复杂网络结构具有较大的差异，并且在金融危机发生前、次贷危机及欧债危机发生期间，每个股票市场指数与美国标准普尔500指数的动力学特征的重要联动模式节点组成也具有明显差异。图7.2中的节点记号数值是把联动模式看成是一个五位数的三进制数字加1所得到的十进制数，联动模式记号则与1~243之间的数字一一对应。首先我们分析一下危机发生前、次贷危机及欧债危机发生期间股票市场动力学特征联动模式复杂网络的整体结构特征，如表7.1所示。

表7.1　股票市场联动模式复杂网络整体结构特征指标值

市场指数	网络直径			模块化		
	危机发生前	次贷危机发生期间	欧债危机发生期间	危机发生前	次贷危机发生期间	欧债危机发生期间
阿根廷 Merval 指数（MERVAL）	18	20	15	0.597	0.663	0.607
奥地利 ATX 指数（ATX）	17	18	14	0.623	0.612	0.615
澳洲 AS30 指数（AS30）	18	27	16	0.602	0.644	0.622
巴西 BOVESPA 指数（IBOV）	18	20	14	0.592	0.652	0.62
比利时 BEL20 指数（BEL20）	16	16	15	0.62	0.617	0.611
德国 DAX 指数（GDAXI）	20	19	15	0.626	0.64	0.62
法国 CAC40 指数（FCHI）	20	18	14	0.604	0.626	0.609
富时新加坡海峡时报指数（STI）	16	21	14	0.613	0.652	0.605
韩国 KOSPI 指数（KS11）	17	18	15	0.612	0.619	0.608
荷兰 AEX 指数	19	20	13	0.629	0.642	0.607
马来西亚吉隆坡综合指数（KLSE）	18	18	15	0.636	0.62	0.6
美国道琼斯工业指数（DJI）	18	20	13	0.634	0.625	0.61
美国纽约证交所综合指数（NYA）	16	19	15	0.613	0.643	0.611
墨西哥 IPC 指数（MEXBOL）	16	20	14	0.613	0.62	0.595
美国纳斯达克指数（IXIC）	20	26	15	0.624	0.637	0.61
日本日经 225 指数（N225）	18	18	16	0.613	0.629	0.613
瑞士市场指数（SMI）	16	17	14	0.593	0.647	0.61
中国上证综合指数	15	21	15	0.616	0.646	0.586
中国深成指数	17	16	14	0.611	0.622	0.604
新西兰 50 指数（NZSE50FG）	16	18	15	0.608	0.62	0.606
以色列 TA-100 指数（TA100）	16	23	16	0.626	0.632	0.618
印度 CNX Nifty 指数（NIFTY）	18	19	15	0.595	0.651	0.603
印度孟买 30 指数（SENSEX）	17	18	15	0.616	0.63	0.593
印尼雅加达综合指数（JKSE）	16	22	16	0.618	0.64	0.603

续表

市场指数	网络直径			模块化		
	危机发生前	次贷危机发生期间	欧债危机发生期间	危机发生前	次贷危机发生期间	欧债危机发生期间
英国富时 100 指数（FTSE）	23	23	14	0.617	0.633	0.601
中国台湾地区加权指数（TWII）	18	21	13	0.616	0.662	0.596
中国香港特别行政区恒生指数(HSI)	18	18	13	0.607	0.628	0.597

市场指数	平均聚类系数			平均路径长度		
	危机发生前	次贷危机发生期间	欧债危机发生期间	危机发生前	次贷危机发生期间	欧债危机发生期间
阿根廷 Merval 指数（MERVAL）	0.006	0.007	0.012	7.143	8.733	6.826
奥地利 ATX 指数（ATX）	0.002	0.003	0.01	7.559	7.901	6.692
澳洲 AS30 指数（AS30）	0.011	0.012	0.01	7.422	9.089	7.05
巴西 BOVESPA 指数（IBOV）	0.012	0.01	0.015	6.872	8.475	6.813
比利时 BEL20 指数（BEL20）	0.008	0.007	0.006	7.272	7.475	6.478
德国 DAX 指数（GDAXI）	0.008	0.009	0.016	7.62	8.388	6.817
法国 CAC40 指数（FCHI）	0.012	0.009	0.011	7.372	8.066	6.558
富时新加坡海峡时报指数（STI）	0.008	0.007	0.013	6.67	8.385	6.669
韩国 KOSPI 指数（KS11）	0.005	0.013	0.012	7.179	7.659	6.579
荷兰 AEX 指数	0.008	0.015	0.015	8.028	8.669	6.381
马来西亚吉隆坡综合指数	0.008	0.009	0.005	7.7217	7.529	6.542
美国道琼斯工业指数（DJI）	0.014	0.004	0.009	8.208	8.271	6.43
美国纽约证交所综合指数	0.01	0.013	0.012	7.06	8.456	6.893
墨西哥 IPC 指数（MEXBOL）	0.09	0.014	0.007	7.243	8.202	6.376
美国纳斯达克指数（IXIC）	0.008	0.003	0.01	8.146	8.661	6.593
日本日经 225 指数（N225）	0.016	0.009	0.01	7.566	7.861	6.961
瑞士市场指数（SMI）	0.015	0.013	0.016	7.1	7.932	6.739
中国上证综合指数	0.006	0.012	0.011	6.884	8.309	6.637
中国深成指数	0.009	0.015	0.01	7.415	7.928	6.408

续表

市场指数	平均聚类系数			平均路径长度		
	危机发生前	次贷危机发生期间	欧债危机发生期间	危机发生前	次贷危机发生期间	欧债危机发生期间
新西兰 50 指数（NZSE50FG）	0.011	0.008	0.012	7.275	8.072	7.028
以色列 TA-100 指数（TA100）	0.005	0.009	0.014	7.366	8.512	6.821
印度 CNX Nifty 指数（NIFTY）	0.006	0.014	0.01	7.168	8.19	6.82
印度孟买 30 指数（SENSEX）	0.009	0.008	0.008	7.69	8.055	6.653
印尼雅加达综合指数（JKSE）	0.008	0.012	0.009	7.301	8.321	6.591
英国富时 100 指数（FTSE）	0.007	0.015	0.009	7.86	8.786	6.421
中国台湾地区加权指数（TWII）	0.011	0.005	0.011	7.493	8.393	6.481
中国香港特别行政区恒生指数(HSI)	0.004	0.017	0.01	7.722	8.196	6.324

从表7.1可以看出：

（1）股票市场动力学特征联动模式复杂网络的模块化及平均聚类系数值均非常小，说明各联动模式之间的聚集现象不明显。

（2）总体来看，次贷危机或欧债危机发生期间网络的聚类系数大于危机发生前网络的聚类系数，说明危机发生期间美国股票市场与其他国家股票市场动力学特征变化的联动性增强。

（3）网络直径及平均路径长度在欧债危机发生期间均出现明显下降，股票市场联动模式复杂网络的小世界特征增强，表明各波动模式之间的转换加快，各股票市场与美国股票市场的联动性增强，股票市场之间表现出危机传染现象。另外，次贷危机的冲击导致投资者对外部信息尤其是危机信号更加敏感，导致全球股票市场的动力学结构变得不稳定。这种系统动力学结构的不稳定会进一步加速金融危机的传染，放大金融危机所产生的负面影响。市场实际情况是在欧债危机期间，各股票市场出现暴涨暴跌的极端市场现象。

上文主要探讨了美国股票市场与其他国家股票市场之间动力学特征联动

模式复杂网络的整体特性，下面进一步分析联动模式复杂网络的内部微观结构。从本章第二节中联动符号确定规则可知："2"表示市场指数与美国标准普尔500指数正向联动，"1"表示市场指数与美国标准普尔500指数未发生联动，"0"表示市场指数与美国标准普尔500指数发生反向联动。阿根廷 Merval 指数（MERVAL）、奥地利 ATX 指数（ATX）、澳洲 AS30指数（AS30）与美国标准普尔500指数动力学特征联动模式复杂网络中加权度值排前30的联动模式，如表7.2所示。其他股票市场指数与美国标准普尔500指数动力学特征联动模式复杂网络中加权度值排前30的联动模式节点见本书附录 B。

表7.2　动力学特征联动模式复杂网络中重要联动模式节点

阿根廷 Merval 指数（MERVAL）			奥地利 ATX 指数（ATX）			澳洲 AS30 指数（AS30）		
危机发生前	次贷危机发生期间	欧债危机发生期间	危机发生前	次贷危机发生期间	欧债危机发生期间	危机发生前	次贷危机发生期间	欧债危机发生期间
11111	11111	11111	11111	11111	11111	11111	11111	11111
12111	11112	00220	11101	12111	11112	11112	11110	11112
21111	01111	02200	11110	21111	21111	01111	21111	21111
11112	21111	01111	21111	11112	11121	21111	11101	11121
11101	12211	00002	10111	01211	12111	11211	00111	11211
11110	10111	11110	01111	11211	02020	20111	01111	12111
11211	11110	22000	11112	11121	20222	11011	11011	22222
01111	11121	00000	12211	01111	11211	11110	11121	00022
11121	22111	20001	11011	11110	20201	12111	01011	00220
11122	11101	00022	11221	01202	01121	10101	10111	02222
10111	11211	11112	12111	20201	02012	10111	02111	00002
11011	22211	10000	11121	02020	20202	11101	11112	01000
21011	02111	00020	11211	12201	12202	11120	12111	11120
11012	11011	20002	01110	10012	12211	11121	11100	11201
22101	12111	00021	20221	10011	22022	01011	11211	22020

续表

阿根廷 Merval 指数（MERVAL）			奥地利 ATX 指数（ATX）			澳洲 AS30 指数（AS30）		
危机发生前	次贷危机发生期间	欧债危机发生期间	危机发生前	次贷危机发生期间	欧债危机发生期间	危机发生前	次贷危机发生期间	欧债危机发生期间
10011	21110	00202	22111	00120	22122	01211	00000	22220
20011	00200	20022	10011	00121	00202	20211	10021	20000
01120	10211	10111	10101	10111	00211	11100	00211	20022
01211	10221	21222	10122	20121	01111	21110	10110	00222
02111	21021	22001	11010	20122	10202	21120	01101	10111
10212	11120	00111	11102	01222	02022	11202	01112	01111
11001	21120	00212	11122	02012	02202	11221	01201	02000
21112	11212	02000	21222	11011	21122	12222	02220	10211
11200	22110	02022	00111	21101	11221	22111	11010	02111
11221	22121	11000	20021	11102	21221	22200	12010	11122
21211	10002	11011	00220	12110	22000	10012	12122	22002
12210	00021	11101	01012	12112	22020	20020	12222	22200
00111	00101	21111	01221	12221	22200	01101	22001	10000
00112	20011	11212	02100	22010	22201	10112	10011	00010
20111	10020	22200	02111	22100	22220	01222	10101	00020

从表7.2及附录B可以看出：

（1）加权度值排在前面的波动模式节点都包含较多的符号“1”。除次贷危机发生期间的中国深证股票市场外，“11111”联动模式均为加权度值最大的联动模式节点，这说明股票市场都有自身较为独立的动力学特征。

（2）总体来看，次贷危机及欧债危机发生期间的联动模式复杂网络中加权度值排前30位的联动模式节点包含较多的符号“2”和“0”，说明金融危机发生期间各股票市场与美国股票市场的联动程度要高于未发生危机时的联动程度，金融危机发生期间存在危机传染的情况。由此可以看出，股票市场动力学特征有其稳定的一面，但在受到外部极端事件驱动的情况下会发生较为明显的联动变化，金融危机在全球股票市场中的传染表现出一种典型的“事件驱动”性特征。

下面进一步分析加权度值排前30位的重要网络节点的具体组成情况，主要分析两类联动模式在危机发生期间各阶段的联动模式复杂网络中加权度值排前30位的重要网络节点中出现的次数。第一类联动模式是“含3个及3个以上‘2’或3个及3个以上‘0’的联动模式”，第二类联动模式是“含3个及3个以上连续‘2’或‘0’的联动模式”。出现这两类联动模式均表示其他股票市场指数与美国标准普尔500指数存在较强的联动变化。危机发生前、次贷危机及欧债危机发生期间这两类模式在加权度值排前30的重要网络节点中出现的次数，如表7.3所示。

表7.3　两类模式在加权度值排前30的重要网络节点中出现的次数

市场指数	含3个及3个以上“2”或3个及3个以上“0”的联动模式个数			含3个及3个以上连续“2”或“0”的联动模式个数		
	危机前	次贷危机	欧债危机	危机前	次贷危机	欧债危机
阿根廷 Merval 指数（MERVAL）	0	6	18	2	7	18
奥地利 ATX 指数（ATX）	4	5	16	4	8	17
澳洲 AS30 指数（AS30）	4	3	17	6	6	17
巴西 BOVESPA 指数（IBOV）	6	8	9	8	8	14
比利时 BEL20 指数（BEL20）	10	5	15	15	8	14
德国 DAX 指数（GDAXI）	5	6	9	6	8	10
法国 CAC40 指数（FCHI）	2	5	10	6	7	26
富时新加坡海峡时报指数（STI）	6	9	16	7	10	17
韩国 KOSPI 指数（KS11）	8	8	10	7	7	10
荷兰 AEX 指数	5	6	12	6	8	10
马来西亚吉隆坡综合指数（KLSE）	5	7	12	7	8	12

续表

市场指数	含3个及3个以上“2”或3个及3个以上“0”的联动模式个数			含3个及3个以上连续“2”或“0”的联动模式个数		
	危机前	次贷危机	欧债危机	危机前	次贷危机	欧债危机
美国道琼斯工业指数（DJI）	1	7	18	1	4	18
美国纽约证交所综合指数（NYA）	6	11	15	10	10	15
墨西哥IPC指数（MEXBOL）	6	3	12	9	3	14
美国纳斯达克指数（IXIC）	3	4	16	3	6	20
日本日经225指数（N225）	5	6	7	8	5	9
瑞士市场指数（SMI）	5	13	7	4	9	7
中国上证综合指数	7	4	10	13	6	14
中国深成指数	12	7	12	12	9	15
新西兰50指数（NZSE50FG）	6	8	14	8	9	13
以色列TA-100指数（TA100）	0	11	6	2	11	7
印度CNX Nifty指数（NIFTY）	8	4	18	9	5	18
印度孟买30指数（SENSEX）	1	3	11	4	7	12
印尼雅加达综合指数（JKSE）	5	6	14	1	6	14
英国富时100指数（FTSE）	8	5	9	12	6	14
中国台湾地区加权指数（TWII）	1	13	10	0	6	13
中国香港特别行政区恒生指数（HSI）	2	3	9	8	8	14

从表7.3可以看出：

（1）总体来看，这两类联动模式在次贷危机及欧债危机发生期间的联动模式复杂网络的重要节点中出现的次数均大于危机发生前，说明次贷危机及欧债危机发生期间，其他股票市场指数与美国标准普尔500指数之间的动力学特征变化的联动程度强于危机发生前的联动程度。

（2）总体来看，两类联动模式出现的次数在欧债危机发生期间的显著性增强，说明欧债危机发生期间其他股票市场指数与美国标准普尔500指数之间的动力学特征变化的联动程度明显强于次贷危机发生后的联动程度。

（3）中国沪深两市与美国股票市场的联动情况表现出与其他大多数股市不一样的情况，就是在次贷危机发生期间的联动程度弱于危机发生前的联动程度。其中的原因可能是：在2008年次贷危机发生前，我国股票市场经历了一次大牛市，市场进入了一种非常狂热的状态，投资者的非理性程度快速增长，导致市场价格积累了大量泡沫。另外，2007年我国各类大宗商品价格快速上涨，CPI 一直处于高位。为了控制过热的经济及高速增长的物价，央行在2007年四季度开始实行紧缩型的货币政策，所以即便未发生美国次贷危机，中国 A 股市场在2008年也将面临大幅下跌的内在压力，此阶段沪深 A 股的下跌有其内在的动因。然而在欧债危机发生期间，我国 A 股市场在制度上与国际股市进一步接轨，如在2010年推出了股指期货，经历2008年的暴跌之后，国内投资者逐渐从2006—2007年的大牛市中恢复理性，对外部的危机信号更加敏感，所以在欧债危机发生期间，中国 A 股市场与其他股票市场一样，两类联动模式数量大幅增加。

第五节　全球股市动力学特征复杂网络结构演化分析

一、相关工作

随着经济全球化及金融一体化的推进，全球金融市场的联系越发紧密、联动关系日趋复杂，逐渐形成为一个复杂的网络系统。尤其是2008年美国次贷危机发生之后，国际金融市场之间的联动关系引起研究者的高度关注。但金融市场之间的联动关系受到多种因素的影响，呈现出较强的复杂性及动态演化性。复杂系统理论认为凡系统必有结构，故对全球股票市场的拓扑结构的分析有助于对金融市场复杂关系的解析。复杂网络作为一种能够有效抽象及刻画复杂系统拓扑结构的新研究工具，逐渐成为复杂系统研究的新兴热点，被广泛用于生命科学、社会关系、计算机网络及物理学等研究领域。近些年，复杂网络理论作为刻画金融系统复杂关联结构的新工具，被引入金融危机传染及金融风险管理等的研究中。但金融系统复杂网络与自然科学中所研究的复杂网络有一个显著差异，就是金融系统网络具有动态演化性特征。使用静态复杂网络去研究金融系统网络容易产生的一个问题是把某一时间段的网络拓扑结构视为金融复杂网络的整体结构。而市场环境、投资者情绪及金融机构的决策都处于不断变化之中，金融系统网络结构也常常处于动态演化之中，静态复杂网络能够提供给我们的关于金融系统复杂网络的信息是有限的，甚至容易诱发我们对金融系统复杂网络产生错误认知。本书从金融系统网络动态研究视角，使用滑动时间窗口方法，构建全球73个股票市场动力学特征之间的动态演化关系网络，研究全球股票市场动力学特征复杂网络的动态演化规律，并进一步探讨金融危机的发生及传染与网络拓扑结构变化之间的关系，为金融复杂系统及金融危机扩散提供新的认知。

近些年，使用复杂网络理论来分析及解释股票市场中的各种现象引起了许多国内外研究者的兴趣。但已有文献大多从静态网络的视角对股票市场开展研究，以股票（或股票市场）为节点，以某种联动关系为边，构建股票市场复杂网络，以此来研究股票市场的结构（Tumminello，2011；Brida，2008；Dimitrios，2015；张来军，2014；孙延风，2018），或基于复杂网络研究金融危机传染对股市网络的微观结构进行研究（Glasserman，2015；刘超，2018；楼晓玲，2019；王克达，2018；庄新田 等，2015；邵华明，2017；刘海飞，2018；吴田，2018）。但上述文献大多从静态网络的视角对股票市场进行研究，存在的一个明显不足就是往往就某一时间段进行复杂网络的构建，有可能以偏概全，把某一特定状态下的网络所具有的结构特征当成普遍性的股市网络特征。近几年，部分学者开始从动态网络视角来研究股票市场关系结构的动态演化。Lim et al.（2013）使用随机矩阵理论、网络理论分析了韩国股票市场的网络结构，研究发现股票市场的整体结构容易受到扰动。研究了1987年黑色星期一、1998年俄罗斯危机、2001年互联网泡沫危机及2008年次贷危机等金融市场危机发生期间的股票网络，发现在大崩盘期间，股票市场往往表现出结构趋同现象。Heiberger et al.（2014）构建了2000—2012年美国标准普尔500指数成分股公司的复杂网络，并对复杂网络的动态演化进行研究，研究结果显示，在金融危机发生期间，股票网络结构发生变化，整个网络呈收缩状态。Kocheturov et al.（2014）运用股票之间的收益相关矩阵构建美国与瑞典股票市场网络，并分析网络的集群结构，研究发现，在非危机发生期间，集群结构的变化比较混乱，而在危机发生期间，集群结构表现出更加稳定的演化行为及更少的变化，所以网络聚类结构的稳定性指标可以作为未来危机发生的指示器。Kaue et al.（2012）提出了一种基于股票相关矩阵的金融网络拓扑与动态演化分析方法，研究结果表明，网络拓扑结构在金融市场不稳定时具有很强的变异性，且在金融市场不稳定时，网络的鲁棒性变差。在金融危机发生期间，股票之间存在一种集体行为，股票往往会同步其价格演变，导致股票价格之间出现高相关性，从而降低了网络弹性。黄玮强 等（2014）实证研究了股市关联网络拓扑结构特征的动态演化规律，分析市场整体及个股价格行为与网络拓扑结构特征间的内在关系。黄玮强 等（2017）构建了动态演化的中国沪深 A 股股票的关联网络，并运用动态熵方法衡量股票市场网络的弹性。当前使用动态复杂网络研究股票市场网络动态演化存在如下两个问题：

（1）选取的分析市场太少，容易把局部网络特征当成全球股票市场网络整体特征。

（2）股市复杂网络的连接关系呈现出多样性及非线性。已有研究大多使用相关系数来构建股票市场网络。联系关系指标来体现股票市场的非线性特征的研究文献较少，有必要从更多的视角来分析股票市场网络。

本书共收集全球73个主要市场指数，基本能够代表全球股票市场的结构，解决目前研究因选取市场指数不全而可能导致的将局部网络特征代替整体网络特征，及复杂网络关系未能体现市场间非线性关联关系的问题。

二、全球股市动力学特征网络结构动态演化分析

（一）数据收集

本书分析2007—2011年金融危机（次贷危机及欧债危机）发生期间全球股市动力学特征复杂网络结构的演化，旨在从复杂性科学的视角探讨金融危机的形成、深化及扩散与股票市场动力学特征复杂网络结构演变之间的关系。笔者从 Wind 数据库中收集了阿联酋 ADX 综指（ADX）、AMEXBTK 制药指数（AMEXBTK）、匈牙利布达佩斯股市指数（BUX）、葡萄牙 PSI 指数（PSI）、埃及开罗 CASE30指数（CASE30）、埃及 CMA 指数（CMA）、阿联酋 DFM 综指（DFM）、新加坡 REITS 指数（REITS）、巴西圣保罗 IBOVESPA 指数（BSPA）、俄罗斯 MOEX 指数（MOEX）、智利 IPSA40指数（IPSA）、意大利富时 MIB（FTMIB）、韩国综合股价200指数（KOSPI200）、美国纳斯达克生物技术（NBI）、尼日利亚综合指数（NSE）、新西兰综合指数（NZX 50）、美国罗素1000指数（Russell1000）、费城制药指数（PPSI）、欧洲 STOXX600指数（STOXX600）、波兰华沙 WIG 指数（WIG）、土耳其伊斯坦布尔 ISE100指数（ISE100）、美国道琼斯工业平均指数（DJIA）、美国纳斯达克指数（NASDAQ）、美国标准普尔500指数（SPX）、美国纳斯达克100指数（NASDAQ100）、罗素1000指数（Russell 1000 Index）、美国纽约证券交易所 ARCA 主要市场指数（MMI）、美国纽约证交所综合指数（NYA）、美国 AMEX 综合指数（AMEX）、加拿大多伦多300指数（GSPTSE）、阿根廷 MERV 指数（MERV）、墨西哥 MXX 指数（MXX）、委内瑞拉 IBC 指数（IBC）、欧洲 STOXX50指数（STOXX50）、英国富时100指数（FTSE）、德国 DAX 指数（GDAXI）、法国

CAC40指数（FCHI）、西班牙马德里 SMSI 指数（SMSI）、西班牙 IBEX35指数（IBEX35）、荷兰 AEX 指数（AEX）、俄罗斯 RTS 指数（RTS）、瑞典 OMX 全指（OMX）、瑞士 SMI 指数（SMI）、比利时 BFX 指数（BFX）、奥地利 ATX 指数（ATX）、挪威 OSEAX 指数（OSEAX）、以色列 TA100指数（TA100）、爱尔兰综指（ISEQ）、卢森堡 LUXX 指数（LUXX）、捷克布拉格综合指数（PX）、丹麦 OMX20指数（OMX20）、芬兰 OMX 全指（OMX）、希腊 ASE 综合指数（ASE）、日经225指数（N225）、日本东证二部指数（TOPIX）、日本东证指数（TOPIX）、日本纳斯达克股票指数（J- NASDAQ）、富时新加坡 STI 指数（STI）、韩国综合指数（KOSPI）、印度孟买 SENSEX30指数（SENSEX30）、澳大利亚普通股指数（AORD）、澳洲标普200指数（ASX200）、新西兰 NZ50 指数（NZ50）、印尼雅加达综合指数（JKSE）、富时马来西亚吉隆坡综合指数（Malaysia Index）、泰国综合指数（SET）、菲律宾马尼拉综合指数（PSI）、黎巴嫩贝鲁特 BLOM 指数（BLOM）、越南胡志明指数（VNINDEX）、沙特阿拉伯全指（Saudi Arabia）、上证综合指数（Shanghai composite index）、中国香港特别行政区恒生指数（HSI）、中国台湾地区加权指数（TWII）共73个全球股市主要市场指数。采集从2004年2月19日至2011年12月31日的市场指数日收盘价格。分析的窗口长度为250天，窗口移动步长为50天（2个月时间内约有50个交易日），对复杂网络的分析使用 Gephi 软件。

（二）数据分析

从图7.3可以直观地看出：股票市场动力学特征复杂网络呈现出典型的小世界网络特征，同时在2008—2012年金融危机（美国次贷危机及欧债危机）发生期间，网络结构变得更加紧密，各市场之间的动力学特征表现出趋同的变化趋势。下面进一步具体分析股票市场动力学特征复杂网络结构的主要统计量，结果如表7.4所示。

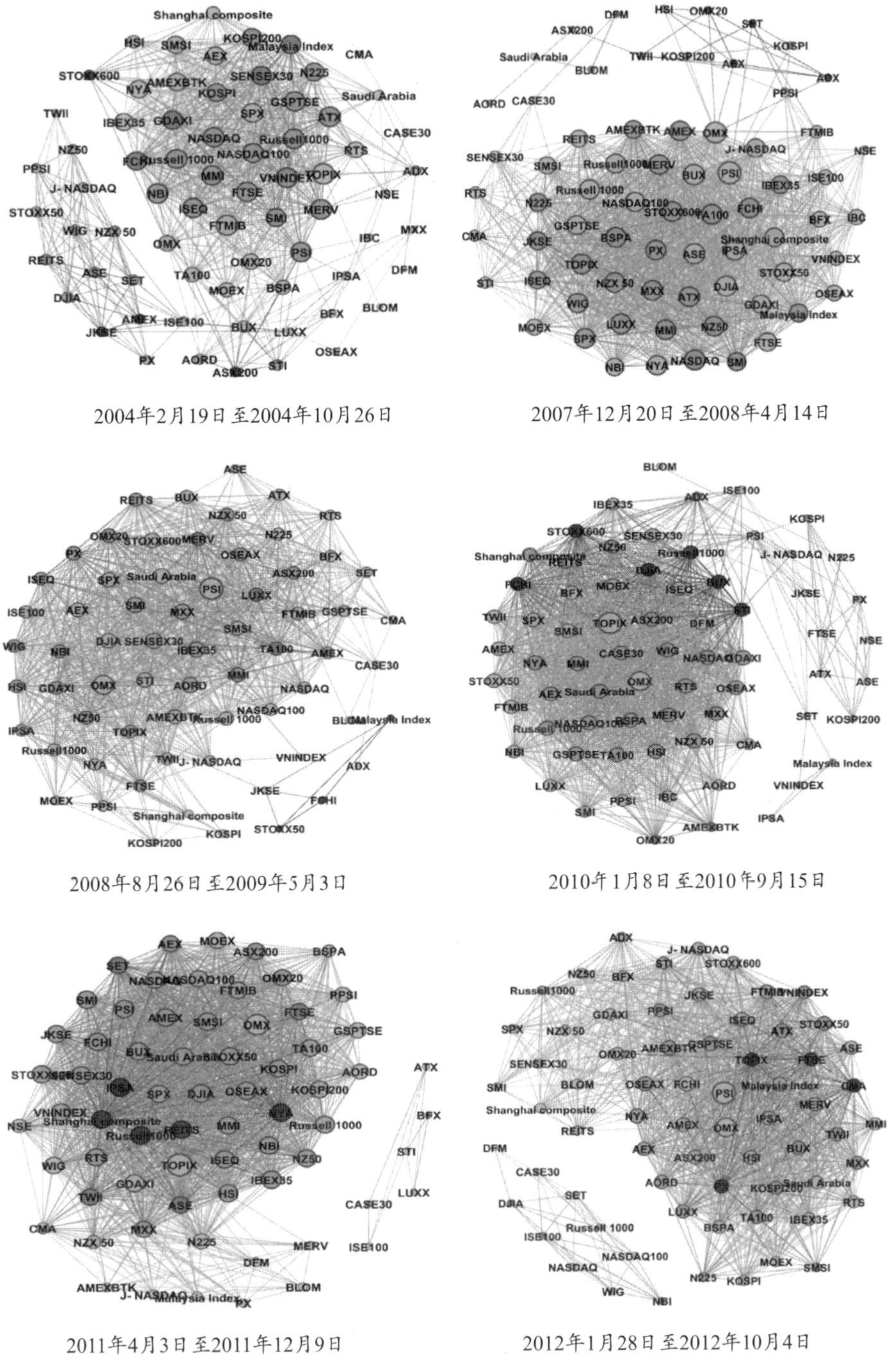

图7.3　不同时间阶段的市场动力学特征复杂网络

表7.4 2004—2012年股票市场动力学特征复杂网络结构的统计量表

窗口结束时间	平均度	网络直径	平均聚类系数	平均路径长度
2004-10-26	40.69	6	0.800	1.746
2004-12-15	27.33	7	0.758	2.134
2005-02-03	36.59	7	0.765	2.026
2005-03-25	39.39	5	0.767	2.134
2005-05-14	45.71	4	0.786	1.735
2005-07-03	43.07	8	0.801	2.693
2005-08-22	54.32	3	0.796	1.538
2005-10-11	45.59	5	0.827	1.885
2005-11-30	33.00	5	0.777	1.814
2006-01-19	40.12	5	0.783	1.811
2006-03-10	41.10	8	0.768	2.496
2006-04-29	37.10	8	0.755	2.166
2006-06-18	46.00	10	0.769	2.909
2006-08-07	66.49	5	0.813	1.774
2006-09-26	64.93	4	0.846	1.425
2006-11-15	39.71	5	0.794	1.851
2007-01-04	40.71	6	0.775	1.790
2007-02-23	41.25	4	0.780	1.857
2007-04-14	38.81	8	0.793	2.550
2007-06-03	43.39	5	0.790	1.742
2007-07-23	39.60	7	0.760	2.453
2007-09-11	55.88	5	0.802	1.668
2007-10-31	49.91	5	0.825	1.687
2007-12-20	66.74	9	0.820	1.909
2008-02-08	50.87	5	0.811	1.620
2008-03-29	57.41	4	0.817	1.662
2008-05-18	62.23	4	0.817	1.458

续表

窗口结束时间	平均度	网络直径	平均聚类系数	平均路径长度
2008-07-07	49.57	5	0.832	1.568
2008-08-26	46.87	4	0.805	1.682
2008-10-15	45.73	4	0.774	1.714
2008-12-04	43.94	6	0.814	1.766
2009-01-23	43.53	5	0.734	1.727
2009-03-14	37.24	4	0.764	1.887
2009-05-03	62.73	5	0.812	1.796
2009-06-22	50.57	6	0.784	1.992
2009-08-11	58.23	4	0.757	1.596
2009-09-30	41.22	4	0.794	1.647
2009-11-19	66.46	3	0.833	1.431
2010-01-08	56.81	5	0.847	1.896
2010-02-27	53.06	5	0.844	1.599
2010-04-18	48.29	9	0.830	2.486
2010-06-07	73.41	6	0.843	1.557
2010-07-27	73.31	5	0.838	1.692
2010-09-15	74.69	6	0.864	1.906
2010-11-04	55.26	6	0.811	1.652
2010-12-24	53.37	5	0.782	1.673
2011-02-12	33.66	4	0.754	1.888
2011-04-03	48.00	6	0.817	2.213
2011-05-23	48.58	5	0.770	1.928
2011-07-12	65.22	7	0.808	1.688
2011-08-31	39.35	6	0.829	2.437
2011-10-20	49.59	7	0.811	2.159
2011-12-09	82.06	3	0.881	1.283
2012-01-28	71.58	4	0.837	1.506

续表

窗口结束时间	平均度	网络直径	平均聚类系数	平均路径长度
2012-03-18	40.06	5	0.812	2.160
2012-05-07	53.65	5	0.833	1.529
2012-06-26	52.60	3	0.843	1.491
2012-08-15	58.67	4	0.839	1.518
2012-10-04	67.29	3	0.848	1.376
2012-12-31	52.91	6	0.820	2.016

从表7.4可以看出：平均路径长度均在2.7以下，绝大多数情况在2.0以下，平均路径长度较短；平均聚类系数都在0.7以上，绝大多数情况在0.8以上，具有较大的平均聚类系数；网络直径基本上都在6以下，符合提出的“六度分隔”理论。这说明各市场动力学特征之间存在小世界特征，这种小世界特征使得市场与市场之间的动力学特征变得非常相近。从总体上来看，股票市场动力学特征复杂网络（无论是在平稳时期还是在危机发生时期）表现出典型的小世界网络特征，股票市场之间信息的传递效应非常强，这也就解释了发生在局部国家或者地区的金融危机为何会迅速扩展到其他国家或者地区。

从图7.4可以看出：

（1）危机发生期间，网络的平均度值增大。随着危机的加剧，平均度值有不断增大的趋势。随着网络平均度值的增大，股票市场复杂网络会表现出更强的同步能力，信息在股票市场之间的传播范围会明显扩大，传播效率会提高。

（2）随着金融危机的不断发展，网络直径呈现出下降趋势，平均聚类系数呈现出增大趋势，平均路径长度呈下降趋势，说明随着危机的加剧，股票市场动力学特征复杂网络的小世界网络特征进一步加强，网络的信息传输效率提升，市场的共振及联动进一步增强。实际情况是随着危机的加剧，市场表现出涨跌同步现象。

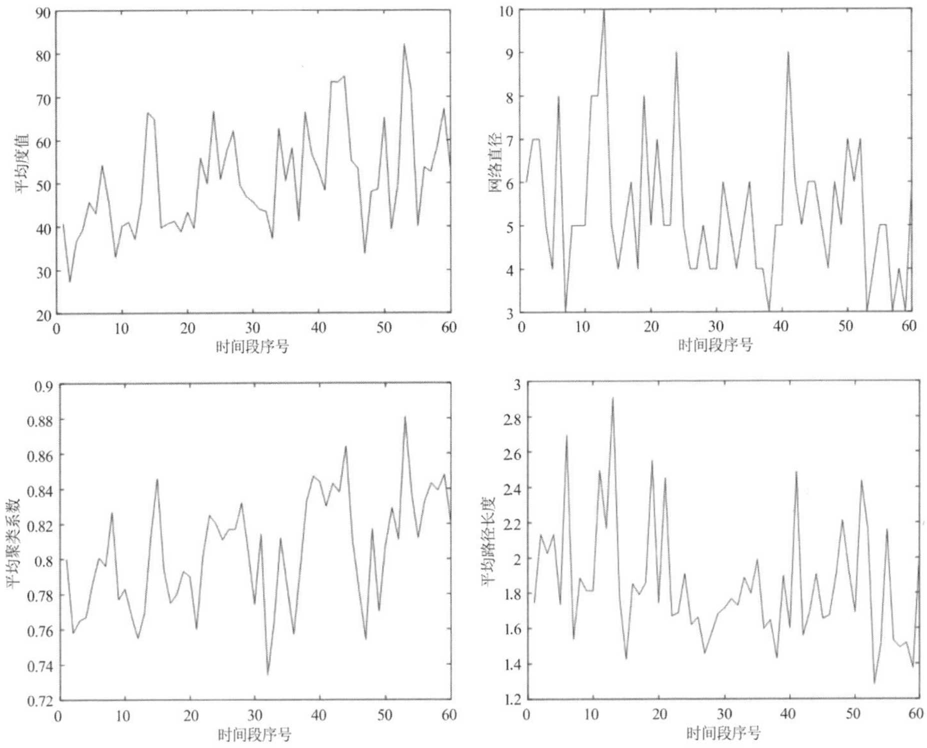

图7.4　股票市场动力学特征复杂网络结构统计量演变

第六节　本章小结

（1）总体上来说，各国股票市场动力学特征在2007—2008年间都发生了较为剧烈的异常突变，2009—2011年间各国股票市场的动力学特征发生了持续性突变，说明危机发生期间股票市场的动力学特征由于受外部事件驱动会产生异常突变。另外，经历美国次贷危机引发的全球金融动荡之后，各国股票市场的稳定性受到冲击。欧债危机发生期间市场动力学特征的异常突变尽管不像2007—2008年危机那样剧烈，但出现了持续性异常突变，市场结构变得较为脆弱。市场的实际情况是欧债危机发生期间，全球股票市场出现持续性急涨急跌的极端现象。

（2）股票市场的动力学特征有其稳定的一面，但当受到外部极端事件驱动时，股票市场之间的联动性会增强，金融危机在各股票市场之间的传染呈现出一种典型的“事件驱动”特征。次贷危机或欧债危机发生期间，网络的聚类系数大于危机发生前网络的聚类系数，网络直径及平均路径长度在欧债危机发生期间均出现明显下降，各国股票市场之间联动模式复杂网络的小世界特征增强，表明各波动模式之间的转换加快。总体来看，在次贷危机及欧债危机发生期间的联动模式复杂网络中，两类联动模式在加权度值排前30位的重要网络节点中出现的次数呈现增加趋势，尤其是在欧债危机发生期间，显著性增强，说明在危机发生期间，美国股票市场与其他国家股票市场的动力学特征变化的联动性增强，金融危机在全球股票市场间表现出传染现象，并且欧债危机发生期间的传染性强于次贷危机发生时的传染性。这主要是因为受次贷危机的冲击，各国投资者对外界信息尤其是不利信息更为敏感，甚至会过度反应，导致全球股票市场的动力学结构变得不稳定。这种市场结构不稳定性的增强，会进一步加速危机在各市场之间的传染，扩大危机所产生的负面影响。

（3）中国沪深两市与美国股票市场的联动情况表现出与其他大多数股市不一样的情况，那就是在次贷危机发生期间的联动程度弱于危机发生前的联动程度。其中的原因可能是：在2008年次贷危机发生之前，我国股票市场经历了一次大牛市，市场进入了一种非常狂热的状态，投资者的非理性程度快速增长，导致市场价格积累了大量泡沫。另外，2007年我国各类大宗商品价格快速上涨，CPI 一直处于高位，为了控制过热的经济及高速增长的物价，央行在2007年四季度开始实施紧缩型的货币政策，所以即便未发生美国次贷危机，中国 A 股市场在2008年也面临大幅下跌的内在压力，此阶段沪深 A 股的下跌有其内在的动因。然而在欧债危机发生期间，我国 A 股市场在制度上与国际股市进一步接轨，如在2010年推出了股指期货。经历2008年的暴跌之后，国内投资者逐渐从2006—2007年的大牛市中恢复理性，对外部的危机信号更加敏感，在欧债危机发生期间与其他股票市场一样，两类联动模式数量大幅增加。

（4）危机发生期间网络的平均度值增大，随着危机的加剧，平均度值有不断增大的趋势。随着网络平均度值的增大，股票市场复杂网络会表现出更强的同步能力，信息在股票市场之间的传播范围会明显扩大，传播效率会提高。随着金融危机的不断发展，网络直径呈现出下降趋势，平均聚类系数呈现出增大趋势，平均路径长度呈下降趋势，说明随着危机的加剧，股票市场动力学特征复杂网络的小世界网络特征进一步加强，网络的信息传输效率提升，市场的共振及联动进一步增强。实际情况是随着危机的加剧，市场表现出涨跌同步现象。

第八章　研究结论与未来展望

第一节　研究结论

（1）股票市场的有效性呈现出“相对有效—相对无效”的复杂动态演化特征及时间尺度效应。社会环境的不稳定性及经济危机对市场有效性呈现负向效应。比如法国社会在2017—2018年出现动荡，该国股票市场的有效性程度急剧下降，在发生社会动荡之前，法国股票市场的有效性程度相对较高。但2017—2018年社会动荡期间，该国股票市场指数日收益率序列的递归熵达到2.755 3，市场有效性程度急剧下降。由于社会安全局势不断恶化催生政治变局，墨西哥股票市场指数日收益率序列的递归熵由未发生社会动荡前的0.517 0逐渐增加到2.580 0，股票市场有效性程度也出现急剧下降。但同一时期，社会局势较为稳定的国家，股票市场的有效性表现得较为平稳，未出现较大波动。2007—2008年全球金融危机发生期间，各国股票市场出现剧烈波动，有效性普遍下降。进一步分析1929—1933年经济大萧条、1973—1975年由石油危机引发的经济危机、1987—1988年“黑色星期一”金融危机、1999—2001年间的互联网投机泡沫这4次全球重大金融经济危机事件中美国股票市场的有效性，发现各金融危机发生期间，股票市场出现剧烈波动，有效性普遍下降。使用经验模态分解法、最大熵谱分析法及 Fisher 检验研究发现，美国股票市场的有效性在不同频率上存在约为3~5年、11年及25年的周期，这些周期与基钦经济周期提出的3~4年周期、朱格拉经济周期提出的10年左右的经济周期及库兹涅茨经济周期提出的15~25年经济周期基本吻合。

（2）当市场不稳定状态加剧，临近崩盘临界点时，LAM 值会出现急剧下行现象。对金融危机发生期间美国股票市场的 LAM 序列进行递归分析，发现 LAM 序列呈现出类分形自相似性结构，且在递归图中均有空白带存在，说明股票市场崩盘前 LAM 序列存在相变。使用非线性时间序列突变检测的启发式分割算法研究发现，在市场崩盘前，市场的动力学特征会连续出现异常突变，且异常突变时点早于市场崩盘时点2~8个月。历次股票市场崩盘发生貌似毫无征兆，但实际上，在股票市场崩盘前，市场的动力学特征已经发生了突变，这为股票市场崩盘时点研究提供了一个新的工具和方法。

（3）股票市场的动力学特征呈现出动态演化性，且各市场的演化行为具有异质性。各市场的动力学特征与随机系统的动力学特征的 EMD 距离的最小值都集中在5.0左右，且差异较小，表明各市场动力学特征在适应性演化过程中与随机系统均存在着一个较为稳定的几乎相同的相似性上限，说明把股票价格序列假设成随机游走序列会存在一个稳定程度的错误。但各市场的动力学特征与随机系统的动力学特征的 EMD 距离的最大值却表现出较大的差异，说明各市场的动力学特征在适应性演化的过程中具有不同程度的波动性，不同市场对相同的外部环境变化，做出的适应性反应的程度是不一样的，所以把股票市场看成是同质性市场是不恰当的。大多数市场的 EMD 距离表现出逐级下降趋势，尤其是发达国家和地区的股票市场表现得更为明显，如澳洲 AS30指数、瑞士市场指数、法国 CAC40指数、荷兰 AEX 指数、富时新加坡海峡时报指数及英国富时100指数等，表明这些股票市场的适应性进化更明显，市场和随机系统的动力学特征越来越接近，市场有效性整体呈现出增强的发展趋势。在2008年金融危机发生前后4年内，9个新兴市场国家和地区的股票市场的动力学特征发生了突变，但大多数发达国家和地区股票市场的动力学特征未发生突变，表明发达国家和地区的股票市场在金融危机发生过程中更加稳定。中国沪深A股市场受外部环境影响较大，是典型的“政策市”，投资者在外部环境变化时做出适应性反应较其他市场的投资者更为明显。在国家出台具较大影响力的政策或者市场环境发生重大变化时，中国沪深A股市场的动力学特征都会发生非常明显的异常突变。如在2000年左右，国家正式酝酿推出创业板及新股发行方式由审批制改为核准制；2004年中国证券市场发展的里程碑——“国九条”实施；2007—2008年发生全球金融危机；2014—2015年市场强力去杆杆及市场管理政策趋严，出现千股跌停、千股涨停等极端现象，投资者都会做出较强的适应性反应，沪深A股市场的动力学特征发生异常突变。

（4）总体上来说，各国股票市场动力学特征在2007—2008年间都发生了较为剧烈的异常突变，2009—2011年间各国股票市场的动力学特征发生了持续性突变，说明危机发生期间，股票市场的动力学特征由于受外部事件驱动会产生异常突变。另外，经历美国次贷危机引发的全球金融动荡之后，各国股票市场的稳定性受到冲击。欧债危机发生期间，市场动力学特征的异常突变尽管不像2007—2008年危机发生时那样剧烈，但却出现持续性异常突变，市场结构变得较为脆弱。市场的实际情况是欧债危机发生期间，全球股票市场出现持续性急涨急跌的极端现象。进一步对股票市场动力学特征的联动变化模式复杂网络进行研究，发现次贷危机或欧债危机发生期间，网络的聚类系数大于危机发生前网络的聚类系数，网络直径及平均路径长度在欧债危机发生期间均出现明显下降，各股票市场之间联动模式复杂网络的小世界特征增强，表明各波动模式之间的转换加快。在次贷危机及欧债危机发生期间的联动模式复杂网络中，两类联动模式在加权度值排前30位的重要网络节点中出现的次数呈现增大趋势，尤其是在欧债危机发生期间，显著性增大，说明在危机发生期间，美国股票市场与其他国家股票市场动力学特征变化的联动性程度增强。各国股票市场与美国股票市场的联动性增强，金融危机在全球股票市场间表现出危机传染现象，并且欧债危机发生期间的传染性强于次贷危机发生时的传染性。这主要是因为受次贷危机的冲击，各国投资者对外界信息尤其是不利信息更为敏感，甚至会过度反应，导致全球股票市场的动力学结构变得不稳定。这种市场结构不稳定性的增强，会进一步加速危机在各市场之间的传染，扩大危机所产生的负面影响。

（5）从金融系统网络动态研究视角，使用滑动时间窗口方法，构建全球73个股票市场动力学特征之间的动态演化关系网络，研究了全球股票市场动力学特征复杂网络的动态演化规律，并进一步探讨了金融危机发生及传染与网络拓扑结构变化之间的关系。危机发生期间，网络的平均度值增大。随着危机的加剧，平均度值有不断增大的趋势。随着网络平均度值的增大，股票市场复杂网络会表现出更强的同步能力，信息在股票市场之间的传播范围会明显扩大，传播效率会提高。随着金融危机的不断发展，网络直径呈现出下降趋势，平均聚类系数呈现出增大趋势，平均路径长度呈下降趋势，说明随着危机的加剧，股票市场动力学特征复杂网络的小世界网络特征进一步加强，网络的信息传输效率提升，市场的共振及联动进一步增强。实际情况是随着危机的加剧，市场出现涨跌同步现象。

（6）中国沪深两市与美国股票市场的联动情况表现出与其他大多数股市不一样的情况，就是在次贷危机发生期间的联动程度弱于危机发生前的联动程度。其中的原因可能是：在2008年次贷危机发生之前，我国股票市场经历了一次大牛市，市场进入了一种非常狂热的状态，投资者的非理性情绪快速增长，导致市场价格积累了大量泡沫。另外，2007年我国各类大宗商品价格快速上涨，CPI 一直处于高位，为了控制过热的经济及高速增长的物价，央行在2007年四季度开始实行紧缩型的货币政策，所以即便未发生美国次贷危机，中国 A 股市场在2008年也将面临大幅下跌的内在压力，此阶段沪深 A 股的下跌有其内在的动因。然而在欧债危机发生期间，我国 A 股市场在制度上与国际股市进一步接轨，如在2010年推出了股指期货。经历2008年的暴跌之后，国内投资者逐渐从2006—2007年的大牛市中恢复理性，对外部的危机信号更加敏感，在欧债危机发生期间与其他股票市场一样，两类联动模式数量大幅增加。

第二节　研究局限及未来展望

（1）本书研究发现，美国股票市场的有效性存在似周期性演化行为，在不同频率上存在约为3~5年、11年及25年的周期，这些周期与基钦经济周期提出的3~4年周期、朱格拉经济周期提出的10年左右的经济周期及库兹涅茨经济周期提出的15~25年经济周期基本吻合。但本书并未就这一现象背后所隐藏的经济学原理作进一步分析。今后的研究工作可以对股票市场有效性的周期性演化行为以及这一现象背后所隐藏的经济学规律做进一步探究，深化我们对金融市场演化规律的认知。

（2）本书从股票市场动力学特征演化的视角对适应性市场假说进行了实证研究，但并未就市场动力学特征演化与适应性市场假说做进一步研究。今后可以从股票市场动力学特征演化的角度进一步研究适应性市场假说，解析金融市场适应性演化的存在及内在演化机制和规律。另外，还可以进一步研究投资者群体情绪变化与市场适应性演化之间的内在联动机制，解析股票市场和投资者群体情绪之间联动的动力学规律。

（3）本书对股票市场动力学特征复杂网络的动态演化仅分析了网络结构的基本统计量的变化，对金融危机发生过程中复杂网络的社团结构的演化没有做进一步分析，这可能是笔者进一步研究的方向。从更加微观的角度来分析股票市场动力学特征复杂网络社团结构的演化和金融危机传染之间的关系，更能深化我们对金融危机产生及扩散、市场崩盘的微观机制的认知。另外，笔者还可以进一步使用多层复杂网络进一步解析金融危机发生期间各金融市场之间的联动关系，为金融危机传染研究提供新的研究思路及实证方法。

参考文献

◎ 曹丰，鲁冰，李争光，等，2015. 机构投资者降低了股价崩盘风险吗 ?[J]. 会计研究（11）：55-61.

◎ 陈晓鸣，邱意弘，朱贻盛，2008. 脑缺血缺氧 HRV 信号的复原图分析 [J]. 生物医学工程学杂志，25（1）：39-43.

◎ 成洁，李思燃，2017. 基于递归图和局部非负矩阵分解的轴承故障诊断 [J]. 工矿自动化，43（7）：81-85.

◎ 褚剑，方军雄，2016. 中国式融资融券制度安排与股价崩盘风险的恶化 [J]. 经济研究（5）：143-158.

◎ 褚剑，方军雄，张玮倩，2017. 地区官员腐败会恶化股价崩盘风险吗 [J]. 金融学季刊（1）：26-45.

◎ 封国林，龚志强，董文杰，等，2005. 基于启发式分割算法的气候突变检测研究 [J]. 物理学报，54（11）：5494-5499.

◎ 高思莉，肖青，徐明奇，等，2003. 用 RQA 法分析不同信噪比下的非线性系统 [J]. 物理实验（4）：13-17.

◎ 顾冲时，李占超，徐波，2011. 基于动力学结构突变的混凝土坝裂缝转异诊断方法研究 [J]. 中国科学：技术科学（7）：1000-1009.

◎ 郭立甫，高铁梅，姚坚，2013. 基于 Copula 函数和极值理论的金融传染度量：测度美国次贷危机对重要经济体的传染效应 [J]. 数学的实践与认识（3）：42-

55.

◎ 郭兆纲，2016. 金融数据递归图中的类分形自相似结构研究 [D]. 南昌：南昌大学，2016.

◎ 胡宗义，谭政勋，2001.RS 分析模型与中国证券市场有效性检验 [J]. 湖南大学学报（自然科学版）（6）：13-17.

◎ 扈海波，董鹏捷，潘进军，2011. 基于灾损评估的北京地区冰雹灾害风险区划 [J]. 应用气象学报，22（5）：612-620.

◎ 华鸣，孙谦，2018. 外国投资者降低了新兴市场股价崩盘风险吗：来自“沪港通”的经验证据 [J]. 当代财经（1）：57-67.

◎ 黄生志，黄强，王义民，等，2014. 基于启发式分割和近似熵法的径流序列变异诊断 [J]. 中山大学学报（自然科学版）（4）：154-160.

◎ 黄薇，2001. 论金融危机传染机制及其在东南亚金融危机中的作用 [J]. 外国经济与管理，23（5）：33-36.

◎ 黄玮强，王丹，庄新田，等，2017. 我国股票关联网络弹性与市场运行的互动关系 [J]. 系统工程（2）：5-11.

◎ 黄玮强，庄新田，姚爽，2014. 我国股票关联网络的动态演化研究 [J]. 系统工程学报，29（2）：192-201.

◎ 贾凯威，2014. 基于 DCC-MGARCH-VAR 模型的金融传染分析：来自亚洲股票市场的证据 [J]. 上海经济研究（5）：47-55.

◎ 江轩宇，2013. 税收征管、税收激进与股价崩盘风险 [J]. 南开管理评论（5）：152-160.

◎ 孔东民，王江元，2016. 机构投资者信息竞争与股价崩盘风险 [J]. 南开管理评论（5）：127-138.

◎ 李钢虎，李亚安，贾雪松，2006. 水声信号的混沌特征参数提取与分类研究 [J]. 西北工业大学学报，24（2）：170-173.

◎ 李晋，汤井田，蔡剑华，等，2016. 利用多尺度形态学和递归图分离辨识大地电磁微弱信号 [J]. 中南大学学报（自然科学版），47（11）：3890-3898.

◎ 李静，2017. 基于递归图理论的舰船辐射噪声的特征量分析 [J]. 舰船科学技术，7（18）：34-36.

◎ 李小荣，刘行,2012.CEO vs CFO：性别与股价崩盘风险 [J]. 世界经济（12）：102-129.

◎ 李新杰，胡铁松，董秀明，2013. 递归图法在径流时间序列非线性分析中的应用 [J]. 武汉大学学报（工学版），46（1）：62-66.

◎ 李云红，魏宇，吴晓雄，等，2016. 中国股票市场适应性特征的实证研究 [J]. 管理工程学报，30（1）：72-79.

◎ 梁权熙，曾海舰，2016. 独立董事制度改革：独立董事的独立性与股价崩盘风险 [J]. 管理世界（3）：144-159.

◎ 林宇，谭斌，魏宇，等，2010. 基于极值理论的沪深股市风险传染性研究 [J]. 管理学报（9）：1391-1396.

◎ 凌继平，黄定东，邓异，等，2011. 基于递归图和近似熵的水下目标特征提取方法 [J]. 计算机与数字工程（11）：147-150.

◎ 刘标，兰少华，张晶，等，2015. 一种基于递归图的网络时间隐蔽信道检测方法 [J]. 计算机科学，42（2）：114-117+149.

◎ 刘超，郝丹辉，唐孝文，等，2018. 基于复杂网络的金融风险跨市场传导机制研究：以金融危机时期（2007—2009年）数据为例 [J]. 运筹与管理（8）：155-161+181.

◎ 刘海飞，柏巍，李冬昕，等，2018. 沪港通交易制度能提升中国股票市场稳定性吗？基于复杂网络的视角 [J]. 管理科学学报（1）：97-110.

◎ 楼晓玲，2019. 基于集体行动的股市风险在复杂网络中的动态扩散 [J]. 江西财经大学学报，123（3）：55-64.

◎ 罗进辉，杜兴强，2014. 媒体报道、制度环境与股价崩盘风险 [J]. 会计研究（9）：53-59.

◎ 吕勇，徐金梧，李友荣，2006. 递归图和近似熵在设备故障信号复杂度分析中的应用 [J]. 机械强度，28（3）：317-321.

◎ 孟庆斌，杨俊华，鲁冰，2017. 管理层讨论与分析披露的信息含量与股价崩盘风险：基于文本向量化方法的研究 [J]. 中国工业经济（12）：132-150.

◎ 彭情，郑宇新，2018.CFO 兼任董秘降低了股价崩盘风险吗：基于信息沟通与风险规避的视角 [J]. 山西财经大学学报（4）：49-61.

◎ 蒲晓川，肖涵，2015. 基于 EMD 降噪的递归图分析方法在齿轮故障诊断中的应用 [J]. 机床与液压，43（5）：160-163.

◎ 权小锋，吴世农，尹洪英，2015. 企业社会责任与股价崩盘风险："价值利器"或"自利工具"?[J]. 经济研究（11）：49-64.

◎ 权小锋，肖红军，2016. 社会责任披露对股价崩盘风险的影响研究：基于会计稳健性的中介机理 [J]. 中国软科学（6）：80-97.

◎ 邵华明，马永谈，朱涛，2017. 股票市场稳定性测度及其作用机制：基于复杂网络模型视角的分析 [J]. 财经科学（5）：60-72.

◎ 邵亚会，侯俊勇，葛耀君，等，2016. 基于递归图方法的飓风信号非平稳特征定量分析 [J]. 同济大学学报（自然科学版），44（12）：1851-1857.

◎ 沈华玉，吴晓晖，吴世农，2017. 控股股东控制权与股价崩盘风险："利益协同"还是"隧道"效应 ?[J]. 经济管理，556（4）：65-83.

◎ 宋海燕，2003. 金融渠道的危机传染及其防范机制 [J]. 南开经济研究（4）：59-64.

◎ 宋献中，胡珺，李四海，2017. 社会责任信息披露与股价崩盘风险：基于信息效应与声誉保险效应的路径分析 [J]. 金融研究，442（4）：161-175.

◎ 孙延风，王朝勇，2018. 一种基于文本互信息的金融复杂网络模型 [J]. 物理学报（14）：148901-148901.

◎ 田晓林，2005. 适应性市场假说的研究进展 [J]. 经济学动态（4）：97-101.

◎ 万蕤叶，陆静,2018. 金融危机期间汇率风险传染研究 [J]. 管理科学学报（6）：17-33.

◎ 王化成，曹丰，叶康涛，2015. 掏空还是监督：大股东持股比例与股价崩盘风险 [J]. 管理世界（2）：76-88.

◎ 王惠新，王玉田，黄满义，等，2015. 基于双树复小波及递归图的管道泄漏定位方法 [J]. 计量学报，36（6）：617-621.

◎ 王克达，庞晓波，王姗姗，2018. 金融危机对全球股票市场的传染研究：基于复杂网络分析方法 [J]. 世界经济研究（4）：30-41+137.

◎ 韦立坚，张维，张永杰，等，2012. 中国股票市场风格轮动效应及基于适应市场假说的解释 [J]. 管理学报，9（7）：943-951.

◎ 吴礼斌，刘盛宇，王烨，2012. 基于递归定量分析与内生结构突变模型的股票市场非线性特征研究 [J]. 中国管理科学（11）：315-321.

◎ 吴田，胡海青，张丹，等，2018. 基于复杂网络的交叉性金融业务风险传染仿真 [J]. 系统工程（1）：26-34.

◎ 肖土盛，宋顺林，李路，2017. 信息披露质量与股价崩盘风险：分析师预测的中介作用 [J]. 财经研究（2）：110-121.

◎ 徐国祥，刘芳，2012. 我国股市相对有效性的测度及其动态演变机制分析：基于经济圈、产业链和实际控制人分类指数的实证研究 [J]. 财经研究（1）：50-61.

◎ 许年行，江轩宇，伊志宏，等，2012. 分析师利益冲突、乐观偏差与股价崩盘风险 [J]. 经济研究（7）：127-140.

◎ 许年行，于上尧，伊志宏，2013. 机构投资者羊群行为与股价崩盘风险 [J]. 管理世界（6）：22-34.

◎ 闫润强，朱贻盛，2007. 基于信号递归度分析的语音端点检测方法 [[J]. 通信学报，28（1）：35-39.

◎ 杨果，岳方明，孙希望，等，2018. 基于递归图方法的沉降时间序列可预测分析 [J]. 水文地质工程地质（1）：158-164.

◎ 杨俊，周丙寅，张毅，等，2013. 基于递归图分析的压缩机故障诊断方法研究 [J]. 计算机与数字工程，41（6）：984-986.

◎ 杨柳勇，周强，2012. 资产证券化与金融危机的国际传染：一个理论模型及经验检验 [J]. 国际金融研究，28（12）：46-53.

◎ 杨胜刚，彭啸帆，邹子昂，等，2019. 适应性市场假说的实证研究：基于国际现货贵金属市场 [J]. 湘潭大学学报（哲学社会科学版）（3）：82-88.

◎ 杨璇，郭思培，2019. 适应性市场假说在比特币市场上的检验 [J]. 华中师范大学学报（自然科学版）（6）：864-870.

◎ 杨子晖，陈里璇，陈雨恬，2020. 经济政策不确定性与系统性金融风险的跨市场传染：基于非线性网络关联的研究 [J]. 经济研究（1）：67-83.

◎ 叶航，林水山，2005. 基于分形理论下的股票市场有效性研究 [J]. 中南大学学报（社会科学版），11（2）：222-226.

◎ 叶康涛，曹丰，王化成，2015. 内部控制信息披露能够降低股价崩盘风险吗？[J]. 金融研究（2）：192-206.

◎ 叶五一，缪柏其，2012. 基于动态分位点回归模型的金融传染分析 [J]. 系统工程学报（2）：214-223.

◎ 叶五一，缪柏其，谭常春，2007. 基于分位点回归模型变点检测的金融传染分析 [J]. 数量经济技术经济研究（10）：151-160.

◎ 叶五一，韦伟，缪柏其，2014. 基于非参数时变 Copula 模型的美国次贷危机传染分析 [J]. 管理科学学报，17（11）：151-158.

◎ 余建，曹军义，王伟，等，2017. 人体步态复杂度的递归图和递归定量分析研究 [J]. 西安交通大学学报，51（10）：47-52.

◎ 张来军，杨治辉，路飞飞，等，2014. 基于复杂网络理论的股票指标关联性实证分析 [J]. 中国管理科学，22（12）：85-92.

◎ 张青韵，2013. 基于相空间重构的人民币汇率递归图分析 [J]. 经济论坛（2）：8-11.

◎ 张群，张卫国，马勇，2017. 中国金融市场系统复杂性的演化机理与管理研究 [J]. 管理科学学报（1）：75-86.

◎ 张一，吴宝秀，李喆，2016. 基于代表性异质投资者的金融危机传染微观机理研究 [J]. 运筹与管理（5）：165-173.

◎ 张著，樊养余，李慧敏，2011. 相空间重构中延迟时间选取的新算法 [J]. 计算物理，28（3）：469-474.

◎ 赵华，2009. 国际股市区域风险传染研究 [J]. 厦门大学学报：哲学社会科学版（5）：106-113.

◎ 赵鹏举，张维，2019. 基于随机动力系统的证券市场演化动态研究 [J]. 管理科学学报（5）：50-56.

◎ 郑伟，2001. 非线性视角下的股票市场相对有效性思考 [J]. 财经研究，27（12）：10-17.

◎ 钟季康，宋志怀，郝为强，2002.RQA 在肌电分析中的应用 [J]. 生物物理学报，18（2）：241-245.

◎ 周冬华，赖升东，2016. 上市公司现金流操控行为会加剧股价崩盘风险吗 [J]. 山西财经大学学报（2）：100-111.

◎ 周好文，余志伟，谢金静，2010. 基于 R/S 分析法的我国沪深股市有效性实证分析 [J]. 经济经纬（3）：130-133.

◎ 周孝华，宋庆阳，刘星，2017. 适应性市场假说及其在中国资本市场的实证 [J]. 管理科学学报，20（6）：111-126.

◎ 朱慧娟，2017. 股利支付率与股价崩盘风险：基于上市公司的实证研究 [J].

吉林工商学院学报（3）：66-72.
◎ 庄新田，张鼎，苑莹，等，2015. 中国股市复杂网络中的分形特征 [J]. 系统工程理论与实践，35（2）：273-282.
◎ ABARBANEL H D I, BROWN R, SIDOROWICH J J, et al., 1993. The analysis of observed data in physical systems[J]. Rev. Mod. Phy., 65(4):1331-1392.
◎ ABEDI M, BARTOLOMEO D, 2019. Entropic dynamics of stocks and European options[J]. Entropy, 21(8):765.
◎ ACHARYA U R, FUJITA H, SUDARSHAN V K, et al., 2016. Automated prediction of sudden cardiac death risk using Kolmogorov complexity and recurrence quantification analysis features extracted from hrv signals[J]. IEEE international conference on systems, 1:1-7.
◎ ADDO P M, BILLIO M, GUÉGAN D, 2013. Nonlinear dynamics and recurrence plots for detecting financial crisis[J]. North American journal of economics & finance, 26(4): 416-435.
◎ ADENIJI A E, OLUSOLA O I, NJAH A N, 2018. Comparative study of chaotic features in hourly wind speed using recurrence quantification analysis[J]. Aip advances, 8(2): 25-102.
◎ ADRANGI B, ALLENDER M, CHATRATH A, et al., 2010. Nonlinearities and chaos: evidence from exchange rates[J]. Atlantic economic journal, 38(2):247-248.
◎ ALLEN F, CARLETTI E, 2006. Credit risk transfer and contagion[J]. Journal of monetary economics, 53(1):89-111.
◎ ALVAREZ-RAMIREZ J, RODRIGUEZ E, ALVAREZ J, 2012. A multiscale entropy approach for market efficiency[J]. International review of financial analysis, 21: 64-69.

◎ AN H, ZHANG T, 2013. Stock price synchronicity, crash risk, and institutional investors[J]. Journal of corporate finance, 21(1):1-15.

◎ ANDREOU P C, LOUCA C, PETROU A P, 2017. CEO age and stock price crash risk[J]. Social science electronic publishing, 21(8):1287-1325.

◎ ANTONIOU A, VORLOW C, 2000. Recurrence plots and financial time series analysis[J]. Neural network world, 10:131-145.

◎ BARBERIS N, SHLEIFER A, VISHNY R, 1998. A model of investor sentiment[J]. Journal of financial economics, 49(3):307-343.

◎ BASTOS J A, 2013. Recurrence quantification analysis of financial markets[J]. Chaos & complexity theory for management nonlinear dynamics, 57(6):857-862.

◎ BASTOS J A, CAIADO J, 2010. Recurrence quantification analysis of global stock markets[J]. Physica a statistical mechanics & its applications, 390 (7):1315-1325.

◎ BATTISTON S, FARMER J D, FLACHE A, etal, 2016. Complexity theory and financial regulation[J]. Science, 351(6275):818-819.

◎ BAUR D G, 2013. The structure and degree of dependence: a quantile regression approach[J]. Journal of banking & finance, 37(3):786-798.

◎ BAUR D, SCHULZE N, 2005. Coexceedances in financial markets: a quantile regression analysis of contagion[J]. Emerging markets review, 6(1):21-43.

◎ BERNAOLA-GALVÁN P, IVANOV P C, AMARAL L A N, 2001. Scale invariance in the nonsta-tionarity of human heart rate[J]. Physical review letters, 87(16):1-4.

◎ BIGDELI N, JAFARZADEH M, AFSHAR K, 2011. Characterization of Iran stock market indices using recurrence plots[C]. Wuhan: International conference on management & service science:1-5.

◎ BLACK F, 1976. Studies of stock price volatility changes[C]. [S. 1.]: Meetings of the American statistical association, business and economics section:177-181.

◎ BOUCHAUD J P, 2008. Economics needs a scientific revolution[J]. Nature, 455 (7217): 1181.

◎ BRAMON R, BOADA I, BARDERA A, 2011. Multimodal data fusion based on mutual information[J]. IEEE tvis computgr, 18(9):1574-1587.

◎ BRIDA J G, RISSO W A, 2008. Multidimensional minimal spanning tree: the dow Jones case[J]. Physica a, 387(21): 5205-5210.

◎ BROCK W A, HSIEH D A, LEBARON B, 1991. Nonlinear dynamics, chaos and instability: statistical theory and economic evidence[M]. Cambridge: The MIT Press.

◎ BURG J P, 1967. Maximum entropy sl analysis[C]. [S. l.]: International Meeting. 1967.

◎ CAJUCIRO D O, TABAK B M, 2004. The hurst exponent over time: testing the assertion that emerging markets arc becoming more efficient[J]. Physica A, 336: 521-537.

◎ CALLEN J L, FANG X, 2013. Institutional investor stability and crash risk: monitoring versus short-termism?[J]. Journal of banking & finance, 37(8):3047-3063.

◎ CALLEN J L, FANG X, 2015. Religion and stock price crash risk[J]. Journal of financial & quantitative analysis, 50(1/2):169-195.

◎ CAMPBELL J Y, LO A W, MACKINLAY C, 1997. The econometrics of financial markets[M]. New Jerscy: Princeton University Press.

◎ CANNAS B, FANNI A, MURARI A, et al., 2019. Recurrence plots for dynamic analysis of type-i elms at jet with a carbon wall[J]. IEEE transactions on plasma science, 99: 1-7.

◎ CHAOU A K, MEKHALDI A, TEGUAR M, 2016. Recurrence quantification analysis as a novel LC feature extraction technique for the classification of pollution severity on HV insulator model[J]. IEEE transactions on dielectrics & electrical insulation, 22 (6):3376-3384.

◎ CHEN J, HONG H, STEIN J C, 2001. Forecasting crashes: trading volume, past returns and conditional skewness in stock prices[J]. Journal of financial economics, 61(3):345- 381.

◎ CHEN Q, LV X, 2015. The extreme-value dependence beriveen the crude oil price and Chinese stock markets[J]. International review of economics & finance, 39: 121-132.

◎ CHRISTIE A A, 1982. The stochastic behavior of common stock variances: value, leverage and interest rate effects[J]. Journal of financial economics, 10(4):407-432.

◎ CORSETTI G, PERICOLI M, SBRACIA M, 2005. Some contagion, some interdependence: more pitfalls in tests of financial contagion[J]. Journal of international money and finance, 24(8):1177-1199.

◎ DAL K, PERON M, LUCIANO D F C, et al. , 2012. The structure and resilience of financial market networks[J]. Chaos: an interdisciplinary journal of nonlinear science, 22(1): 113-117.

◎ DANIEL K, HIRSHLEIFER D, SUBRAHMANYAM A, 1998. Investor psychology and security market under-and overreactions[J]. Journal of finance, 53(6):1839-1885.

◎ DIMITRIOS K, VASILEIOS O, 2015. A network analysis of the greek stock market[J]. Procedia economics & finance, 33: 340-349.

◎ ECKMANN J P, KAMPHORST S O, RUELLE D, 1987. Recurrence plots of dynamical systems[J]. Europhysics letters, 4(9): 973-977.

◎ FABRETTI A, AUSLOOS M, 2005. Recurrence plot and recurrence quantification analysis techniques for detecting a critical regime[J]. International journal of modern physics C, 16(5):671-706.

◎ FARMER J D, FOLEY D, 2009. The economy needs agent-based modelling[J]. Nature, 460(7256):685-686.

◎ FARMER J D, SIDOROWICH J J, 1987. Predicting chaotic time series[J]. Physical review letters, 59:845-848.

◎ FIGUEIREDO R, PEREIRA R, NETO O P, 2018. Nonlinear analysis is the most suitable method to detect changes in heart autonomic control after exercise of different durations[J]. Computers in biology and medicine, 97.

◎ GHAZANI, GHAZANI M M, EBRAHIMI S B, 2019. Testing the adaptive market hypothesis as an evolutionary perspective on market efficiency: evidence from the crude oil prices[J]. Finance research letters, 9:60-68.

◎ GIGLIO R, MATSUSHITA R, DA SILVAS, 2008. The relative efficiency of stock-markets[J]. Bulletin economics, 7(6):1-12.

◎ GLASSERMAN P, 2015. Contagion in financial networks[J]. Economics series working papers, 466(2120): 2401-2423.

◎ GLICK R, ROSE A K, 1998. How do currency crises spread?[J]. Frbsf economic letter, 25(8).

◎ GUHATHAKURTA K, BHATTACHARYA B, CHOWDHURY A R, 2010. Using recurrence plot analysis to distinguish between endogenous and exogenous stock market crashes[J]. Physica a statistical mechanics & its applications, 389(9): 1874-1882.

◎ GYAMFI N, EMMANUEL, 2017. Adaptive market hypothesis: evidence from the ghanaian stock market[J]. Journal of African business, 19(1/2):1-15.

◎ HANEEF S M, SRIJITH K, VENKITESH D, et al., 2017. Accurate determination of Brillouin frequency based on cross recurrence plot analysis in Brillouin distributed fiber sensor[C]. [S. 1.]: 25th International Conference on Optical Fiber Sensors, IEEE.

◎ HEIBERGER, RAPHAEL H, 2014. Stock network stability in times of crisis[J]. Physica a: statistical mechanics and its applications, 393: 376-381.

◎ HIREMATH G S, KUMARI J, 2014. Stock returns predictability and the adaptive market hypothesis in emerging markets: evidence from India[J]. Springer plus, 3 (1):1-14.

◎ HOUSHYARIFAR V, AMIRANI M C, 2017. Early detection of sudden cardiac death using Poincaré plots and recurrence plot-based features from HRV signals[J]. Turkish journal of electrical engineering & computer sciences, 25(2):1541-1553.

◎ HUANG N E, SHEN Z, LONG S R, et al., 1998. The empirical mode decomposition and the Hilbert spectrum for nonlinear and non-stationary time series analysis[J]. Proceedings mathematical physical & engineering ences, 454(1971):903-995.

◎ HUTTON A P, MARCUS A J, TEHRANIAN H, 2009. Opaque financial reports, R2 and crash risk[J]. Journal of financial economics, 94(4):67-86.

◎ JAYECH S, 2016. The contagion channels of July-August-2011 stock market crash: a dag-copula based approach[J]. European journal of operational research, 249(2): 631-646.

◎ JIN L, MYERS S C, 2006. R-squared the world: new theory and new tests[J]. Journal of financial economics, 79(2):257-292.

◎ JOHANSEN A, SORNETTE D, 2001. Bubbles and anti-bubbles in Latin-American, Asian and Western Stock markets: an empirical study[J]. International journal of theoretical and applied finance, 4 (6):853-920.

◎ KAMINSKY G L, REINHART C M, 1998. Financial crises in Asia and Latin America: Then and now[J]. The American economic review, 88(2):444-448.

◎ KANTZ H, SCHREIBER T, 1997. Nonlinear time series analysis[M]. Cambridge: Cambridge University Press.

◎ KECIK K, CIECIELA G K, ZALESKI K, 2017. Damage detection of composite milling process by recurrence plots and quantifications analysis[J]. International journal of advanced manufacturing technology, 89 (1/2):133-144.

◎ KENNEL M B, BROWN R, ABARBANEL H D, 1992. Determining embedding dimension for phase-space reconstruction using a geometrical construction[J]. Phys. Rev. A, 45(6):3403-3411.

◎ KIM H S, EYKHOLT R, SALAS J D, 1999. Nonlinear dynamics delay times and embedding windows[J]. Physica D, 127(1):48-60.

◎ KIM J H, SHAMSUDDIN A, LIM K P, 2011a. Stock return predictability and the adaptive markets hypothesis: evidence from century-long U. S. data[J]. Journal of empirical finance, 18(5):868-879.

◎ KIM J, LI Y, ZHANG L, 2011b. CFOs versus CEOs: equity incentives and crashes [J]. Journal of financial economics, 101(3):713-730.

◎ KING M A, WADHWANI S, 1990. Transmission of volatility between stock markets [J]. Review of financial studies, 3(1):5-33.

◎ KITCHIN H W, 1923. Means of grounding electrical piloting cables[M]. [S. l.]: [s. n.].

◎ KOCHETUROV A, BATSYN M, PARDALOS P M, 2014. Dynamics of cluster structures in a financial market network[J]. Physica a statistical mechanics & its applications, 413: 523-533.

◎ KODRES L E, PRITSKER M, 2002. A rational expectations model of financial contagion[J]. The journal of finance, 57(2):769-799.

◎ KUMAR M S, PERSAUD A, 2002. Pure contagion and investors' shifting risk appetite: analytical issues and empirical evidence[J]. International finance, 5(3): 401-436.

◎ KYLE A S, XIONG W, 2001. Contagion as a wealth effect[J]. The journal of finance, 56(4):1401-1440.

◎ LA PORTA R, LOPEZ-DE-SILANES F, SHLEIFER A, et al., 2000. Agency problems and dividend policies around the world[J]. The journal of finance, 55(1):1-33.

◎ LI L, FRANCIS B B, HASAN I, 2011. Firms real earnings management and subsequent stock price crash risk[J]. Social science electronic publishing, 1(10): 21-39.

◎ LI W, CAI G, 2016. Religion and stock price crash risk: evidence from China[J]. China journal of accounting research, 9(3):235-250.

◎ LI Y, SONG Y, LI C, 2010. Selection of parameters for phase space reconstruction of chaotic time series[C]. [S. l.]: IEEE bio-inspired computing: theories and applications:30-33.

◎ LIM K P, LUO W, KIM J H, 2013. Are US stock index returns predictable? Evidence from automatic autocorrelation-based tests[J]. Applied economics, 45(8): 953-962.

◎ LO A W, 2004. The adaptive markets hypothesis: market efficiency from an evolutionary perspective[J]. Journal of portfolio management, 9:15-29.

◎ LO A W, 2005. Reconciling efficient markets with behavioral finance: the adaptive markets hypothesis[J]. Journal of investment consulting, 7(2):21-44.

◎ LU J, TONG K Y, 2019. Robust single accelerometer-based activity recognition using modified recurrence plot[J]. IEEE sensors journal, 99:1-1.

◎ LUO G Y, 1995. Evolution and market competition[J]. Journal of economic theory, 67 (1):223-250.

◎ LUO G Y, 1998. Market efficiency and natural selection in a commodity futures market[J]. Review of financial studies, 11(3):647-674.

◎ LUO G Y, 2001. Natural selection and market efficiency in a futures market with random shocks[J]. Journal of futures markets, 21(6):489-516.

◎ MARCH T K, CHAPMAN S C, DENDY R O, 2005. Recurrence plot statistics and the effect of embedding[J]. Physica D nonlinear phenomena, 200(1):171-184.

◎ MARKOSE S M, 2005. Computability and evolutionary complexity: markets as complex adaptive systems (CAS)[J]. The eonomic journal, 115(504):F159-F192.

◎ MARWAN N, KURTHS J, SAPARIN P, 2007. Generalised recurrence plot analysis for spatial data[J]. Physics letters A, 36(4/5):545-551.

◎ MARWAN N, THIEL M, NOWACZYK N R, 2002. Cross recurrence plot based synchronization of time series[J]. Nonlinear proc geophys, 9:325-331.

◎ MENSI W, 2012. Ranking efficiency for twenty-six emerging stock markets and financial crisis: evidence from the Shannon entropy approach[J]. International society of management science and engineering management, 1:53-63.

◎ MESIN L, COSTA P, 2014. Prognostic value of EEG indexes for the glasgow outcome scale of comatose patients in the acute phase[J]. Journal of clinical monitoring and computing, 28(4):377-385.

◎ MOHAMAD T H, CHEN Y, CHAUDHRY Z, et al., 2018. Gear fault detection using recurrence quantification analysis and support vector machine[J]. Journal of software engineering and applications, 11:181-203.

◎ MONK A T, COMPTON A H, 1989. Recurrence phenomena in cosmic-ray intensity [J]. Review of modern physics, 11 (3/4):173-179.

◎ NAKANISHI R U, ONO J P, PAGLIOSA P, et al., 2017. Partial similarity of 3D shapes using cross recurrence plot[J]. Graphics, patterns & images, 1:448-454.

◎ NIU B V W, NOORANI M S M, JAAMAN S H, 2016. Chaotic behavior in Malaysian stock market: a study with recurrence quantification analysis[J]. American institute of physics conference series, 1784(1):523-532.

◎ NIU H, ZHANG L, 2018. Nonlinear multiscale entropy and recurrence quantification analysis of foreign exchange markets efficiency[J]. Entropy, 17:1-16.

◎ OGUNJO S T, ADEDIJI A T, DADA J B, 2017. Investigating chaotic features in solar radiation over a tropical station using recurrence quantification analysis[J]. Theoretical & applied climatology, 127 (1/2):421-427.

◎ OJALA T, PIETIKÄINEN M, NISULA J, et al., 1994. Experiments with two industrial problems using texture classification based on feature distributions[C]// Photonics for Industrial Applications. [S. l.]: International Society for Optics and Photonics.

◎ ORLANDO G, ZIMATORE G, 2018. Recurrence quantification analysis of business cycles[J]. Chaos solitons & fractals, 110:82-94.

◎ PACKARD N H, CRUTCHFIELD J P, FARMER J D, et al., 1980. Geometry from a time series[J]. Phys. Rev. Lett., 45:712-716.

◎ PENATTI O A B, SANTOS M F S, 2017. Human activity recognition from mobile inertial sensors using recurrence plots[J]. Pattern recognition letters, 12:1-8.

◎ PETERS E E, 1994. Fractal market analysis: applying chaos theory to investment and economics[M]. New York: John Wiley & Sons.

◎ PETERS E E, 2001. Long memory and chaotic models of prices on the London metal exchange[J]. Resources policy, 27(4):235-246.

◎ PHAM T D, 2020. Fuzzy cross and fuzzy joint recurrence plots[J]. Physica A: statistical mechanics and its applications.

◎ PISKUN S O, PISKUN O V, PANTELEEVA N M, 2008. Recurrence quantification analysis of the stock markets in the light of mortgage USA crisis[J]. Visnyk universytety bankivskoi spravy nacionalnogo banky ukrainy, 3:212-217.

◎ QIN Y, ZHANG X, WANG F, et al., 2011. Scour and silting evolution and its influencing factors in Inner Mongolian Reach of the Yellow River[J]. Journal of geographical sciences, 21(6):1037-1046.

◎ RICHARDS G R, 2000. The fractal structure of exchange rates: measurement and forecasting[J]. Journal of international financial markets, institutions and money, 10(2): 163-180.

◎ RIEDL M, MARWAN N, KURTHS J, 2017. Extended generalized recurrence plot quantification of complex circular patterns[J]. European physical journal B, 90(3):58.

◎ RIJCKEGHEM C V, ÜÇER M, UCER M, 2005. Chronicle of the Turkish financial crises of 2000-2001[J]. International journal of diversity in organisations communities, 2:139-156.

◎ ROBIN A, ZHANG H, 2014. Do industry-specialist auditors influence stock price crash risk?[J]. Social science electronic publishing, 34(3):47-79.

◎ RODRIGUEZ J C, 2007. Measuring financial contagion: a Copula approach[J]. Journal of empirical finance, 14(3):401-423.

◎ ROMER D, 1993. Rational asset-price movements without news[J]. American economic review, 83(3):1112-1130.

◎ ROTHENBERG A D, WARNOCK F E, 2011. Sudden flight and true sudden stops[J]. Review of international economics, 19(3):509-524.

◎ RUBNER Y, TOMASI C, GUIBAS L J, 2000. The Earth Mover′s Distance as a metric for image retrieval[J]. International journal of computer vision, 40(2):199-121.

◎ SCHEINKMAN J A, LEBARON B, 1989. Nonlinear dynamics and stock returns [J]. Journal of business, 162(2):17-24.

◎ SHEFRIN H, STATMAN M, 2000. Behavioral portfolio theory[J]. Journal of financial & quantitative analysis, 35(2):127-151.

◎ SIPERS A, BORM P, PEETERS R, 2017. Robust reconstruction of a signal from its unthresholded recurrence plot subject to disturbances[J]. Physics letters A, 381(6):604-615.

◎ SORNETTE D, CUYPERS F, 2004. Why stock markets crash: critical events in complex financial systems[J]. Physics today, 57(3):78-79.

◎ SOUFIAN M, FORBES W, HUDSON R, 2014. Adapting financial rationality: is a new paradigm emerging?[J]. Critical perspectives on accounting, 25(8):724-742.

◎ SYRIOPOULOS T, MAKRAM B, BOUBAKER A, 2015. Stock market volatility spillovers and portfolio hedging: BRICS and the financial crisis[J]. International review of financial analysis, 39:7-18.

◎ TAKAKURA I T, HOSHI R A, SANTOS M A, 2017. Recurrence plots: a new tool for quantification of cardiac autonomic nervous system recovery after transplant[J]. Braz. J. Cardiovasc. Surg., 32(4):245-252.

◎ TAKENS F, 1981. Detecting strange attractors in turbulence, lecture notes in mathematics[J]. Springer, Berlin, 898(2):366-381.

◎ TAMURA K, ICHIMURA T, 2017. MACD-histogram-based recurrence plot: a new representation for time series classification[J]. IEEE international workshop on computational intelligence & applications, 11:135-140.

◎ TAO H, MA X, QIAO M, 2011. Determining parameters in the phase-space recon-struction of multivariate time series on genetic algorithm[C]. [S. 1.]: IEEE intelligence science and information engineering: 81-84.

◎ THOMASSON N, HOEPPNER T J, WEBBER C L, 2001. Recurrence quantification in epileptic EEGs[J]. Physics letters A, 279(1/2): 94-101.

◎ TUMMINELLO M, ASTE T, DI MATTEO T, et al. , 2011. A tool for filtering information in complex systems[J]. Proceedings of the national academy of sciences of the United States of America, 102(30): 10421-10426.

◎ URQUHART A, HUDSON R, 2013. Efficient or adaptive markets? Evidence from major stock markets using very long run historic data[J]. International review of financial analysis, 28:130-142.

◎ URQUHART A, MCGROARTY F, 2016. Are stock markets really efficient? Evidence of the adaptive market hypothesis[J]. International review of financial analysis, 47:39- 49.

◎ VAN SCHOOTEN K S, RISPENS S M, PIJNAPPELS M, 2013. Assessing gait stability: the influence of state space reconstruction on inter-and infra-day reliability of local dynamic stability during over-ground walking[J]. J. BIOMECH, 46(1):137-141.

◎ VANDEWALLE N, AUSLOOS M P, MINGUET B A, 1998. How the financial crash of October 1997 could have been predicted[J]. The European physical journal b-condensed matter and complex systems, 4(2):139-141.

◎ VERHEYDEN T, de MOOR L, FILIP V D B, 2015. Towards a new framework on efficient markets[J]. Research in international business and finance, 34:294-308.

◎ WALLOT S, ROEPSTORFF A, MØNSTER D, 2016. Multidimensional Recurrence Quantification Analysis (MdRQA) for the analysis of multidimensional time-series: a software implementation in Matlab and its application to group-level data in joint action[J]. Frontiers in psychology, 7:18-35.

◎ WENDI D, MARWAN N, MERZ B, 2018. In search of determinism-sensitive region to avoid artefacts in recurrence plots[J]. International journal of bifurcation and chaos, 28(1):1850007.

◎ XU N, LI X, YUAN Q, et al., 2014. Excess perks and stock price crash risk: evidence from China[J]. Journal of corporate finance, 25(2):419-434.

◎ YALAMOVA, ROSSITSA, MCKELVEY, et al., 2011. Explaining what leads up to stock market crashes :a phase transition model and scalability dynamics[J]. Journal of behavioral finance, 12(3):169-182.

◎ YANG J Y, PENG Z L, YU Z G, et al., 2009. Prediction of protein structural classes by recurrence quantificanon analysis based on chaos game representation[J]. Journal of theoretical biology, 257 (4):618-626.

◎ YE W Y, LIU X Q, MIAO B Q, 2012. Measuring the subprime crisis contagion: evidence of change point analysis of copula functions[J]. European journal of operational research, 222(1):96-103.

◎ YE W Y, ZHU Y G, WU Y H, 2016. Markov regime-switching quantile regression models and financial contagion detection[J]. Insurance: mathematics and economics, 67:21-26.

◎ YIN Y, SHANG P, 2016. Multiscale recurrence plot and recurrence quantification analysis for financial time series[J]. Nonlinear dynamics, 85(4):1-44.

◎ ZBILUT J P, GIULIANI A, WEBBER C L, 1998. Recurrence quantification analysis and principal components in the detection of short complex singals[J]. Physics letters A, 237(3):131-135.

◎ ZBILUT J P, WEBBER C L, 1992. Embeddings and delays as derived from quantification of recurrence plots[J]. Physics Letters A, 171(3/4).

附 录

A 联动模式加权复杂网络

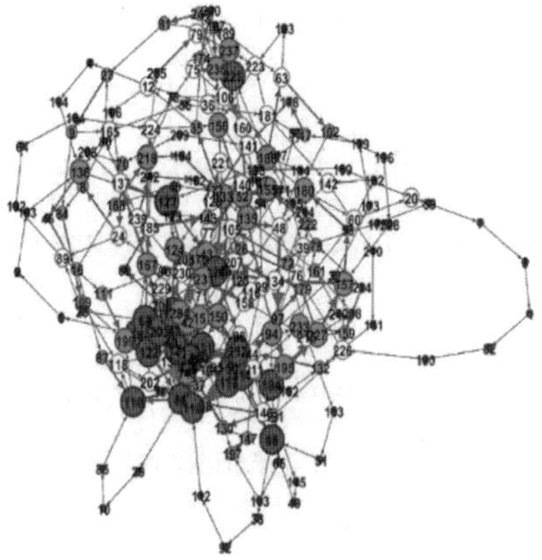

危机发生前的阿根廷 Merval 指数

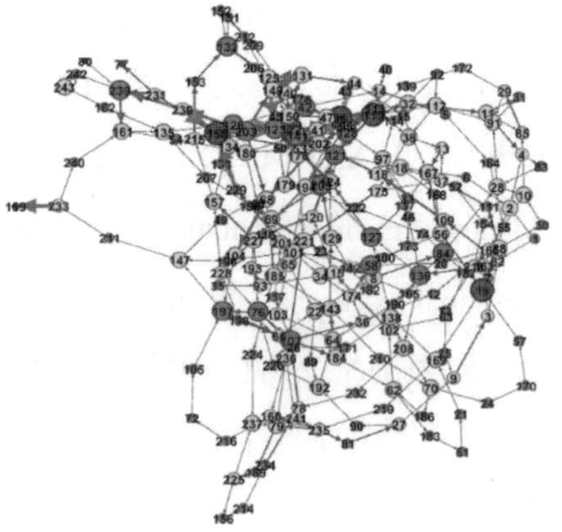

次贷危机发生期间的阿根廷 Merval 指数

欧债危机发生期间的阿根廷 Merval 指数

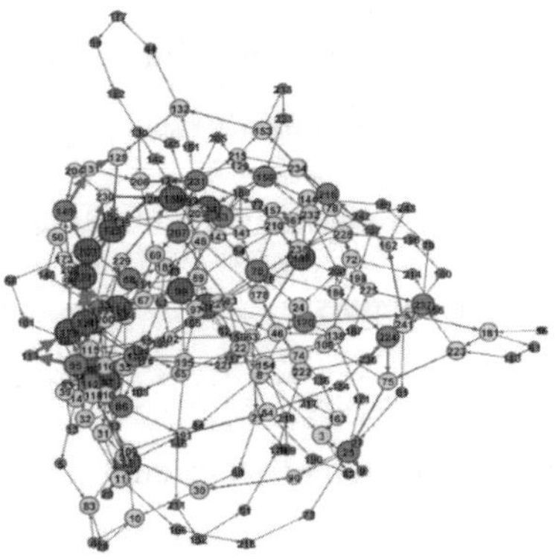

危机发生前的奥地利 ATX 指数

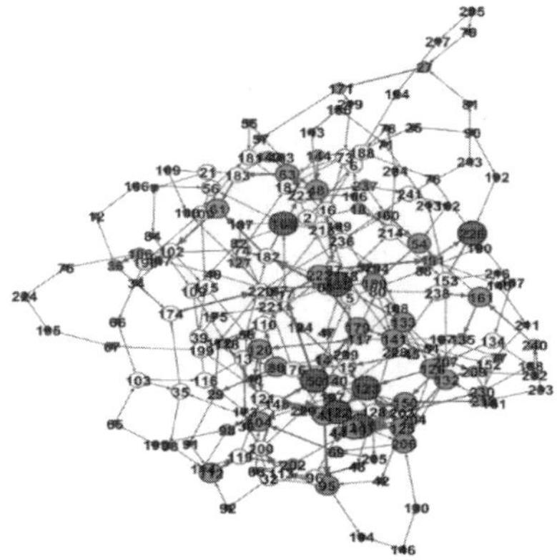

次贷危机发生期间的奥地利 ATX 指数

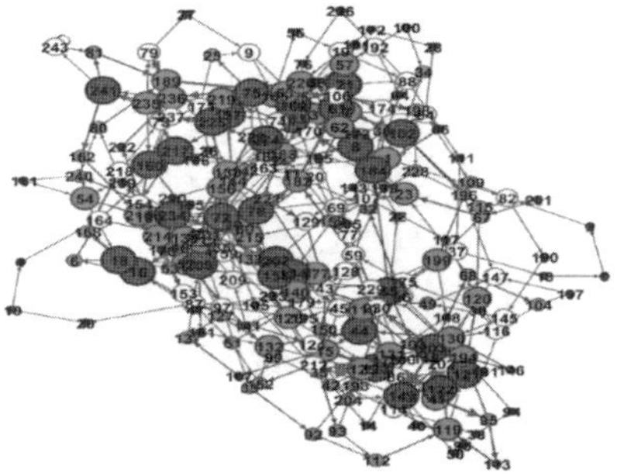

欧债危机发生期间的奥地利 ATX 指数

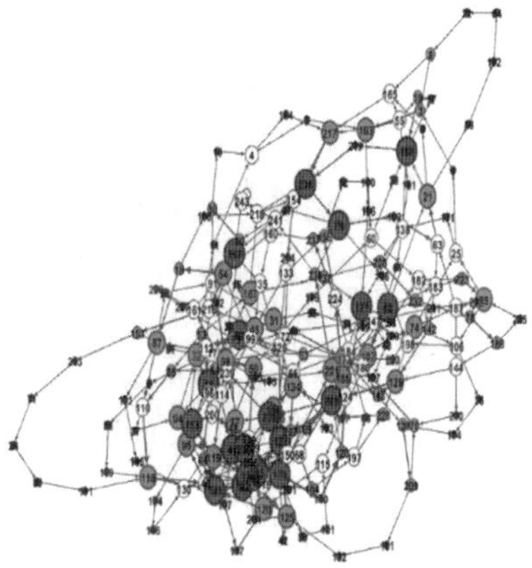

危机发生前的澳洲 AS30指数

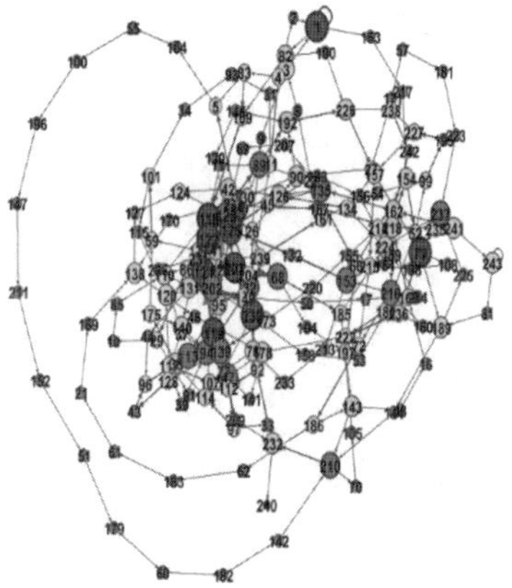

次贷危机发生期间的澳洲 AS30指数

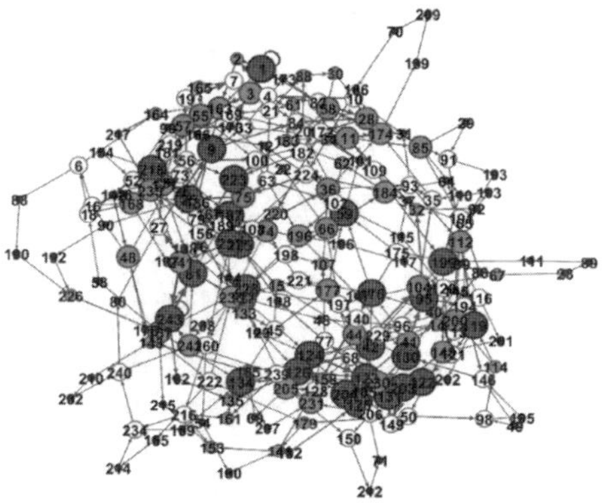

欧债危机发生期间的澳洲 AS30 指数

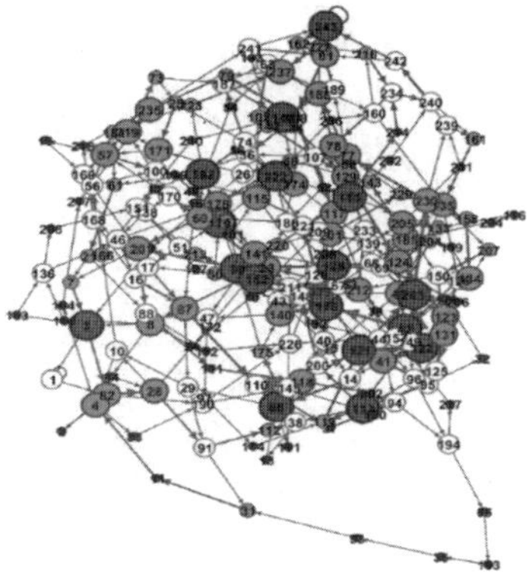

危机发生前的巴西 BOVESPA 指数

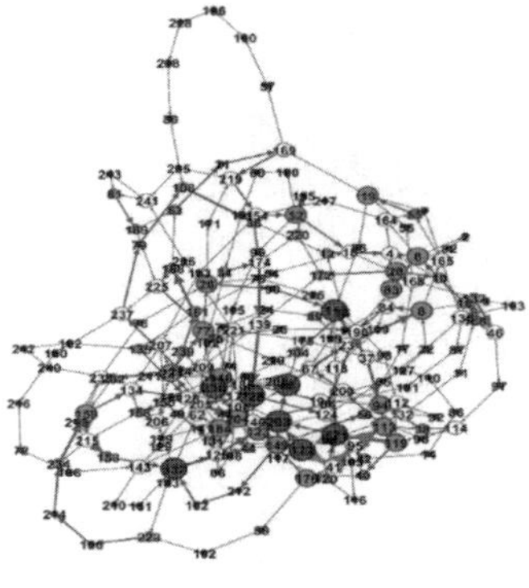

次贷危机发生期间的巴西 BOVESPA 指数

欧债危机发生期间的巴西 BOVESPA 指数

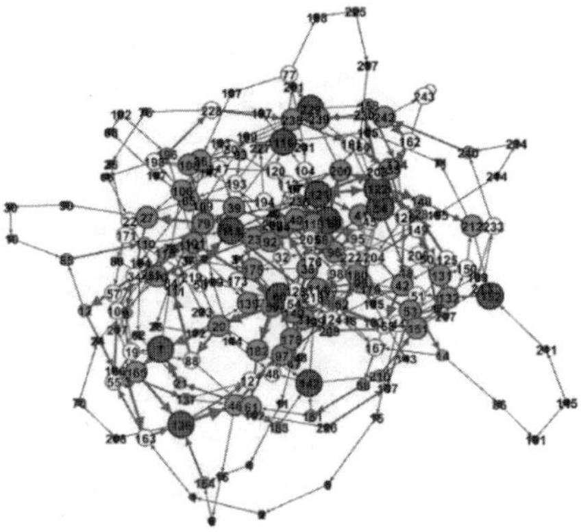

危机发生前的比利时 BEL20指数

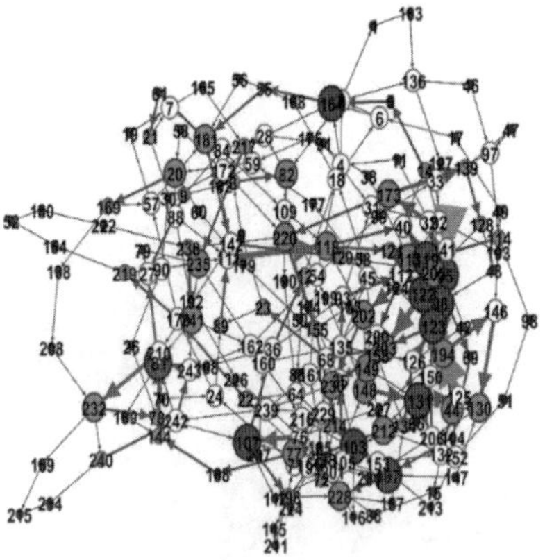

次贷危机发生期间的比利时 BEL20指数

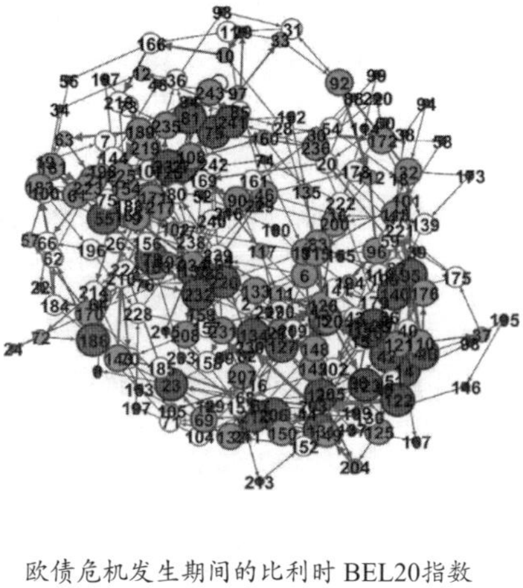

欧债危机发生期间的比利时 BEL20指数

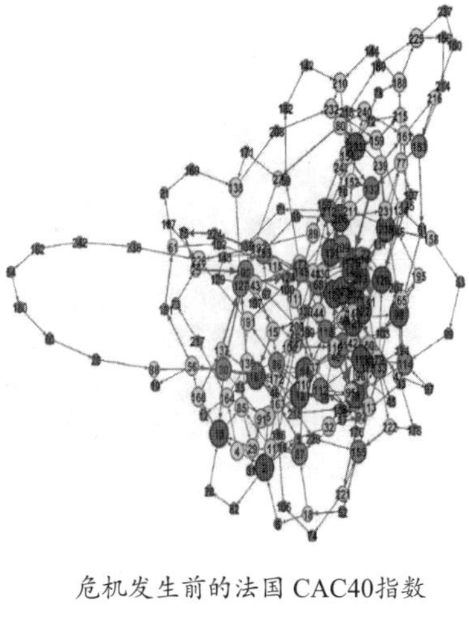

危机发生前的法国 CAC40指数

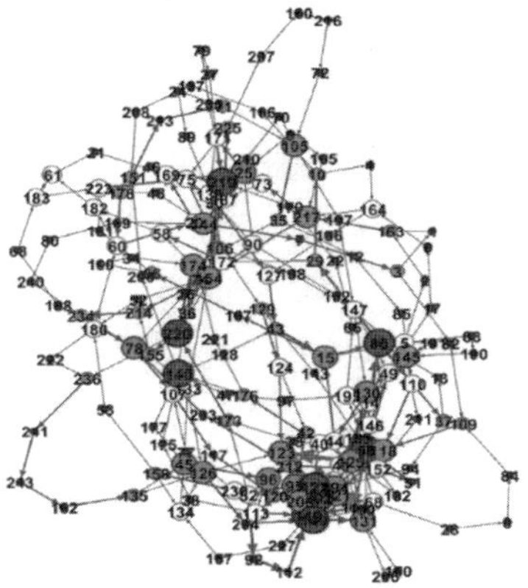

次贷危机发生期间的法国 CAC40指数

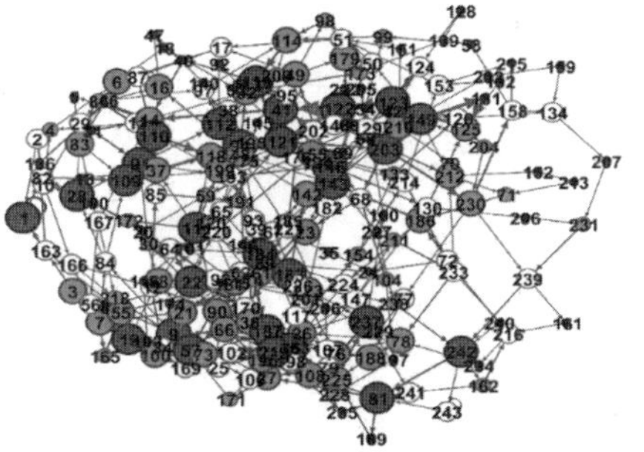

欧债危机发生期间的法国 CAC40指数

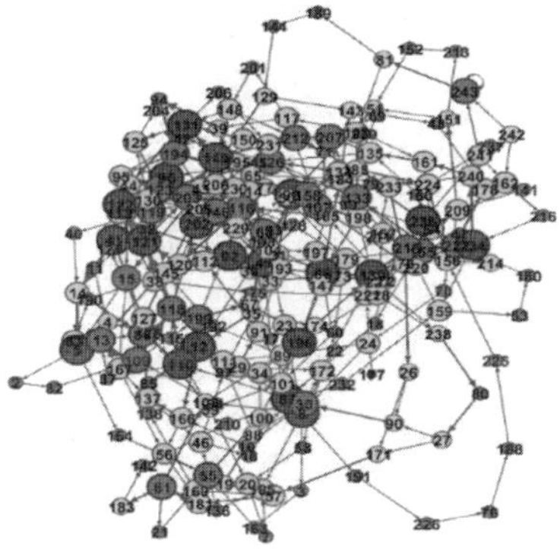

危机发生前的韩国 KOSPI 指数

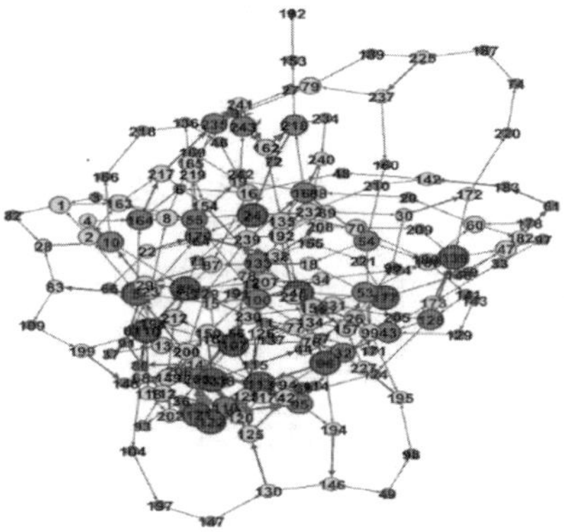

次贷危机发生期间的韩国 KOSPI 指数

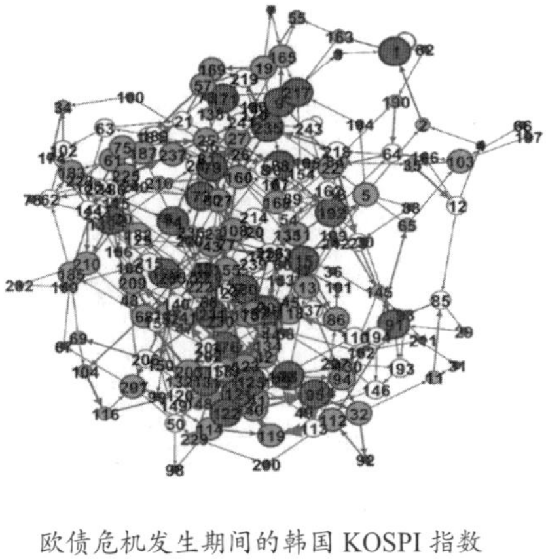

欧债危机发生期间的韩国 KOSPI 指数

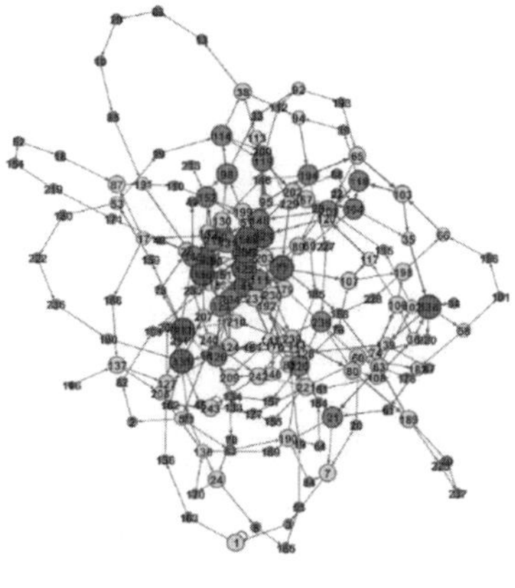

危机发生前的荷兰 AEX 指数

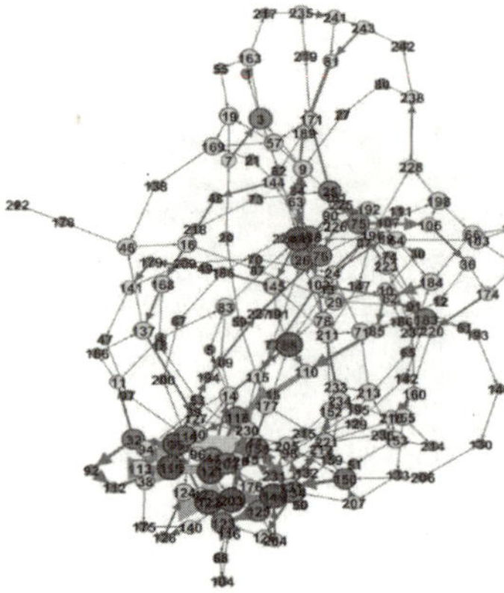

次贷危机发生期间的荷兰 AEX 指数

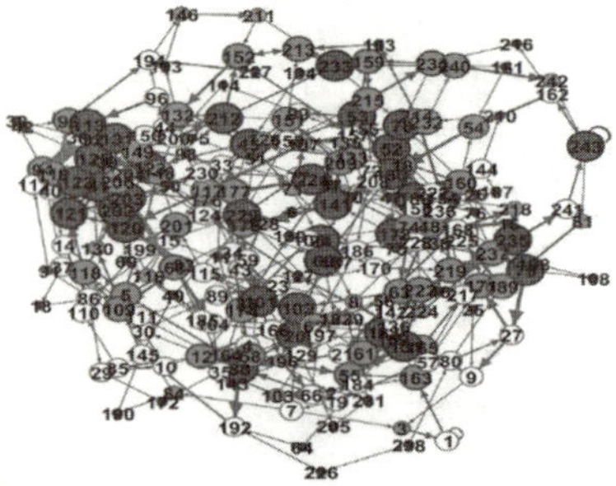

欧债危机发生期间的荷兰 AEX 指数

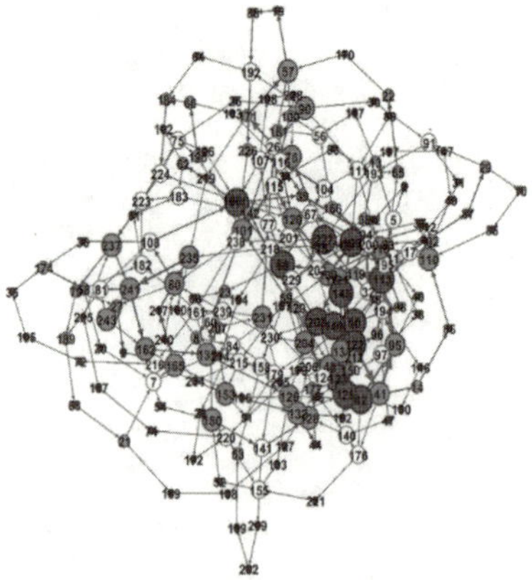

危机发生前的马来西亚吉隆坡综合指数

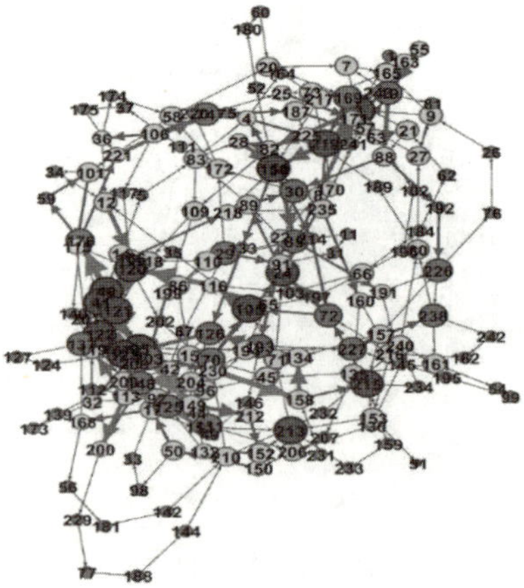

次贷危机发生期间的马来西亚吉隆坡综合指数

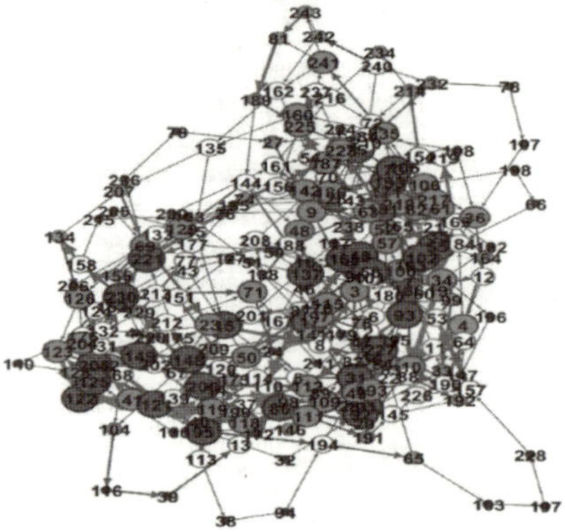

欧债危机发生期间的马来西亚吉隆坡综合指数

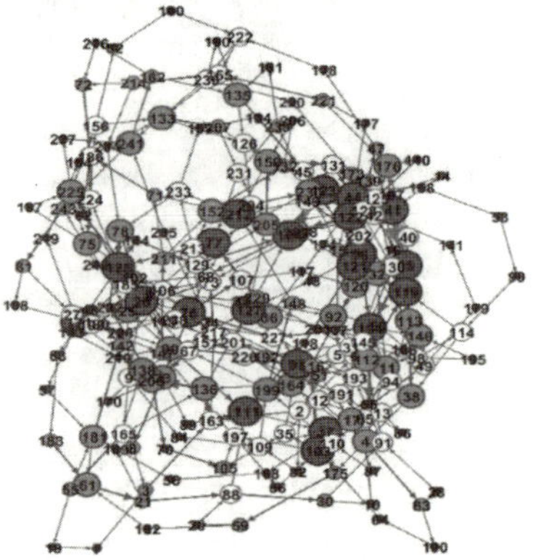

危机发生前的美国纽约证交所综合指数

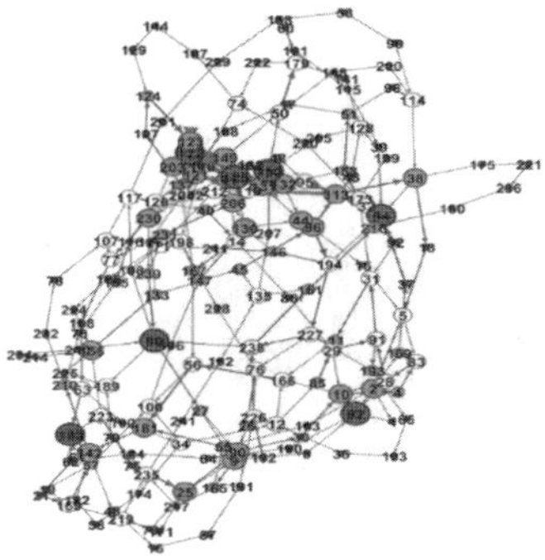

次贷危机发生期间的美国纽约证交所综合指数

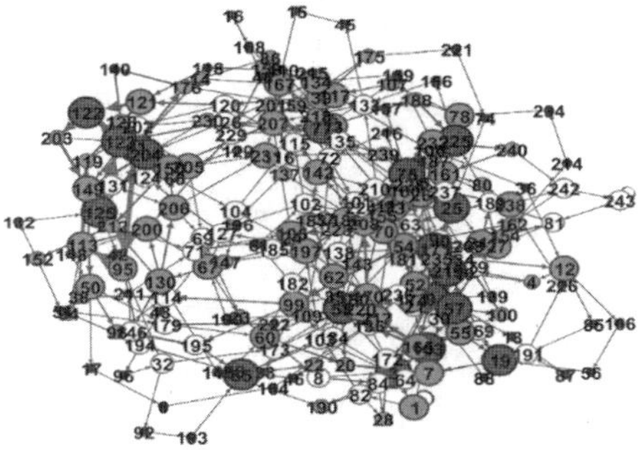

欧债危机发生期间的美国纽约证交所综合指数

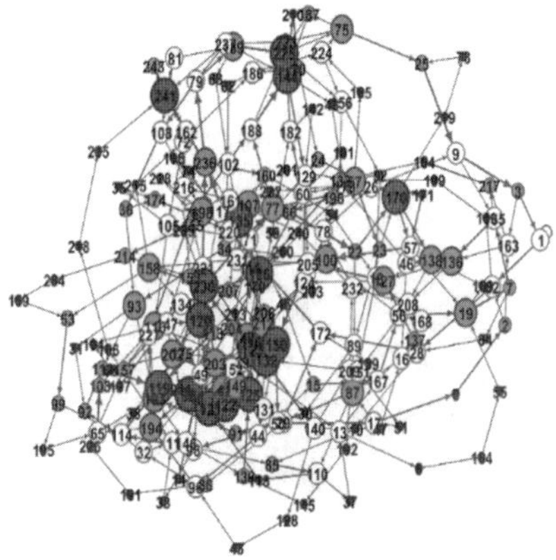

危机发生前的墨西哥 IPC 指数

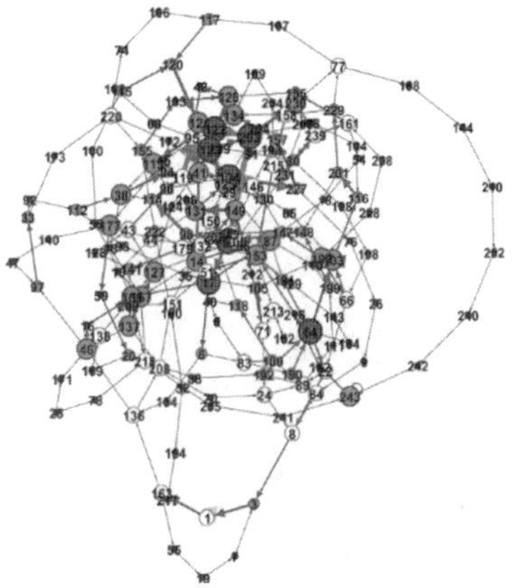

次贷危机发生期间的墨西哥 IPC 指数

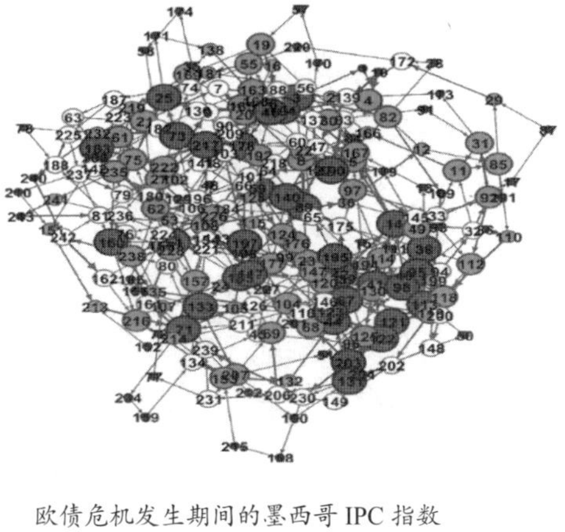

欧债危机发生期间的墨西哥 IPC 指数

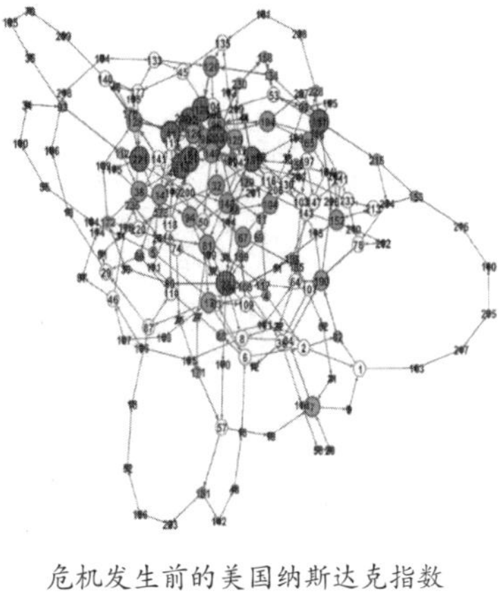

危机发生前的美国纳斯达克指数

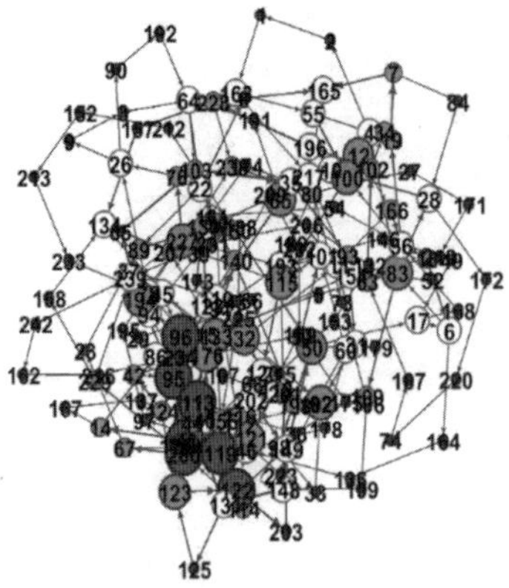

次贷危机发生期间的美国纳斯达克指数

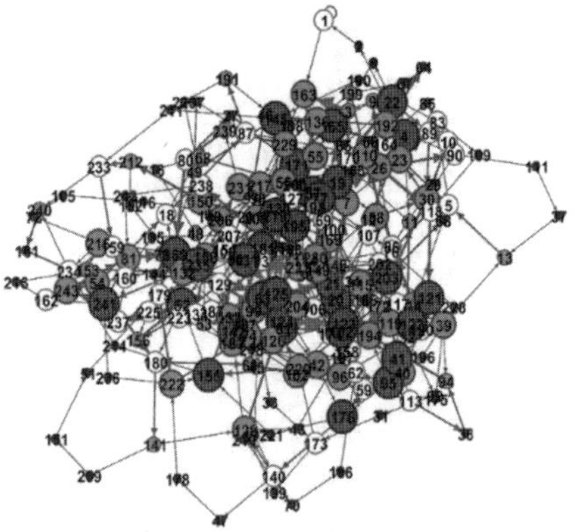

欧债危机发生期间的美国纳斯达克指数

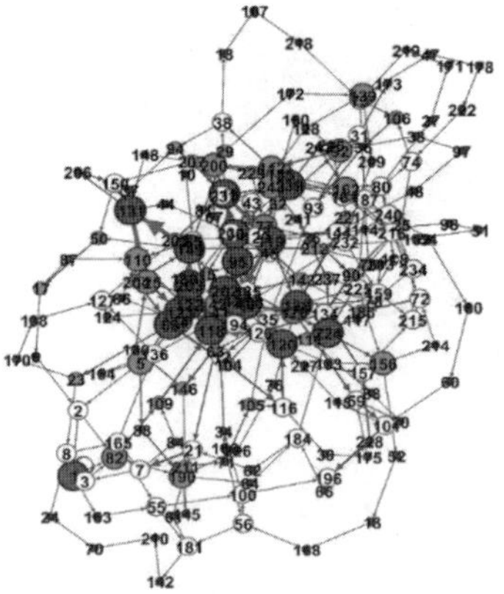

危机发生前的日本日经225指数

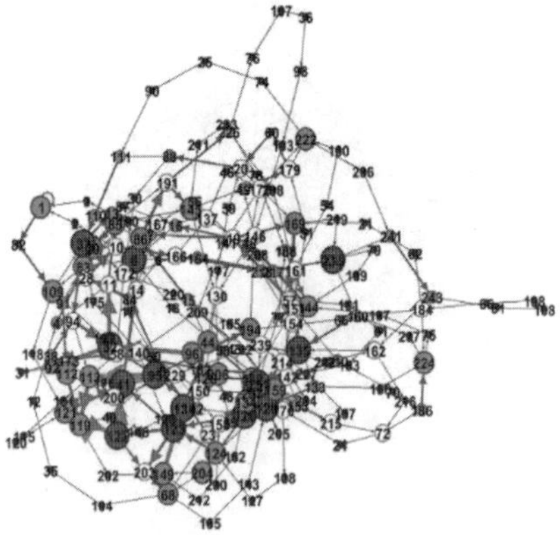

次贷危机发生期间的日本日经225指数

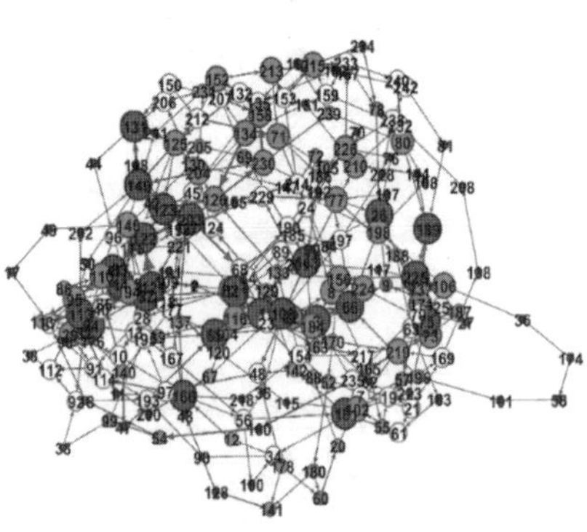

欧债危机发生期间的日本日经225指数

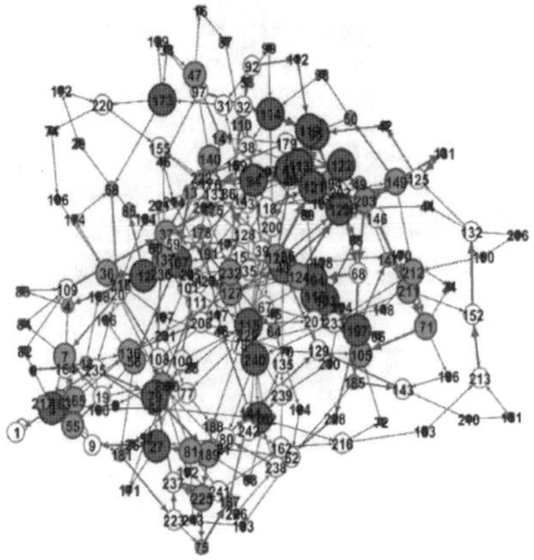

危机发生前的瑞士市场指数

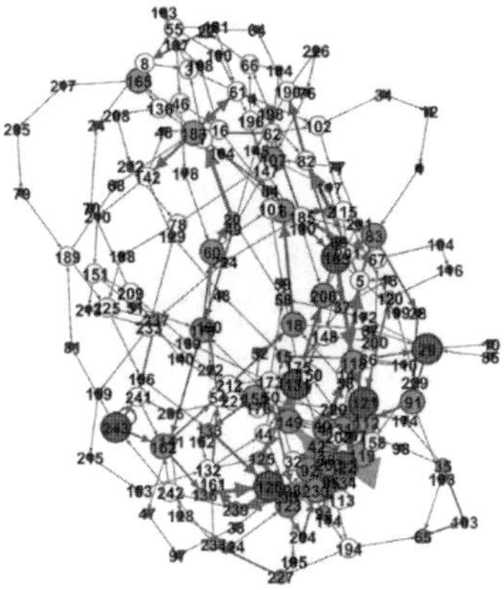

次贷危机发生期间的瑞士市场指数

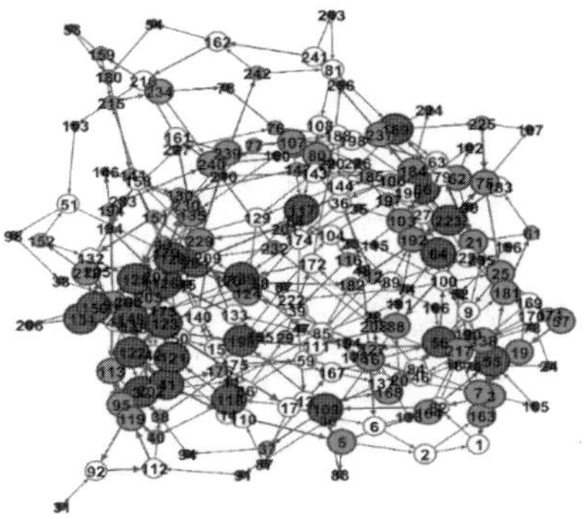

欧债危机发生期间的瑞士市场指数

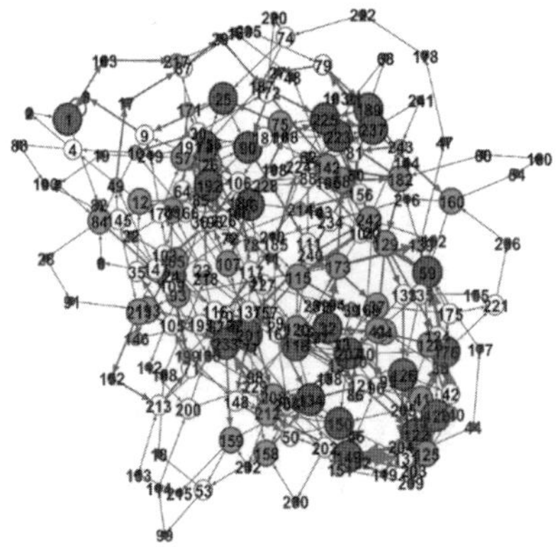

危机发生前的中国上证综合指数

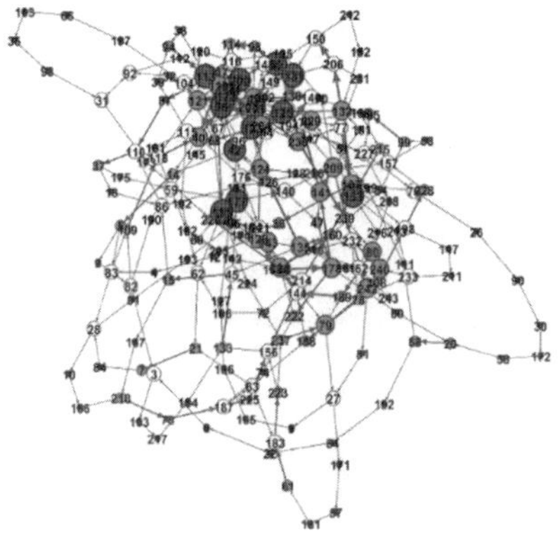

次贷危机发生期间的中国上证综合指数

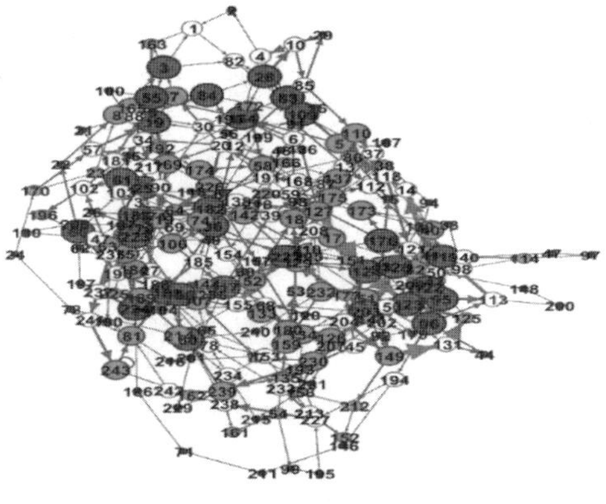

欧债危机发生期间的中国上证综合指数

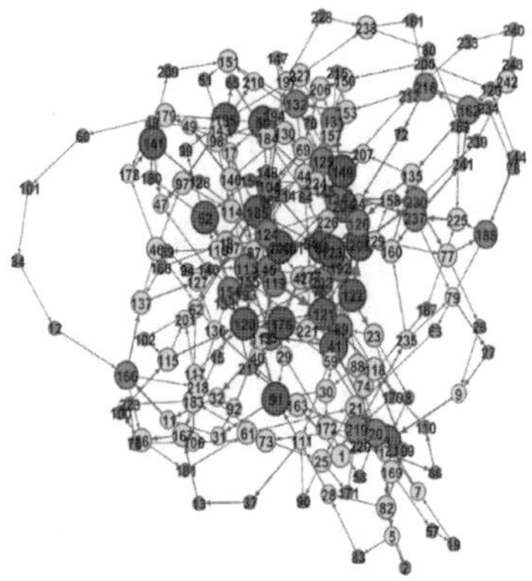

危机发生前的新西兰50指数

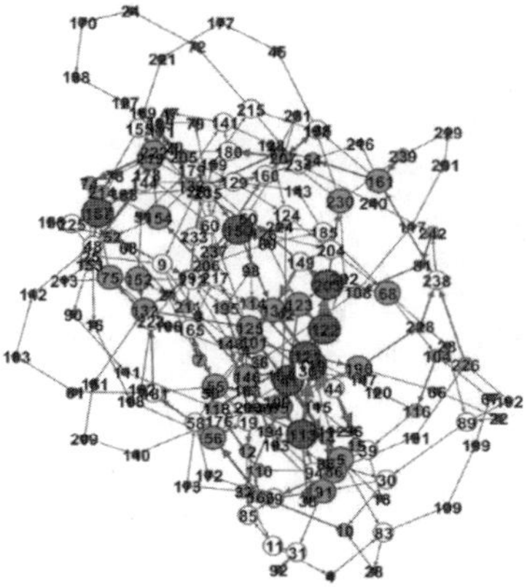

次贷危机发生期间的新西兰50指数

欧债危机发生期间的新西兰50指数

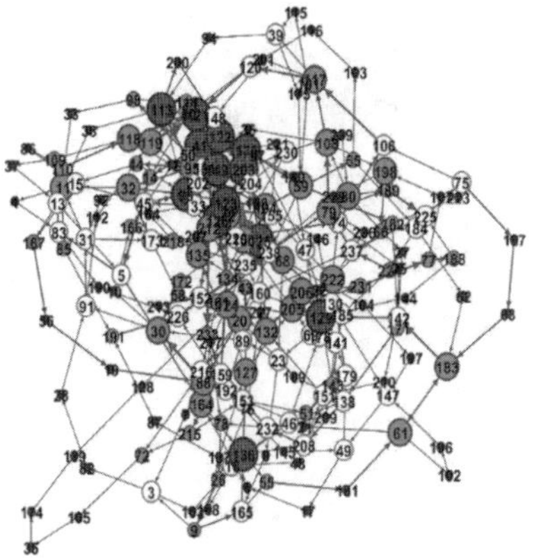

危机发生前的以色列 TA-100指数

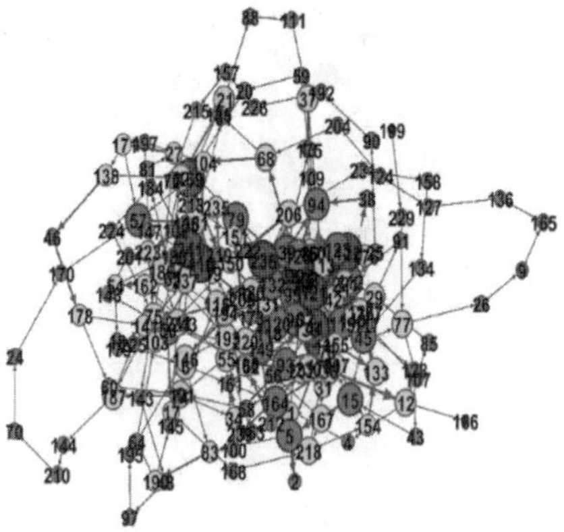

次贷危机发生期间的以色列 TA-100指数

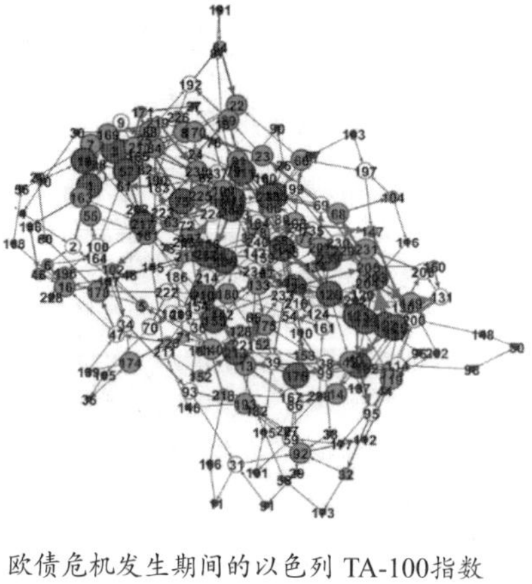

欧债危机发生期间的以色列 TA-100指数

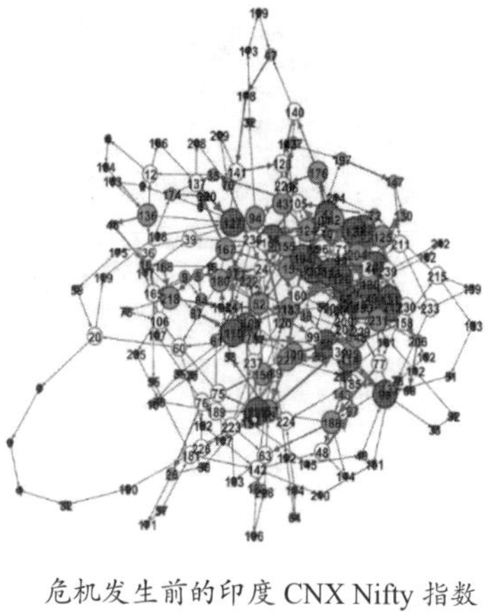

危机发生前的印度 CNX Nifty 指数

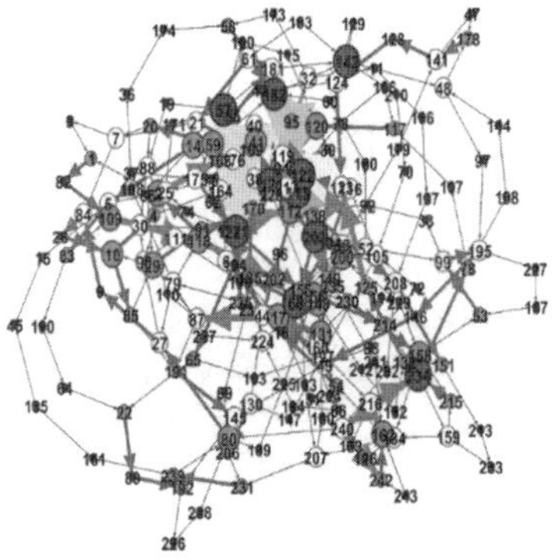

次贷危机发生期间的印度 CNX Nifty 指数

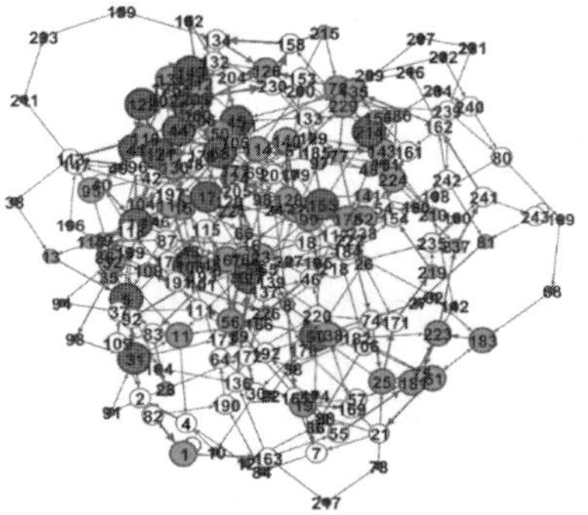

欧债危机发生期间的印度 CNX Nifty 指数

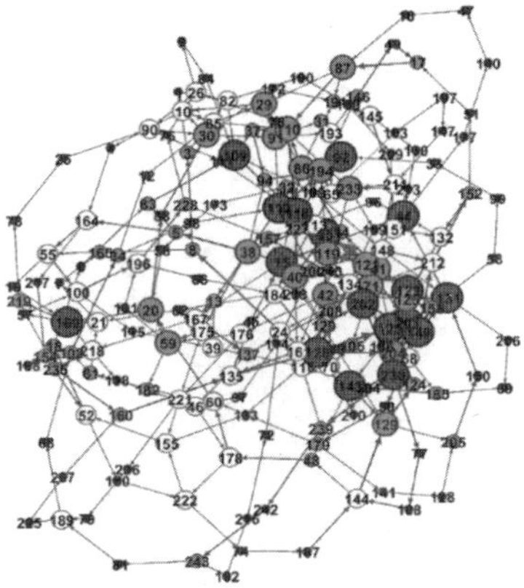

危机发生前的印度孟买30指数

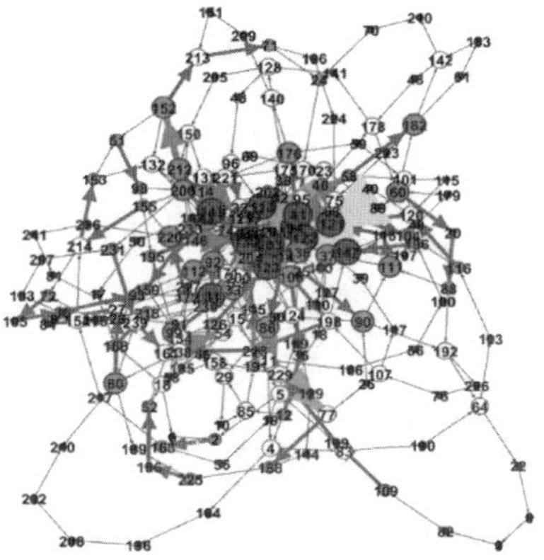

次贷危机发生期间的印度孟买30指数

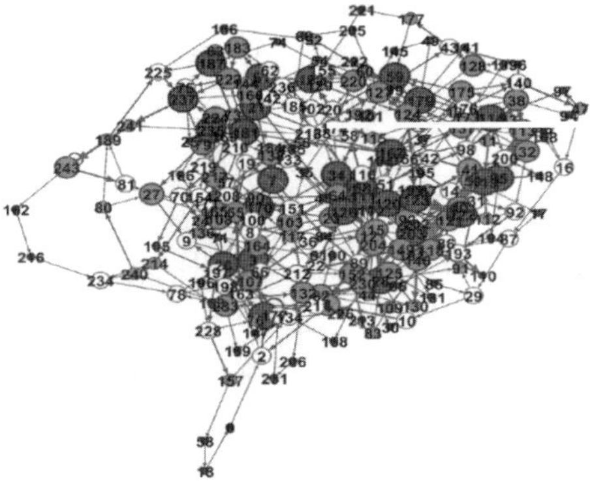

欧债危机发生期间的印度孟买30指数

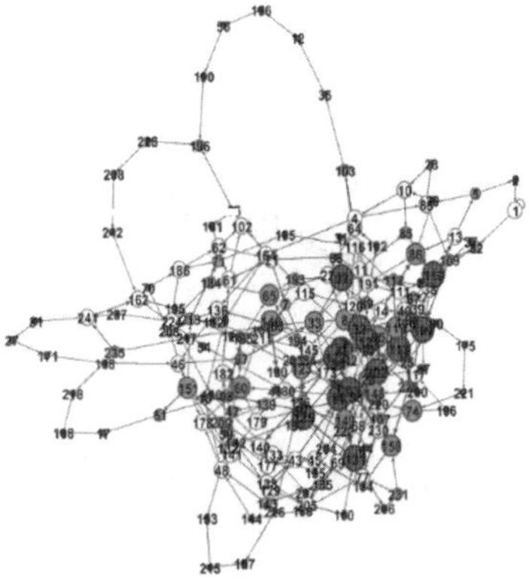

危机发生前的英国富时100指数

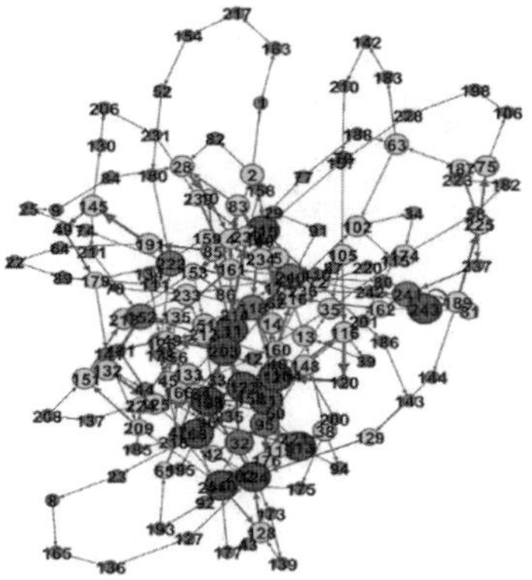

次贷危机发生期间的英国富时100指数

欧债危机发生期间的英国富时100指数

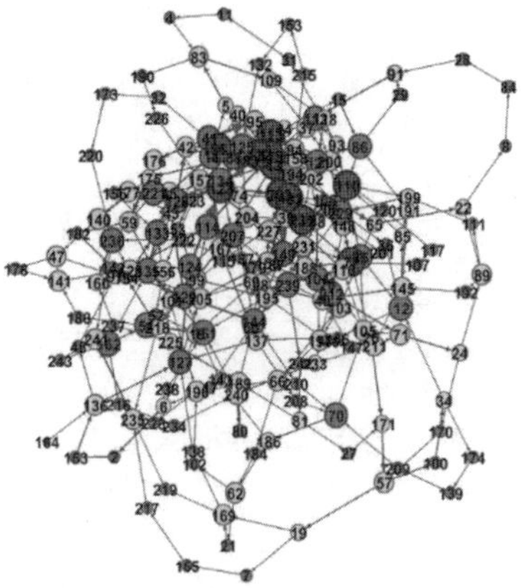

危机发生前的中国台湾地区加权指数

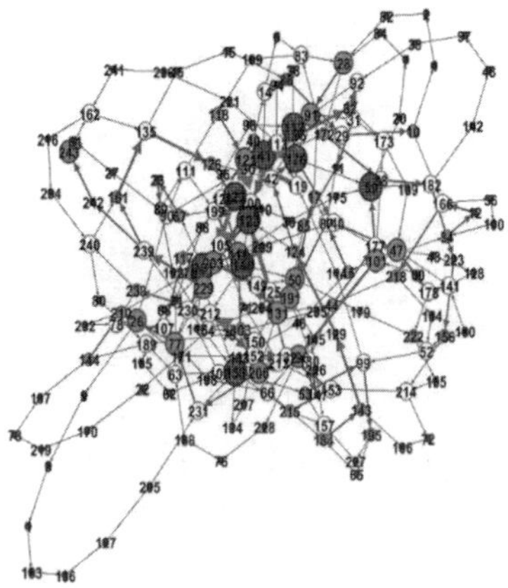

次贷危机发生期间的中国台湾地区加权指数

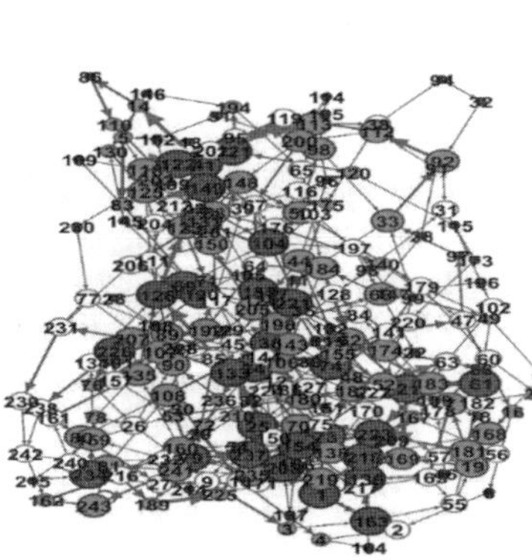

欧债危机发生期间的中国台湾地区加权指数

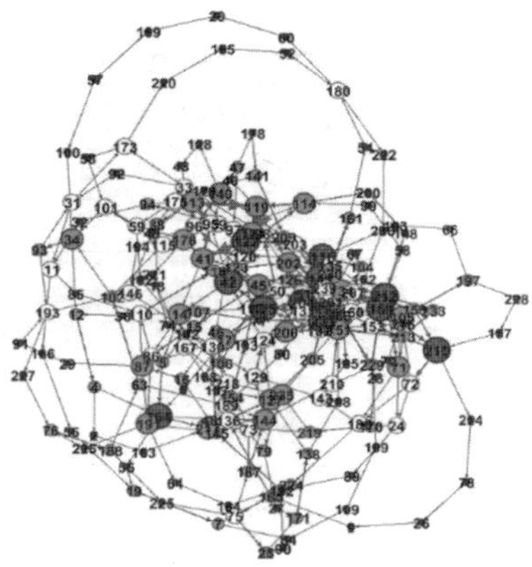

危机发生前的中国香港特别行政区恒生指数

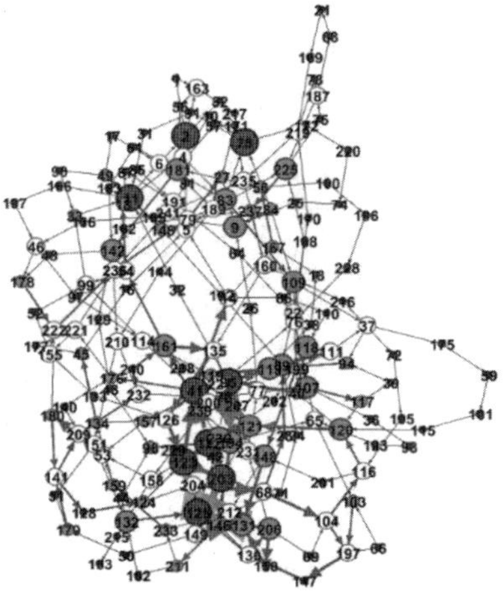

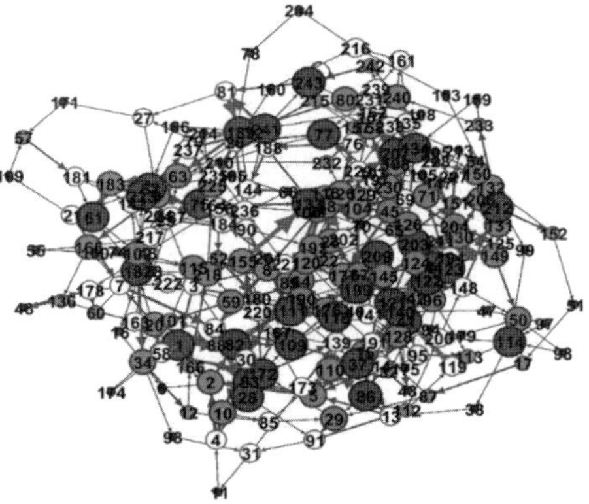

次贷危机发生期间的中国香港特别行政区恒生指数 欧债危机发生期间的中国香港特别行政区恒生指数

B　联动模式复杂网络中度值前30位的节点

阿根廷 Merval 指数（MERVAL）			奥地利 ATX 指数（ATX）			澳洲 AS30 指数（AS30）		
危机发生前	次贷危机发生期间	欧债危机发生期间	危机发生前	次贷危机发生期间	欧债危机发生期间	危机发生前	次贷危机发生期间	欧债危机发生期间
11111	11111	11111	11111	11111	11111	11111	11111	11111
12111	11112	00220	11101	12111	11112	11112	11110	11112
21111	01111	02200	11110	21111	21111	01111	21111	21111
11112	21111	01111	21111	11112	11121	21111	11101	11121
11101	12211	00002	10111	01211	12111	11211	00111	11211
11110	10111	11110	01111	11211	02020	20111	01111	12111
11211	11110	22000	11112	11121	20222	11011	11011	22222
01111	11121	00000	12211	01111	11211	11110	11121	00022
11121	22111	20001	11011	11110	20201	12111	01011	00220
11122	11101	00022	11221	01202	01121	10101	10111	02222
10111	11211	11112	12111	20201	02012	10111	02111	00002
11011	22211	10000	11121	02020	20202	11101	11112	01000

续表

阿根廷 Merval 指数（MERVAL）			奥地利 ATX 指数（ATX）			澳洲 AS30 指数（AS30）		
危机发生前	次贷危机发生期间	欧债危机发生期间	危机发生前	次贷危机发生期间	欧债危机发生期间	危机发生前	次贷危机发生期间	欧债危机发生期间
21011	02111	00020	11211	12201	12202	11120	12111	11120
11012	11011	20002	01110	10012	12211	11121	11100	11201
22101	12111	00021	20221	10011	22022	01011	11211	22020
10011	21110	00202	22111	00120	22122	01211	00000	22220
20011	00200	20022	10011	00121	00202	20211	10021	20000
01120	10211	10111	10101	10111	00211	11100	00211	20022
01211	10221	21222	10122	20121	01111	21110	10110	00222
02111	21021	22001	11010	20122	10202	21120	01101	10111
10212	11120	00111	11102	01222	02022	11202	01112	01111
11001	21120	00212	11122	02012	02202	11221	01201	02000
21112	11212	02000	21222	11011	21122	12222	02220	10211
11200	22110	02022	00111	21101	11221	22111	11010	02111
11221	22121	11000	20021	11102	21221	22200	12010	11122
21211	10002	11011	00220	12110	22000	10012	12122	22002
12210	00021	11101	01012	12112	22020	20020	12222	22200
00111	00101	21111	01221	12221	22200	01101	22001	10000
00112	20011	11212	02100	22010	22201	10112	10011	00010
20111	10020	22200	02111	22100	22220	01222	10101	00020

巴西 BOVESPA 指数（IBOV）			比利时 BEL20 指数（BEL20）			德国 DAX 指数（GDAXI）		
危机发生前	次贷危机发生期间	欧债危机发生期间	危机发生前	次贷危机发生期间	欧债危机发生期间	危机发生前	次贷危机发生期间	欧债危机发生期间
11111	11111	11111	11111	11111	11111	11111	11111	11111
21111	11011	01111	11011	10111	01111	11011	21111	11121
11112	11110	00002	11110	11112	11110	10111	12111	11112
20111	10111	11110	00020	01111	11221	01111	11011	12111
11001	01111	00022	21111	11101	00220	11112	11110	21111

续表

巴西 BOVESPA 指数（IBOV）			比利时 BEL20 指数（BEL20）			德国 DAX 指数（GDAXI）		
危机发生前	次贷危机发生期间	欧债危机发生期间	危机发生前	次贷危机发生期间	欧债危机发生期间	危机发生前	次贷危机发生期间	欧债危机发生期间
11100	11101	11112	12000	11011	10111	11201	11101	11211
11110	21111	00220	00201	21111	20222	11110	11112	21112
11120	10110	02000	02011	11121	22022	21111	11121	11011
11211	11002	21111	02012	11211	02220	10011	11211	11212
10011	11112	20000	02220	20101	11101	10110	01111	00000
01112	11121	11121	11101	10221	21111	02211	01220	01100
10222	21112	21202	12111	21011	11112	11101	02110	11002
11011	11201	00111	20002	11100	22202	11121	00000	11202
11201	11212	01000	20012	20001	11011	12111	10012	21211
12111	12111	02200	01101	01011	22002	00110	20022	12121
00211	12212	11201	10110	01110	00111	10022	10101	12211
01111	10001	11211	10111	10112	20022	20101	10111	22112
11022	00012	11120	01200	20200	02200	01100	01121	22222
21102	00021	10111	20120	02222	02222	01101	10112	20020
11121	00211	20200	11012	11002	11122	02221	01211	00201
11202	01000	02111	11100	21021	11211	11001	02122	00222
12011	20102	10221	21101	11110	21211	12012	11012	20111
12121	01100	11011	11211	21110	21122	00100	21021	01111
22111	01200	11101	11222	11210	00011	00221	21101	20222
22222	01220	11102	22001	21202	20002	00222	12201	02221
10000	02111	12011	20000	12101	00022	01011	12202	11101
00002	02211	12020	10020	12110	20020	01022	22012	11120
10012	11122	22002	20021	22010	00202	01120	22020	21120
00201	12010	22111	00211	22111	10101	01200	00121	11221
01000	21221	10001	00222	22120	01112	10121	00211	22200

续表

法国 CAC40 指数（FCHI）			富时新加坡海峡时报指数（STI）			韩国 KOSPI 指数（KS11）		
危机发生前	次贷危机发生期间	欧债危机发生期间	危机发生前	次贷危机发生期间	欧债危机发生期间	危机发生前	次贷危机发生期间	欧债危机发生期间
11111	11111	11111	11111	11111	11111	11111	11111	11111
21111	01111	11110	11011	01111	00020	11110	11011	21111
11112	11101	01111	10111	11112	11112	01111	11110	11112
12111	11110	21111	01111	10111	21111	11100	11101	11110
11121	11112	11112	11101	11101	00202	21111	21111	10111
11211	12111	11101	11110	11110	20000	12111	11211	01111
11101	10011	11121	21111	11011	00002	11000	01111	11101
10111	10111	10111	11112	21111	01111	11112	22222	11121
11011	21111	02002	12111	11211	02111	11211	10111	11211
01111	11121	20220	11121	12111	20120	22122	11112	22022
11110	22010	11100	11211	11122	11101	22222	11121	20111
21110	00111	12111	10002	20000	11110	10001	10112	02220
11200	00112	20021	01101	20202	12000	00011	12111	11011
11212	10121	02020	10121	11121	22022	00111	00011	22200
22111	11210	11001	01211	12211	00000	10112	00100	02202
20011	11100	22002	21101	22020	20002	10121	10010	11201
10022	00201	00111	00211	01210	00100	02020	00111	12111
01002	00220	00200	00222	02201	20011	02101	20021	00000
02111	01011	20202	01110	20220	00200	10210	00212	00220
11102	20102	02022	02112	11102	10102	21011	01001	01110
11120	20220	20212	11012	21110	10111	11021	01101	20121
11122	02202	02222	21122	11200	01200	00102	10110	20220
00001	02212	11011	12110	21221	02001	10011	01120	11100
00100	11001	11211	22201	22111	02012	10101	10221	11122
00111	21011	12021	22202	22122	10220	10111	11001	11221

续表

法国 CAC40 指数（FCHI）			富时新加坡海峡时报指数（STI）			韩国 KOSPI 指数（KS11）		
危机发生前	次贷危机发生期间	欧债危机发生期间	危机发生前	次贷危机发生期间	欧债危机发生期间	危机发生前	次贷危机发生期间	欧债危机发生期间
00112	21110	22202	22220	00002	11120	01121	12010	12011
00220	11211	20020	20011	00011	21222	01210	12221	22202
01101	12101	00202	10110	10002	12222	20200	21222	10002
01110	21211	00210	01112	00110	22000	02102	12222	00022
01121	12200	00211	20112	20011	22200	10221	22111	10011

荷兰 AEX 指数 (AEX)			马来西亚吉隆坡综合指数（KLSE）			美国道琼斯工业指数（DJI）		
危机发生前	次贷危机发生期间	欧债危机发生期间	危机发生前	次贷危机发生期间	欧债危机发生期间	危机发生前	次贷危机发生期间	欧债危机发生期间
11111	11111	11111	11111	11111	11111	11111	11111	11111
01111	11110	11110	21111	10111	11110	11112	10111	11110
11110	21111	21111	11121	21111	00200	11121	01111	22002
10111	10111	11101	11211	11112	11121	12111	11110	20002
11112	01111	01111	12111	11211	21111	11211	11011	21111
12111	11101	11011	10111	00212	11100	01111	11101	00020
11211	12111	11211	11011	01111	12111	21111	21111	02022
11101	11112	11112	11110	11011	10011	10111	11112	02200
11011	11211	20122	11112	11102	10111	11101	12111	11101
11121	11011	20200	01111	11110	01111	11110	01101	10000
21111	11100	02111	00221	11121	02000	11011	11100	00220
20102	11121	12012	01112	12111	20200	00111	10211	02001
11120	12211	12111	11102	22002	02001	01110	11000	00111
21121	22111	02220	12110	01110	20220	11100	11010	20020
22222	01011	11121	22220	00002	11211	11201	21011	00202
00202	11001	22202	10110	00100	00002	10011	11021	20022
01211	11221	10020	01211	00200	00021	12011	11102	10111
02022	10011	00222	02111	20111	01010	20111	11121	20122

续表

荷兰 AEX 指数 (AEX)			马来西亚吉隆坡综合指数(KLSE)			美国道琼斯工业指数（DJI）		
危机发生前	次贷危机发生期间	欧债危机发生期间	危机发生前	次贷危机发生期间	欧债危机发生期间	危机发生前	次贷危机发生期间	欧债危机发生期间
10210	02021	10111	02210	10212	10102	20210	11211	20220
02211	10202	01221	21100	02122	01112	02101	00011	20222
21011	02202	02022	11101	11122	02002	02111	10001	11010
11021	02210	02212	22101	12110	02022	11001	10101	12000
21112	20221	20222	22200	12200	11001	21011	01011	12202
11201	21000	11102	20002	12211	11010	11120	21110	12211
11222	12112	21110	20022	10010	11101	21121	11122	12212
12112	00002	21211	01011	10020	21101	12112	12212	22000
22120	00022	22020	01102	01002	12110	10010	22111	22111
10020	10010	22121	20122	02120	22011	01112	22120	22200
20111	00111	20002	02002	02201	20000	01120	20010	22222
10121	00120	20012	10201	11021	20010	10211	00110	00002
美国纽约证交所综合指数(NYA)			墨西哥 IPC 指数（MEXBOL）			美国纳斯达克指数（IXIC）		
危机发生前	次贷危机发生期间	欧债危机发生期间	危机发生前	次贷危机发生期间	欧债危机发生期间	危机发生前	次贷危机发生期间	欧债危机发生期间
11111	11111	11111	11111	11111	11111	11111	11111	11111
10111	11011	01111	11101	00000	00111	11211	01111	11112
01111	21111	11121	10111	21111	01112	21111	10111	20200
11101	11211	11112	21111	11110	22000	11112	11110	22222
11110	12111	10111	11112	11112	00002	11011	11011	11121
11011	11112	11211	12111	12111	11011	12111	11101	11211
11112	11121	12111	22201	01211	11110	11121	11211	00020
11211	11101	11011	20111	01111	21111	10111	10112	00202
21011	11110	11110	01111	11101	11120	01111	01211	01111
11121	01111	20000	11110	00121	00022	11101	11001	20222
10210	10111	00002	11121	10111	01111	11110	11100	21111

续表

美国纽约证交所综合指数（NYA）			墨西哥 IPC 指数（MEXBOL）			美国纳斯达克指数（IXIC）		
危机发生前	次贷危机发生期间	欧债危机发生期间	危机发生前	次贷危机发生期间	欧债危机发生期间	危机发生前	次贷危机发生期间	欧债危机发生期间
21111	10110	00020	12112	02100	20202	11120	21101	11120
21200	10112	20002	22111	10210	21000	11201	11112	12111
12111	20200	00022	20021	21011	11112	00211	11201	02000
10112	21121	11101	01112	11122	00220	10110	12111	02002
20221	12112	21112	02211	11011	00222	10112	10001	20002
11120	00100	21200	11102	21021	10111	02110	20002	00210
12000	00220	00220	21110	11121	02021	11122	10010	02020
20000	10022	10122	11122	11211	02100	21121	01011	02022
00211	10100	01222	11211	22111	21002	12210	01021	02211
10022	01101	02202	11212	00111	21021	00111	20111	12020
00221	02001	21111	12022	20012	11101	01110	01121	22220
01011	20202	12000	22010	01101	11211	01112	02000	20000
01121	02221	12112	00022	10121	22200	01121	10200	00111
02020	21011	22000	00200	11012	10000	02212	10210	00221
02101	22020	22120	20100	11102	20000	10221	21011	02221
20212	22210	22200	01110	11221	20002	21000	11020	02222
02210	10000	00201	01211	12001	20011	11000	11120	11001
02211	00001	20022	10200	12122	10101	21011	12110	11202
02212	00010	00222	02002	22101	01101	11100	00010	12000

日本日经 225 指数（N225）			瑞士市场指数（SMI）			中国上证综合指数		
危机发生前	次贷危机发生期间	欧债危机发生期间	危机发生前	次贷危机发生期间	欧债危机发生期间	危机发生前	次贷危机发生期间	欧债危机发生期间
11111	11111	11111	11111	11111	11111	11111	11111	11111
11110	01111	11110	11110	21111	01111	20111	11121	01111
21111	01011	21111	01111	11112	11112	12111	10111	11112
11211	10111	01111	11101	12111	12111	01111	21111	11120

续表

日本日经 225 指数（N225）			瑞士市场指数（SMI）			中国上证综合指数		
危机发生前	次贷危机发生期间	欧债危机发生期间	危机发生前	次贷危机发生期间	欧债危机发生期间	危机发生前	次贷危机发生期间	欧债危机发生期间
12111	11112	11101	21111	11122	11101	01011	11112	11101
11011	11211	11112	11112	11211	11121	02011	11211	12111
11121	11110	00111	10111	11000	11211	02210	11011	22011
02111	11101	11122	11011	11110	10111	11112	12111	00220
11100	11011	11221	11021	10101	11011	11121	01110	20111
11101	10112	12211	20011	01111	11110	11211	20120	20202
10111	01100	10111	02111	20202	21111	22022	11101	11110
01111	11122	11011	02220	22111	21112	22121	11212	21111
11112	11121	12111	21011	10000	22020	22202	12012	11122
00000	12111	22111	11102	10001	00200	20222	12122	11200
01110	11010	11121	12111	00011	10112	00000	21101	11211
10112	21111	11211	00102	00111	11120	20101	01211	22100
10101	01121	12021	01100	01010	00020	10111	20211	20020
20111	11222	00002	10110	11010	01121	01120	10221	00111
01120	12022	10210	20111	11100	02202	10201	21011	00200
10211	00101	02102	01120	11121	11122	11020	21112	10111
11002	21001	02111	10211	00001	11201	11122	11202	20201
11102	10011	11021	10212	00012	22111	11221	21121	02020
21112	11221	21112	02121	00020	21100	00220	11222	10222
11202	11212	22002	20222	00122	00002	10022	21201	11001
22021	10110	20022	11012	00201	00111	01112	12022	22020
00011	21121	00000	21021	10100	01011	01211	12101	22021
00202	20020	10000	12011	01001	01211	10121	22111	22111
10022	10010	00011	12101	10111	02000	02010	22201	10001

中国深成指数			新西兰 50 指数（NZSE50FG）			以色列 TA-100 指数（TA100）		
危机发生前	次贷危机发生期间	欧债危机发生期间	危机发生前	次贷危机发生期间	欧债危机发生期间	危机发生前	次贷危机发生期间	欧债危机发生期间
11111	10111	11111	11111	11111	11111	11111	11111	11111
11110	01111	11110	21111	11110	21111	12111	11110	21111
11211	11101	21111	11110	01111	11112	21111	1111	11112
21111	11112	10111	11112	11011	11110	11112	11011	11110
12111	11011	00102	01111	21111	01111	11101	10111	11211
01111	21011	01111	11121	11101	12111	11110	11101	12111
11100	11111	20200	12111	11112	21121	11211	21111	01111
11000	00021	11101	02111	11121	11211	01111	22122	11121
11101	11220	11112	11101	11211	11120	11121	01101	02111
22102	12200	21202	00002	10111	22112	11122	10110	11101
00111	22101	21212	10111	01121	22022	10111	02111	11120
20020	00212	12121	20211	12111	22020	11011	11100	11122
00201	10000	12200	21012	12101	20222	21011	11112	00000
00202	20002	22001	11211	00111	10111	11012	22011	00111
00211	00100	22111	22111	10011	02221	22101	00001	20111
02000	20010	00010	22202	10112	02022	10011	00100	11200
10211	00101	00022	00000	02001	20220	20011	00121	12011
02111	01000	01212	10211	20220	20201	01120	01121	11011
02210	01012	02222	11011	21020	12211	01211	20201	11100
11102	01110	11122	11102	11210	11102	02111	11000	11201
11112	10112	11221	11120	11212	10010	10212	11010	12211
11121	01121	12002	21112	12112	10002	11001	11102	22111
21122	01200	21220	11122	12221	02202	21112	11211	00001
11221	10122	12211	11221	22012	02200	11200	21222	20002
00000	02101	22000	12012	22210	11121	11221	12222	00211
11111	11111	11111	11111	11111	11111	11111	11111	11111

续表

印度 CNX Nifty 指数（NIFTY）			印度孟买 30 指数（SENSEX）			印尼雅加达综合指数（JKSE）		
危机发生前	次贷危机发生期间	欧债危机发生期间	危机发生前	次贷危机发生期间	欧债危机发生期间	危机发生前	次贷危机发生期间	欧债危机发生期间
11112	11110	21111	10111	11110	11110	11110	11112	11110
21111	21111	22222	11122	21111	21111	11101	11121	21111
12111	11101	11112	01111	01111	10111	01111	01111	00000
11121	01111	11110	11011	11112	01111	11011	11211	10000
11211	11011	11121	22111	11121	02111	12111	10111	10021
01111	12111	11211	11101	11210	11011	12211	21111	01000
10111	11112	01111	11112	11011	11112	11121	21011	01111
11110	11211	02202	11110	11101	11101	11221	11110	20202
11122	00111	20221	12111	12111	11100	10111	12111	00001
11011	10111	11100	11100	10111	11102	21111	02111	10002
11101	11121	11202	21110	22110	11122	21112	11011	20100
21211	01011	12111	21112	01010	00010	20111	21121	01121
10020	10110	22220	11221	10101	00020	21121	12221	20222
01002	01121	00202	21111	20101	20002	11211	11101	21000
20111	11122	00000	11211	02111	01110	21211	10021	11002
01112	11212	02000	11222	10220	20201	12120	10211	11112
10112	00011	02002	00112	02211	02020	21221	21021	11211
20202	10011	02022	10101	11010	20220	22111	11102	11220
02220	20020	02111	01101	21101	11120	22112	21112	21122
11022	10101	20222	11001	11211	11200	01112	11122	11221
11202	01022	11122	11010	12002	12111	01122	11210	00011
12212	01112	12022	21011	12102	22000	11012	11222	00021
22210	10112	12222	11121	21211	22202	11102	12012	00100
00011	11010	22021	11202	12121	00000	21110	12110	10011
11111	11111	11111	12021	12221	00002	12112	22101	00211

续表

印度 CNX Nifty 指数（NIFTY）			印度孟买 30 指数（SENSEX）			印尼雅加达综合指数（JKSE）		
危机发生前	次贷危机发生期间	欧债危机发生期间	危机发生前	次贷危机发生期间	欧债危机发生期间	危机发生前	次贷危机发生期间	欧债危机发生期间
11112	11110	21111	21211	10011	00102	12212	00001	00212
21111	21111	22222	12211	00211	20011	22121	10001	02020
12111	11101	11112	20011	20021	00111	20001	00022	11100

英国富时 100 指数（FTSE）			中国台湾地区加权指数（TWII）			中国香港特别行政区恒生指数(HSI)		
危机发生前	次贷危机发生期间	欧债危机发生期间	危机发生前	次贷危机发生期间	欧债危机发生期间	危机发生前	次贷危机发生期间	欧债危机发生期间
11111	11111	11111	11111	11111	11111	11111	11111	11111
11110	21111	11110	11011	01111	11112	11112	01111	01111
10111	10111	21111	01111	21111	01111	21111	11110	11110
01111	11011	01111	10111	11112	11011	01111	21111	11220
11011	11110	11121	11101	10111	21111	11101	11112	22020
22222	11112	11112	11110	11110	11121	11120	10111	22202
11101	01111	12111	11121	11011	00200	11211	11121	00202
01200	11101	10202	11112	02111	11110	12111	21121	10111
10120	11211	02111	11211	11101	11122	10111	11211	11101
02110	11121	11102	10112	11121	12111	11011	11010	11112
11001	12111	21112	11001	22122	00000	11110	11011	11122
21012	22111	20001	21111	00101	00020	11202	11101	11211
11022	10110	00020	12111	01011	10021	11222	21101	12111
21101	12112	20002	12211	21001	10110	01122	11212	20020
21111	12221	00211	10011	11021	01101	21011	21211	02020
11211	22211	10111	10101	11120	10112	11121	12111	20202
12022	20010	10120	01011	11212	02000	11122	12112	11011
22111	00210	02000	21100	12121	02002	00110	22110	22100
20002	20021	02020	11100	21221	21022	20011	22222	01022
00021	01101	02021	12011	21222	21100	10112	10100	02021

续表

英国富时 100 指数（FTSE）			中国台湾地区加权指数（TWII）			中国香港特别行政区恒生指数(HSI)		
危机发生前	次贷危机发生期间	欧债危机发生期间	危机发生前	次贷危机发生期间	欧债危机发生期间	危机发生前	次贷危机发生期间	欧债危机发生期间
00210	02101	11011	12101	22022	11102	20112	20111	02220
01210	10211	11020	12110	00010	22011	02211	01201	21002
10122	11010	21022	00110	10001	10000	11012	10201	21111
01221	21011	11100	01012	00100	00111	11200	02011	12201
02012	21121	11210	01101	10010	20020	12022	02211	22002
20220	12001	11211	20111	01000	20111	22011	21020	22011
02210	21221	22202	01120	10211	01120	22101	11021	00000
10221	01110	00012	01211	02202	20200	22111	11222	00111
20221	00111	00021	10121	20222	20202	00111	12110	00212
11111	11111	11111	01221	11100	10220	01101	12121	00220